本书是国家自然科学基金重点项目（72132003）、教育部人文社会科学研究规划基金项目（18YJA630021）和安徽理工大学引进人才科研启动基金项目（2023yjrc53）的阶段性成果。

LINGDAO CHENGFA DUI
YUANGONG YUEGUI XINGWEI DE
YINGXIANG JIQI SHENSHEN YINGYONG YANJIU

领导惩罚对员工越轨行为的
影响及其审慎应用研究

张 浩 ◎著

中国财经出版传媒集团

经济科学出版社
Economic Science Press

·北京·

图书在版编目（CIP）数据

领导惩罚对员工越轨行为的影响及其审慎应用研究/
张浩著. --北京：经济科学出版社，2024.1
ISBN 978 - 7 - 5218 - 5486 - 2

Ⅰ.①领…　Ⅱ.①张…　Ⅲ.①企业管理 - 人事管理 -
研究　Ⅳ.①F272.92

中国国家版本馆 CIP 数据核字（2024）第 004497 号

责任编辑：周国强
责任校对：徐　昕
责任印制：张佳裕

领导惩罚对员工越轨行为的影响及其审慎应用研究
LINGDAO CHENGFA DUI YUANGONG YUEGUI XINGWEI DE YINGXIANG
JIQI SHENSHEN YINGYONG YANJIU
张　浩　著
经济科学出版社出版、发行　新华书店经销
社址：北京市海淀区阜成路甲 28 号　邮编：100142
总编部电话：010 - 88191217　发行部电话：010 - 88191522
网址：www.esp.com.cn
电子邮箱：esp@esp.com.cn
天猫网店：经济科学出版社旗舰店
网址：http://jjkxcbs.tmall.com
固安华明印业有限公司印装
710×1000　16 开　14 印张　230000 字
2024 年 1 月第 1 版　2024 年 1 月第 1 次印刷
ISBN 978 - 7 - 5218 - 5486 - 2　定价：78.00 元
（图书出现印装问题，本社负责调换。电话：010 - 88191545）
（版权所有　侵权必究　打击盗版　举报热线：010 - 88191661
QQ：2242791300　营销中心电话：010 - 88191537
电子邮箱：dbts@esp.com.cn）

前　　言

　　员工越轨行为在工作场所十分普遍，而且形式变化多样，给组织带来了严重损失，而且其造成的危害程度及方式往往难以预测，暗藏着很大风险。因此，如何遏制工作场所越轨行为已经成为管理实践界面临的紧迫难题。为了应对员工越轨行为，惩罚作为负激励管理手段长期以来一直在实践中被广泛使用。但是惩罚是一个高度敏感的话题，惩罚的实施对实践界提出了极大挑战。同时，惩罚的效应在学术上也存在很大争议。虽然以往研究一般认为领导惩罚下属不可避免地会带来一些消极效应，但是越来越多的研究认为，惩罚在很大程度上对矫正员工的不当行为以及减轻和预防这些不当行为对组织带来的危害损失甚至灾难性后果存在不可忽视的作用，从而为领导者实施惩罚提供了重要依据。

　　迄今为止，领导惩罚究竟是否能够有效抑制员工的越轨行为却不得而知，缺乏深入的理论和实证研究。结合文献分析和实地调研，笔者发现领导者实施惩罚在部分情况下确实能够抑制员工越轨行为，但是在不少情况下，惩罚的实施不仅没有抑制反而激发员工越轨行为。这种现象导致组织惩罚实践中的困惑：为了抑制和消除越轨行为而实施的惩罚反而导致了更多的越轨行为。这就使得管理者陷入两难境地：不实施惩罚会放纵越轨行为，实施惩罚却又激发越轨行为。有鉴于此，本书认为惩罚可能是一把"双刃剑"，恰当运用惩罚会起到良好的效果，而不恰当地运用惩罚则会恶化工作场所越轨现象。那么究竟什么样的惩罚能抑制员工越轨？什么样的惩罚会激发员工越轨？本书将针对组织情境中的这一现实问题，探讨领导惩罚对员工越轨行为的影响机制，并提出审慎运用惩罚的实践对策。

通过对国内外相关文献的梳理、归纳和分析，本书指出惩罚效应研究的学术争论，提出研究立足点。并基于行为博弈视角，构建领导惩罚与员工越轨行为的博弈模型。通过演化博弈分析来揭示领导的不同类型惩罚对员工越轨行为存在不同影响的基本假设，以期为后续研究提供较为严谨而坚实的经济学基础。并结合层次分析法和熵值法，选择具有代表性的越轨事件情景进行实验设计以验证基本假设。在此基础上，本书还将进一步整合公平启发理论和道德推脱理论，构建领导惩罚对员工越轨行为影响机制的理论模型，探讨其中的序列中介机制，以及在道德层次上全面而深刻地揭示领导惩罚影响员工越轨行为的重要边界条件。

企业管理归根结底在于对人的管理。本书的研究旨在为企业的员工管理实践提供理论参考，为企业的高效、和谐、可持续发展提供人员素质保障，从而为稳步推进新时代我国企业高质量发展夯实微观基础。同时，也可为以往学术界和实践界关于惩罚究竟是好是坏，以及组织是否应该实施惩罚的长期争论提供新的洞察和启示。经过严密分析和深入思考，笔者设计了一个研究框架，提出了详细的研究计划书，并有幸得到基金资助。在深入开展企业调研的基础上，结合理论分析以及基于实验和问卷数据的实证检验，最终形成本书内容成果。

本书的写作和出版过程得到了许多支持和帮助。感谢我的导师北京邮电大学经济管理学院的吕廷杰教授，他的专业素养和悉心教导使我受益匪浅。感谢安徽理工大学经济与管理学院的丁明智副教授在本书研究设计和写作过程中给予的建议和指导。感谢南京大学商学院的张正堂教授在奖惩激励领域的学术思想对本书选题给予的重要启发。此外，还要感谢我所在的工作单位安徽理工大学经济与管理学院的杨力院长和王建民副院长对本书出版提供的重要支持，他们对学术的孜孜以求、对科研工作的高度重视以及提供的资源条件促进了我的成长。最后，衷心期盼和感谢各位读者对本书的批评指正。

本书内容是国家自然科学基金重点项目（72132003）、教育部人文社会科学研究规划基金项目（18YJA630021）和安徽理工大学引进人才科研启动基金项目（2023yjrc53）的阶段性成果。

张 浩
安徽理工大学经济与管理学院

目　　录

第 1 章

绪　　论

1.1　研究背景与问题提出

1.1.1　研 究 背 景

工作场所越轨行为（workplace deviant behavior，也称为偏差行为，本书中统一采用"越轨行为"这一表述）是员工的一种意图性、自发性的违反组织规范、政策或制度的角色外消极行为，包括偷窃、欺骗以及其他各种违背组织利益的行为（Bennett & Robinson，2000）。工作场所越轨行为十分普遍，而且形式越来越变化多样，并具有很大程度的隐蔽性，给组织带来了严重的危害性后果。如果员工在组织环境中感到不舒服，或者遇到某些对他们有负面影响的不利情况，则会以某种方式作出消极反应，然而却很难预测这些越轨行为反应将在何时以及如何发生（Robbins & Judge，2018）。因此，员工越轨行为给企业造成的危害程度及方式往往难以预测，暗藏着极大的不确定性风险。

相关研究表明，美国企业中的33% ~75%的员工从事越轨活动，例如，盗窃、生产偏差、虐待同事等。这些工作场所越轨行为导致了20%的企业倒闭，并造成每年60亿~2000亿美元的损失（Stewart et al.，2009；Shkoler et al.，2019；Jacobson et al.，2020；Ciampa et al.，2021）。除了传统的生产制造行业，员工越轨行为在旅游、餐饮等服务业中也很普遍（Lin，2017）。例如，一项基于酒店员工样本的研究表明，超过85%的员工有服务破坏行为，而100%的员工表示该组织每天都发生服务破坏事件（Zhou et al.，2018）。普华永道2016年全球经济犯罪调查显示，63%的经历经济犯罪的中国企业的受访高管认为，本企业经历的最严重损失均来自内部员工作案。安然（Enron）和世通（WordCom）公司的丑闻，可以说是企业因员工越轨行为而承担巨额损失的经典案例，而导致这两家全球知名公司迅速破产的原因正是员工的越轨行为（Cavender & Miller，2013）。注册舞弊审核师协会（ACFE）的一份研究报告（2018年）研究了来自125个国家、23个行业类别的2690个案例（Dorris，2018），发现内部员工职业欺诈对世界各国各种类型和规模的组织都构成了巨大的威胁。这份研究报告中的所有案例企业的总损失超过70亿美元；每个案例企业的平均损失为13万美元；22%的案例企业损失超过100万美元。这份报告还表明，45%的被调查者曾在工作场所参与各种形式的不当行为，其中，21%的被调查者有过欺凌或恐吓行为、14%的被调查者存在严重旷工、10%的被调查者存在严重迟到行为。管理不善、浪费和滥用组织资源以及其他各种类型的越轨行为，在绝大多数组织中都普遍存在（Li & McMurray，2022）。2020年联合国报告和咨询机构克罗尔（Kroll）《2019~2020年全球欺诈调查报告》中的大多数案件包括网络信息泄露、数字资产盗窃、资产挪用、违反行为准则、财务报表欺诈，这些都属于工作场所越轨行为。其中，亚洲国家企业因此而造成的损失接近200亿美元，仅次于美国和非洲（Narayanan & Moon，2023）。

鉴于员工越轨行为的普遍性以及给组织带来的巨大损失，如何遏制员工越轨行为已经成为管理实践界和学术界所面临的艰巨而紧迫的现实难题。从深层原因来看，代理问题是员工越轨行为产生的根源。代理理论是经济学和管理学中应用最广泛的理论之一，已成为占主导地位的管理范式和现代公司治理的基础（Bosse & Phillips，2014）。只要一方（委托人）将工作委托给另一方（代理人）执行，且代理人具有一定程度的决策权，代理关系就确立存在（Eisenhardt，1989）。在委托 - 代理框架下，公司的各个层级包括股东和总经理之间的关系、总经理和部门经理之间的关系、部门经理和普通员工之间的关系在本质上都是一种委托 - 代理关系。通常来说，代理人的目标和委托人的目标往往并不一致，并且双方都试图使自己的利益最大化。由于组织或者领导者与员工之间存在代理关系，那么员工作为自利的代理人就可能会做出损害组织（委托人）利益的机会主义行为（Jensen & Meckling，1976）。咨询机构克罗尔（Kroll）近期发布的《2021～2022 年全球欺诈与风险报告》显示，世界各地的企业都面临针对商业欺诈和职业操守问题进行相关调查的成本上升问题。

为了解决棘手的代理问题，采用控制手段是组织通常的做法，其目的是监督和激励员工，从而使员工的行事方式有利于组织目标的实现（Eisenhardt，1985）。组织的控制系统依托一定的结构和程序（例如，信息系统、监控系统、绩效评估体系、奖惩机制等形式）而发挥作用（Ekanayake，2004）。奖惩作为管理控制系统中的重要环节，包括奖励（属于正激励）和惩罚（属于负激励）。当员工达到组织设定的绩效标准或者做出有利于组织的行为时，组织往往会对员工实施奖励。反之，当员工没有达到组织设定的绩效标准或做出不利于组织的行为，员工可能会受到组织的惩罚。奖励和惩罚的实施通常都是由各级领导者（即组织的象征性代表）来执行。但是，总体比较而言，由于奖励容易给员工带来积极情绪和满足，而惩罚则会引起消极情绪和不满，因此领导者实施奖励要比执行惩罚要来得容易（Wang et al.，2009）。正因为如此，以往的员工激励研究也聚焦于奖励，而对惩罚的关注相对较少（张正堂和李倩，2014）。

事实上，惩罚作为最典型的负激励手段，长期以来一直是在组织管理实践中被广泛使用的基本控制措施，旨在保护组织自身避免受到不合作员工的伤害（Ball et al.，1994）。领导的职责之一是通过与下属的社会互动来激励其表现出有利于实现组织目标的行为。由于组织规章制度的要求和绩效压力的普遍存在，领导者往往有意或无意地采取一定的惩罚措施，甚至会依赖惩罚，以罚代管，试图抑制或消除员工的不当行为（Butterfield et al.，2005）。那么惩罚的效果究竟怎样呢？在组织惩罚研究领域，长期存在关于惩罚效应好坏以及是否应该惩罚的学术争论。不少学者强调惩罚会对员工心理和行为带来消极效应，并主张领导者应当避免使用惩罚。但是，部分学者基于强化理论认为，惩罚可以矫正受罚者的不良行为。人事经济学领域研究也认为，由于个体存在损失规避动机，而惩罚会导致员工物质上或精神上的损失，因此惩罚可以促进员工更加努力以规避可能的损失。此外，学术界较多探讨了惩罚对生产率或绩效的影响，少数学者探讨了惩罚对员工态度、情感和积极行为的影响，本书第 2 章将对惩罚效应研究进行详细梳理。截至目前，惩罚究竟是否能够抑制员工的越轨行为（属于典型的消极行为）还不得而知，相关的实证研究十分缺乏，难以对组织惩罚实践提供理论指导。

1.1.2　研究问题的提出

惩罚是为了否定受罚者的不当行为，使其后续行为满足组织需求和实现组织目标，因此这种传统的管理控制手段在现实组织情境中普遍存在，经常被领导者使用，无法被完全杜绝。但是，惩罚在组织中一直是一个高度敏感的话题，其引起的负面效应不容小觑，对日常组织行为存在重要影响，从而对组织管理者和人力资源管理实践的专业人员提出了极大挑战（Wang & Murnighan，2017）。以往关于惩罚效应的研究争论表明，惩罚不仅涉及对惩罚接受者的影响，还涉及对其他观察者和实施者（即领导者）的影响。虽然惩罚不可避免地会带来一些消极效应，但是越来越多的学者开始认同惩罚的正面价值，并提出需要关注如何避免其消极效应和发挥其积极效应（张正堂和李倩，2014）。这种认为惩罚在很大程度上对员工和组织存在有利影响的观点为领导者实施惩罚提供了重要依据。因此，惩罚问题的关键并非在于是否应该使用惩罚，而是怎样才能更好地实施惩罚，减少惩罚给受罚者带来的消极影响，同时增强惩罚的积极影响，提升其对员工越轨行为的抑制效果。

从组织现实来看，虽然领导的某些惩罚确实能够抑制员工越轨行为，但是也有相当一部分惩罚不仅没有抑制越轨行为，反而激发了越轨行为，从而导致组织在惩罚实践中的困惑与迷失。组织管理者实施惩罚的最初目的是抑制和消除与组织目标不一致的越轨行为，但是，某些惩罚实际上却导致员工产生更多（可能表现为其他形式）的越轨行为，使得惩罚步入一种"怪圈"：为了抑制员工某种越轨行为而实施的惩罚反而激发员工从事更多越轨行为。管理者究竟应该如何有效地运用惩罚手段来抑制员二越轨行为，使企业走出惩罚的"怪圈"呢？这一亟待解决的现实难题目前尚未得到学术界应有的重视。有鉴于此，本书旨在厘清领导惩罚对员工越轨行为的影响效应及其内在机制，拟解决以下关键问题：

（1）领导惩罚究竟是否能够抑制工作场所中的员工越轨行为？不同类型的惩罚对员工越轨行为的影响是否不同？

（2）领导惩罚通过员工的哪些重要心理中介变量而影响其在工作场所中的越轨行为？即领导惩罚通过怎样的心理传导机制而作用于员工越轨行为？

（3）领导惩罚影响员工越轨行为的过程中存在哪些重要的边界制约条件？领导惩罚对员工越轨行为的影响依赖于员工的哪些心理特征？是否随着组织情境的不同而变化？

1.2 研究意义

1.2.1 理论意义

1.2.1.1 有利于弥合惩罚对员工行为矫正效应的研究争议

以往研究对惩罚的行为矫正效应一直存在争论。相当一部分学者认为，惩罚会给员工带来伤害，而且对不良行为的矫正效果难以持续，因此主张组织和管理者应当避免使用惩罚。但是，根据前景理论的损失规避观点，相对于正面积极的结果，人们更加关注负面消极的结果（Kahneman & Tversky，1979），因此往往倾向于把更多的注意力和精力聚焦于如何避免负面结果（例如，惩罚）而不是争取正面结果（例如，奖励）。因此，相对于奖励而言，惩罚会对员工行为产生更加强烈、持久和直接的影响。可见惩罚是一把"双刃剑"，虽然其存在一定的消极效果，但是也能塑造员工的良好行为。因此，惩罚本身不能简单地被论定为"好"或"坏"，关键在于实施方式是否得当。本书拟探讨领导者实施的不同类型惩罚对员工越轨行为的影响，有利于弥合以往关于惩罚对不良行为矫正效果的研究争议。

1.2.1.2　有助于丰富惩罚效应、领导效能以及员工越轨的学术研究

绝大多数员工激励研究集中关注奖励的实施效应，而对惩罚实施效应的研究尤其相关的实证研究相对不足。在为数不多的惩罚效应研究领域，学者们探讨了惩罚对员工感知、态度和绩效的影响，但是惩罚对员工行为尤其消极行为的影响研究不足，而且缺乏不同类型的惩罚对员工行为影响的比较研究。本书的研究可以丰富和完善组织情境下的惩罚效应研究。同时，在领导行为与员工越轨的关系研究领域，学者们聚焦于各种领导风格特征对员工越轨行为的影响，却鲜有关注领导惩罚对员工越轨行为的影响。本书探讨领导的两种类型惩罚对员工越轨行为的影响机制，有助于丰富领导效能研究和员工越轨的领导因素研究，并对惩罚理论与领导理论的交叉领域研究提供一定的学术借鉴。

1.2.1.3　有助于深化惩罚效应发生的内在机制

以往的惩罚研究主要基于威慑理论、强化理论以及社会学习理论来解释惩罚对员工的影响。少数研究从传统的组织公平理论视角解释惩罚对员工的影响。但是以往这些单一的理论均无法全面、针对性地解释领导惩罚对员工不良行为的影响机制，因此需要寻求更为契合、更具解释力的理论。本书首先从行为博弈视角构建博弈模型，并进行演化博弈分析，推导出基

本假设，为领导惩罚与员工越轨的关系提供了经济学洞察。鉴于经济学及博弈论模型难以体现主观心理变量中介机制的不足，本书进一步采用管理学的问卷研究方法，结合组织行为学的公平启发理论和道德推脱理论，探索领导惩罚影响员工越轨行为的影响路径以及解释机制，有利于深化惩罚效应的发生机制。此外，以往学者对惩罚效应的边界约束条件研究不足，尤其缺乏个体和组织层面的权变调节因素的综合考虑。而在现实组织中，惩罚实施的效果不仅受到员工自身特征的制约，也会受到组织情境的制约。本书基于道德视角，综合考量个体和组织情境的道德特征因素在领导惩罚影响员工越轨行为过程中的调节效应，可以深化惩罚效应发生过程的边界约束机制。

1.2.2　实践意义

1.2.2.1　有利于组织消除员工越轨行为以保障企业稳定运营

员工越轨行为是影响企业运营稳定的重要风险因素，严重的越轨行为极易扰乱企业运营秩序。这种行为在各类行业的企业中均十分普遍，表现形式层出不穷，会给组织造成潜在危害损失，甚至使企业面临破产风险。随着互联网和分布式工作场所的普及，尤其随着企业数字化转型的深入和人工智能技术的逐步引入，员工的决策自由度更高，越轨行为也更加多样化。例如，盗用公款、泄露商业机密、蓄意破坏、不安全生产、财务欺诈、网络怠工等越轨行为的表现形式将更加隐蔽和难以监督。在数字化与网络化背景下，员工越轨行为导致的危害可能随着网络和数智技术的普及和渗透以及产业链和供应链的日益复杂交错而快速产生连锁反应，给所在企业及合作伙伴带来巨大危机，甚至波及相关行业。如何全面遏制员工越轨行为已经成为企业管理中迫在眉睫的棘手难题。实践界人士试图通过惩罚来消除员工越轨行为，但是效果却并不理想。本书指出了领导惩罚对员工越轨行为的"双刃剑"效应，从而为企业管理者通过合理、有效地实施惩罚来抑制工作场所的员工越轨行为提供了重要的实践指导，为企业的稳定运营与可持续和谐发展提供人员素质和行为规范方面的基本保障，最终为企业的高质量发展消除潜在的障碍和风险因素。

1.2.2.2 有利于警示管理者在惩罚实施中加强对员工心理的关注和疏导

领导实施惩罚时往往面临一种困境：为了改变员工的不良行为，领导有必要实施严厉的惩罚以起到行为矫正作用，但是当领导对员工实施了严厉惩罚，员工却往往认为惩罚自己是不公平的，从而导致其产生消极的心理和动机反应。本书研究结论有助于管理者深刻认识到领导实施惩罚方式的不同对员工心理的影响存在本质差异，并深入洞察影响员工越轨行为的公平心理和道德心理，从而科学、合理、有效地运用惩罚手段和相关辅助措施以减少员工消极心理和后续的消极行为，以及警示管理者在惩罚实施过程中密切关注员工认知和动机的变化，并加强上下级沟通，进行及时的心理疏导以确保员工对所受惩罚的公平认知。因此本书对管理者在惩罚实施中的员工心理关怀具有重要的实践启示。

1.2.2.3 有利于引导组织加强员工道德培训和组织伦理文化建设

虽然领导对惩罚的恰当运用可以避免员工消极心理以及制约或消除越轨行为，但是领导和下属对惩罚的恰当性的理解可能存在偏差。领导者认为恰当的惩罚可能被员工认为是不恰当的，而且不同的员工对惩罚的理解和接受程度也会存在差异。这就意味着，完全消除惩罚对员工心理所造成的负面影响往往是非常困难的。在惩罚已经引起员工消极心理的情况下，具有高水平道德认知的员工则不容易产生道德推脱和越轨行为。同时，伦理氛围浓厚的组织情境有利于塑造员工的良好行为。即使员工由于领导的非权变惩罚产生了道德推脱动机，但是在组织伦理氛围的渲染和制约下，则不太容易产生实际的越轨行为。因此，本书对组织加强员工道德认知教育培训和组织伦理文化建设提出了紧迫性要求以及提供了重要的理论依据。

1.3 概念界定与理论框架

1.3.1 概念界定

1.3.1.1 组织中的惩罚定义

对不良行为进行惩罚古已有之，惩罚在宗教界、司法系统、社会和教育等领域都是一个非常重要的概念（Goodwin & Gromet，2014），然而组织中的惩罚早期并未得到重视。直到一篇理论综述论文系统梳理了组织惩罚的相关研究，并呼吁要加强组织情境下的惩罚研究（Arvey & Ivancevich，1980），从此组织领域的惩罚才逐步受到研究者的重视，并开始得到系统的发展。在组织管理领域，被学术界广泛接受的惩罚定义为：上级对下属施加负面后果或撤除正面后果，目的是改变下属不良行为（Trevino，1992；Butterfield et al.，1996）。这个定义依据的是强化理论。强化是行为矫正中使用较多的一种方法。以上的惩罚定义中所指的负面后果是管理者通过使用某种令人厌恶的方式来终止其不喜欢的行为，例如，对迟到或早退者扣工资。消除正面后果则包括取消特权、停止加薪和延迟升职，这些对员工来说也属于惩罚，都是以员工不喜欢或害怕的方式来抑制其从事不符合组织期望的行为。以上的主流定义是将惩罚作为主管和下属之间的"二元事件"，并以受罚的下属为中心而进行的定义。后期少数学者把惩罚视为一种社会现象，将惩罚涉及的对象拓展到观察者，并认为惩罚不仅是为了修正行为，还包括恢复正义，因此把惩罚定义为：施加厌恶后果或消除令人愉悦的后果，其目的是改变惩罚对象或其他观察者的行为以及为了恢复正义感（Peterson，2015）。本书探讨领导惩罚对受罚员工越轨行为的影响，将惩罚视为上下级垂直对之间的事件，并以受罚下属为中心，因此采用第一种主流定义。

在实践中，惩罚的具体形式多种多样。惩罚形式的选择不仅受到法律或规范制度以及实施惩罚者的独创性的影响，也由组织所在特定国家的政治制度所决定。因此，不同国家、地区和不同类型的组织使用的惩罚种类不太相同。惩罚分为非正式的口头警告和正式的惩戒程序（Salamon，2000）。西方国家的组织惩罚划分为口头训斥、停职、解雇、拒绝社会交往、撤销高地位群体成员资格、不加薪、不发奖金等（Mooijman & Graham，2018）。我国台湾地区的一些学者列举的惩罚方式包括：申诫、警告、记过、停止加薪、减薪、降级、降职、停职、解雇等（黄英忠等，2002）。还有学者将惩罚类型划分为非正式的告诫、口头警告、书面警告、行政处分、降级、停职、解雇、移送司法机关等（张纬良，2003）。某集团公司的《职工处分规定》包含的种类有警告、记过、记大过、降级、撤职、留用察看、开除等。在组织实施惩罚的具体实践中，解聘（或解雇、开除）是组织对员工最严厉的惩罚，为避免引起当事人的严重敌对情绪，除了解聘之外，有一部分以劝说当事人以自动离职的方式离开组织。事实上，本书研究团队在企业调研中还发现，除了以上列出的惩罚类型之外，在中国的企业中还存在为数不多但却不可忽视的体罚现象。

惩罚权是领导者的重要权力之一。相应地，组织惩罚的实施者通常也是领导者。在组织行为的实证研究领域，对领导惩罚类型的一种主流分类是将惩罚分为权变惩罚和非权变惩罚。组织行为学者们在交易型领导概念基础上开发出领导奖励和惩罚的概念及相应的量表（leader reward and punishment questionnaire，LRPQ）（Podsakoff et al.，1982；Podsakoff et al.，1984）。他们将领导奖惩分为权变奖励（contingent reward）、权变惩罚（contingent punishment）、非权变奖励（non-contingent reward）和非权变惩罚（non-contingent punishment）四个维度。其中，权变惩罚是指那些依据下属的绩效和行为表现而实施的惩罚（对存在不良行为表现的员工给予相应的惩罚），而非权变惩罚是指那些没有依据下属的绩效和行为表现而实施的惩罚（对没有不良行为表现的员工给予惩罚或者对较轻的不良表现实施过度的惩罚）。同理，权变奖励和非权变奖励也采用类似定义方法。由于权变奖励和权变惩罚是与员工行为表现相关的，符合操作性条件反射理论（后来发展成为强化理论）的内涵，也有学者将二者合并称为操作性领导（operant leadership）（Rubin et al.，2010），但是这种命名并没有得到广泛应用。相反，权变奖励和权变惩罚更多被视为交易型领导的重要特征，从而被纳入交易型领导的概念框架。在以往的研究中，LRPQ 量表已经被证明具有优良的心理测量学特征。目前，将领导惩罚分为权变惩罚和非权变惩罚这两种基本类型的做法已经得到学术界的认可（Dionne et al.，2002）。本书将沿用这种主流的惩罚分类方式，分别探讨权变惩罚和非权变惩罚对工作场所越轨行为的影响。

1.3.1.2 越轨行为

学者们最初将工作场所中的员工越轨行为定义为组织成员故意做出的任何违背组织合法利益、对组织或其成员有害的行为（以下简称"越轨行为"）（Robinson & Bennett，1995）。越轨行为是员工的一种意图性、自发性的违反组织规范、政策或制度的角色外消极行为（Bennett & Robinson，2000）。员工越轨行为既包括针对组织的越轨行为（例如，破坏设备、盗窃、故意怠工、擅离职守等），也包括针对个体的越轨行为（例如，人身攻击、言语辱骂、侮辱他人、谈论同事等）（Robinson & Bennett，1995；Bennett & Robinson，2000）。在文献中，这些消极导向的行为常常被表述为各种各样的术语，例如，不当行为或不良行为（Vardi & Wiener，1996）、反生产行为（Fox et al.，2001）、工作场所攻击或侵犯行为（Baron & Neuman，1996）、工作场所反社会行为（Robinson & O'Leary-Kelly，1998）等。尽管这些术语具有不同的名称，但是概念内涵几乎相同。例如，不当行为被描述为组织成员违反组织或核心社会规范的故意行为。反生产行为被定义为旨在对组织及其成员产生有害影响的行为。这些破坏性行为具有两个明显的共同特征：第一，行为是自愿进行的；第二，行为的主要目的是违背组织的重要规范（正式或非正式的规范），或者倾向于损害组织及其成员、利益相关者或所有人的利益。因此，在现有文献中，这些术语通常可以互换使用，组织行为学者往往将这些与工作场所越轨行为类似的术语作为等同的概念（Berry et al.，2007；Hershcovis et al.，2007；Marcus et al.，2016）。本书参照主流、权威的定义（Robinson & Bennett，1995；Bennett & Robinson，2000），将员工越轨行为界定为：员工意图性、自发性地违反组织规范、政策或制度，而且对组织或其成员有害的角色外消极行为。

1.3.1.3　公平感知

国内的组织行为学者将"organizational justice"翻译为组织公平或组织公正，这两个词经常互换使用，因此本书也将公平和公正视为同一概念而不加区分，主要采用前一种表述。组织公平主要关注的是工作场所的公平感知，以及雇佣环境下什么是公平的问题（Colquitt et al.，2001；Cropanzano et al.，2001）。个体会根据自己的判断对组织中的行为或事件形成自己的认知，因此组织公平是通过评估公平感知来间接衡量的（Colquitt et al.，2001），从而组织公平感知这个概念将决策的客观公平方面与对公平的主观感知联系起来，或者说公平感知既包括客观成分，也包括主观成分。

组织行为学者将组织公平定义为：在利益和资源分配结果、与资源分配相关的过程、人际关系以及组织、领导者和员工之间的信息沟通等方面管理组织的指导准则和标准的公平性（Greenberg，1990）。这一概念包含了目前被认为代表组织公平的四个维度：分配、程序、人际关系和信息。其中，分配公平的概念源于早期公平理论，反映了个体对分配结果公平性的感知（Adams，1965）。但是后期研究表明，如果分配过程是公平的（例如，遵循受到认可的分配程序以及对分配方式或过程具有发言权），那么即使面临对自己不利的分配结果也会认为是可接受的或者说是公平的。程序公平被定义为：人们对于决定分配结果的程序是否公平的感知（Greenberg，2009）。此外，个体还会对分配过程中所受人际对待的公平性作出评价，这种公平被称为互动公平（Bies，2005）。与程序公平的构念不同，互动公平则被定义为员工所感知的与主管、领导、同事或组织之间互动的公平。互动公平还可以进一步划分为人际公平和信息公平（Colquitt et al.，2001）。其中，人际公平是指在人际互动过程中给予尊重（例如，以礼貌和民主的方式对待），信息公平是指决策者（例如，领导）是否提供真实、充分而正当的理由。因此，组织公平感知反映了个体对组织公平的四个维度水平的感知。

早期传统的组织公平理论及相关研究较多强调公平维度的差异性，却忽视了这些维度之间的联系。而后期的公平理论研究认为，人们在形成公平判断时，很难理性地判断面临的是哪一种公平要素，而是通过对事件的不完全充分信息的启发作用来快速形成对公平的整体印象，进而影响态度和行为（Lind，2001）。新近研究认为，分别独立考察组织公平的各个维度的做法存在不足。人们在现实中往往对组织整体的公平性进行评价，因此需要将各种公平要素统筹联系起来。个体对期望从组织中获得的整体公平水平来形成判断，任何单个的公平维度都不能体现个体公平体验的深度和丰富性，而整体公平感知能够为在组织情境中的公平提供更为全面整合的理解，因此，越来越多的学者采用整体公平感知来反映公平判断（El Akremi et al.，2018；Koopman et al.，2020；Baer，2021）。参照公平研究的最新趋势，本书对组织公平感知也采用整体公平的定义和测量方法。

1.3.1.4 道德推脱

道德推脱是一套使个体摆脱道德自我调节过程的认知机制。在推脱发生后，一个人可能在作出不道德决定时不再会产生内疚感（Detert et al.，2008）。社会认知理论认为，个体会通过自我调节过程来控制自己的思想和行为，这些调节过程包括自我监控和自我反应，旨在使自己的行为符合自己的内在标准（Bandura，1996，1999）。然而，道德自我调节过程可以选择性地被激活和失活。道德推脱正是这种失活过程的基础（Bandura，1999）。因此，道德推脱在自我调节的选择性关闭这一领域扩展了社会认知理论。虽然一些实证研究将道德推脱视为个体心理特征，当作较为稳定的性格或人格特质倾向来对待，并将其作为调节变量（Fehr et al.，2020）。但是，班杜拉（Bandura，1990）的道德推脱理论在很大程度上把道德推脱视为一个过程，是一种可以变化的认知倾向，因此是一种相对不稳定的心理变量（Moore et al.，2012；Moore，2015）。

较多的研究认为，道德推脱作为一种认知或动机倾向会受到其他因素的激发。新近的一项综述研究发现，道德推脱在很多变量关系中充当中介变量的角色。例如，内隐信念与欺骗的关系、安全压力和信息安全政策违反的关系、盈余管理道德感知与非伦理会计实践的关系、自我监控或精神病态与不道德决策的关系、真实性或正念创造力与不道德行为的关系、嫉妒与社会阻抑的关系、耗竭与破坏行为的关系、工作不安全感与指向组织的越轨行为的关系、心理契约破裂或负面情绪或心理特权与反生产行为的关系（Newman et al.，2019）。参照主流研究趋势，本书把道德推脱视为不稳定的动机或倾向，将其作为领导惩罚对员工越轨行为影响过程中的一个中介变量。

1.3.1.5　道德认同

道德认同描述了一个人将道德价值观作为个人认同的核心的程度，是由一系列道德特质构成的自我概念（Aquino & Reed，2002）。道德认同的这一定义已经得到了学术界的广泛认可（Jennings et al.，2015）。从广义上来说，道德认同包括内在的道德认同和象征性道德认同（Aquino & Reed，2002）。其中，内在的道德认同对应自我概念的私密或隐性方面，代表了嵌入在个人自我概念中的内在道德特质。而象征性道德认同则对应自我概念的公共或显性行为方面，体现在一个人通过行为反映其道德自我的程度，即在他人面前表现出道德性或维护道德形象，具有印象管理的成分。本书中的道德认同是狭义上的概念，不涉及个体在道德形象维护方面的印象管理行为，而是反映个体内在的深层次道德特质，因此不包括象征性道德认同，而是特指内在道德认同。

1.3.1.6　伦理氛围

学术界目前对伦理氛围的定义表述不完全一致。伦理氛围最早被学者们定义为组织成员对具有道德内容的典型组织实践和程序的普遍感知（Victor & Cullen，1988）。伦理氛围往往出现在组织成员认为某些形式的道德推理或行为是公司内部决策的预期准则或规范的时候，反映组织成员对"什么构成正确行为"的共同感知（Martin & Cullen，2006）。伦理氛围反映了个人对单位或组织内的道德政策、实践和程序的整体印象（Mayer et al.，2010），是员工对其组织重视并执行符合道德的正确行为的感知（Stewart et al.，2011）。

此外，还有学者将伦理氛围定义为员工对具有道德内容（例如，规则、政策、价值观和行为），以及在其工作环境中赋予这些意义的道德实践和程序的感知（Schwepker，2013）。经过辨析和比较可知，以上关于伦理氛围定义的阐述虽然在形式上不同，但是在内涵本质上是一致的。综合以往学者观点，本书将伦理氛围定义为员工对于什么构成工作中的道德行为以及具有道德内容的组织程序、政策和实践的普遍感知。

1.3.2　理论框架

根据前面的概念界定可知，领导的权变惩罚是与下属的绩效和行为表现相称的惩罚，即在员工绩效或行为表现不良的情况下实施的惩罚。而非权变惩罚是与下属的绩效和行为表现脱钩的惩罚，即在员工没有表现出不良绩效或行为的情况下对其实施惩罚。员工会基于自己的付出或实际表现与受到的对待而形成公平感知。两种不同类型的惩罚对员工的公平心理会产生不同影响。权变惩罚体现了对公平的恢复，即犯错了就该受到惩罚。员工在犯错的情况下往往存在一定的内疚，而过错得到应有的惩罚反而有利于公平的心理天平保持平衡状态。相反，在没有犯错的情况下受到惩罚则会导致公平的心理天平失衡。因此，权变惩罚和非权变惩罚会对员工的公平感知会产生相反的影响。

员工的整体公平感知进一步会影响其道德推脱倾向。通常情况下，个体存在道德自我调节功能。由于内在道德标准的存在，实施不道德行为会产生内疚感，形成一种自我惩罚，并担心受到外部社会惩罚。因此，个体会运用自我调节机制基于对不道德行为潜在后果的预期而做出道德决策。然而，道德自我调节过程会选择性激活和失活（Bandura，1999；Moore et al.，2012；Moore，2015；Fehr et al.，2020）。当员工感知到不公平对待时，就把自己视为受害者，因此对于个人不道德行为对组织或他人造成的伤害会产生心理平衡，甚至认为理所当然，从而导致道德的自我调节过程失活，形成道德推脱。而一旦形成道德推脱倾向，对自身不道德行为就缺乏预期的内疚，导致其越轨行为缺乏内在道德标准的约束。相反，当员工感知到公平时，就没有理由或借口从事不道德行为来伤害组织或他人以寻求心理平衡。这有利于维持道德自我调节过程的激活状态，从而减少道德推脱倾向，对自身不道德行为会存在预期的内疚，因此越轨行为会受到内在道德标准的约束。有鉴于此，本书认为权变惩罚和非权变惩罚首先会影响员工的整体公平感知，而公平感知又进一步影响其道德推脱倾向，最终对员工越轨行为产生不同的影响。

此外，以上这一序列中介传导过程还同时受到个体和组织层面道德因素的制约。具体而言，当感知到不公平对待时，道德水平不同的个体会产生不同的反应。道德认同程度低的个体由于缺乏内在道德价值观的约束，更容易产生道德推脱。而道德认同高的个体无论是否受到公平对待，都会受到其内在道德标准的约束，不容易产生道德推脱，因此，道德认同会减弱公平感知对道德推脱的影响。此外，道德推脱对越轨行为的影响会受到组织层面伦理氛围的制约。在伦理氛围浓厚的组织中，员工会将伦理道德标准视为公司内部决策的预期准则或规范，违背这些道德准则意味着违背了组织、领导及其他组织成员的期望，这会影响其在组织中的关系、形象、地位和个人发展。因此，组织伦理氛围对存在道德推脱倾向的员工构成了一种外部的道德约束，导致其克制越轨行为。可见，伦理氛围也会减弱道德推脱对越轨行为的影响。

基于上述思路，本书关于领导惩罚对员工越轨行为影响机制的理论框架如图 1-1 所示。

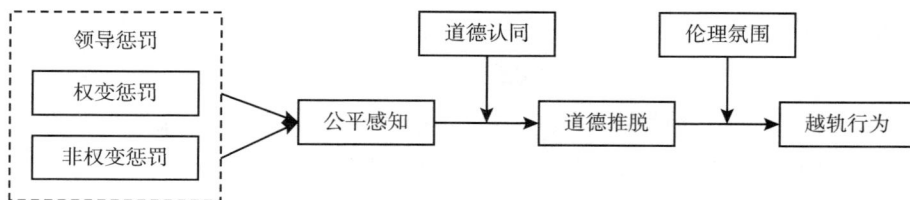

图 1-1　理论框架

1.4　研究方法

1.4.1　理论研究方法

　　理论研究方法主要包括：文献分析、企业调研、演化博弈以及理论演绎和逻辑推导方法。首先，采用文献分析法对领导权变惩罚和非权变惩罚的相关概念进行系统的辨析，通过对国内外惩罚效应研究文献进行归纳，厘清惩罚效应研究的学术争论，重点梳理和分析惩罚对受罚者的影响效应研究，并系统地梳理了领导相关的因素影响员工越轨行为的研究，最终明晰本书研究的立足点。其次，采用企业调研方法，针对目前惩罚研究的空白和企业惩罚实践中的困惑，通过定性研究探讨领导惩罚对工作场所越轨行为的影响机制，并结合文献分析来确定本书的总体理论框架。再其次，从行为博弈的视角构建博弈模型，并进行演化博弈分析，提出了领导的两种类型惩罚与员工越轨行为之间关系的基本假设，为后续进一步引入心理中介变量和调节变量的深入研究奠定了基础性框架。最后，在文献分析和企业调研基础上，结合组织行为学的公平启发理论和道德推脱理论，构建领导惩罚对员工越轨行为影响的中介与调节机制模型，从理论上探讨公平感知和道德推脱在领导惩罚与员工越轨行为之间的序列中介传导机制。并从伦理道德视角探讨员工道德认同和组织伦理氛围在以上中介传导过程中的调节机制，通过理论演绎和逻辑推导严密论证 16 个理论假设以待实证检验。

1.4.2　实证研究方法

　　实证研究采用情景实验研究方法和基于企业员工的问卷研究方法。在实验研究中，针对以往学者选择实验情景过于随意和缺乏精确性，导致实验情景事件缺乏代表性的不足，本书结合基于层次分析法（analytic hierarchy process）的主观赋权和基于熵值法（entropy method）的客观赋权，根据综合权重来选择最具代表性的越轨行为事件来设计情景实验，在此基础上建立 Logit 模型，采用逻辑回归（logistic regression）分析实验数据。问卷研究设计中均采用英文权威期刊的成熟量表，通过双向回译程序获得中文量表，仅对少数题项的字面表述进行修正以适应中国本土情境。问卷数据的处理采用主流的多元统计分析方法。参照权威学术期刊的主流实践，采用验证性因子分析（confirmatory factor analysis，CFA）检验变量的区分效度。综合采用基于探索性因子分析法（exploratory factor analysis，EFA）的哈曼（Harman）单因素检验法、单因子模型的 CFA 检验法和基于标签变量的偏相关法来检验同源方差问题。变量测量的信度通过组合信度（composite reliability）和内部一致性信度系数（即克隆巴赫系数）进行分析。采用 Stata 16、Mplus 8.3 软件进行描述性统计分析、相关分析以及 EFA 和 CFA，通过 OLS 层级回归方法来检验中介效应和调节效应，并采用加载于 SPSS Statistics 26 的 PROCESS v3.5 程序插件，采用基于 10000 次抽样和偏差矫正百分位的 Bootstrap 法来检验简单中介效应、序列中介效应、有调节的中介效应以及有调节的序列中介效应等理论假设。

1.5 研究的创新点

本书的创新点主要体现在以下几个方面：

（1）基于两类惩罚的对比丰富了惩罚效应研究和员工越轨前因研究。实践界的管理者常常实施惩罚以期发挥惩罚的行为矫正功能，从而抑制员工不良行为。学术界对惩罚效应的好坏存在长期的争论，却忽视了惩罚尤其不同类型的惩罚对抑制员工不良行为的实际效果研究。本书探讨领导惩罚对员工越轨行为的影响，并比较权变惩罚和非权变惩罚对越轨行为的影响差异，从而拓展了惩罚的结果变量，丰富了惩罚效应研究，也为解决惩罚效应的长期争论提供了新的思路和证据。另外，本书也拓展了与领导有关的员工越轨行为的前因变量。以往学者探讨了多种领导行为风格对员工越轨行为的促进和抑制作用，却忽视了正确运用惩罚这种传统控制手段来抑制工作场所越轨行为。而且在实践中，领导行为风格的塑造不是一件容易的事情，依赖于领导者的自省、参悟以及领导力培训，而且难以在短时间内一蹴而就。而本书探讨如何有效运用惩罚这种常规性、易于理解的人力资源管理实践来抑制员工越轨，结论建议更具可操作性，易于实施。

（2）整合公平启发理论和道德推脱理论探讨惩罚影响员工越轨的心理机制。以往研究基于威慑理论、强化理论、社会学习理论、组织公平理论以及前景理论来解释惩罚效应的发生机制，但是局限于这些单一的理论视角对惩罚影响员工消极行为的内在机制缺乏全面和具有针对性的解释力。本书在演化博弈分析基础上，结合组织行为学的公平启发理论和道德推脱理论，引入整体公平感知和道德推脱作为中介变量，解释和证实了领导惩罚影响员工越轨行为的序列中介机制，深入揭示了领导惩罚对员工越轨行为影响的心理过程，也为今后的组织惩罚研究提供了新的理论视角。

（3）从道德视角深刻揭示领导惩罚影响员工越轨的重要边界条件。以往关于惩罚效应的实证研究较少关注个体特征和组织特征等权变因素的调节效应，尤其缺乏对个体层次和组织层次边界约束条件的综合考虑。本书把个体层次的道德认同和组织层次的伦理氛围作为重要边界条件统一纳入理论模型框架，探讨道德认同和伦理氛围在领导惩罚对员工越轨行为影响过程中的调节机制，深刻揭示了领导惩罚影响员工越轨行为的边界约束条件。同时，本书也为惩罚效应的总体研究框架补充了重要的权变因素，完善了惩罚效应的调节机制研究。

（4）从行为博弈视角构建领导惩罚与员工越轨的博弈模型，为探讨领导和下属相互之间行为反应提供了新思路。组织行为学领域关于领导行为或员工行为研究的主流方法是通过理论推演得到研究假设，再进一步采用问卷数据进行实证检验。这种研究范式缺少经济学理论洞察和较为严密的数理基础。本书的研究首先从行为博弈视角，基于经济学的委托－代理框架来构建博弈模型，通过数学模型推导得出领导惩罚与员工越轨行为关系的基本假设，从而为领导惩罚和员工越轨的关系研究初步奠定经济学基础。鉴于经济学博弈模型难以纳入心理中介变量的缺陷，本书还进一步采用组织行为学研究方法，深入探讨领导惩罚影响员工越轨行为的心理中介和调节机制。

1.6　本书内容安排与技术路线

本书共分为6章，每章的内容安排如表1-1所示。

表1-1 各章研究内容

各章安排	主要内容
第1章　绪论	概览工作场所越轨行为的普遍性及严重危害，基于以往关于惩罚效应的争论和实践界对惩罚的困惑，明确本书的关键问题，在界定主要术语的基础上提出总体研究框架，阐明研究意义、研究方法，指出主要创新点，并展示各章内容安排和研究技术路线
第2章　文献综述	在惩罚概念基础上，分别从受罚者、观察者和实施者角度这3条脉络分析以往学术争论，重点梳理惩罚对受罚者影响效应的相关研究以及领导因素影响员工越轨行为的相关研究，并对研究脉络与趋势以及以往研究不足之处进行述评，最后指明本书立足点
第3章　领导惩罚与员工越轨行为的博弈分析及实验检验	通过演化博弈分析推导出领导惩罚与员工越轨之间关系的基本假设。结合层次分析法和熵值法选择实验情景事件，设计情景实验，基于实验数据，建立 Logit 模型，采用逻辑回归检验基本假设
第4章　领导惩罚对员工越轨行为影响机制的理论分析	首先阐释公平启发理论和道德推脱理论的内涵。在此基础上并通过理论分析和逻辑推演来提炼出关于领导惩罚影响员工越轨行为的简单中介与序列效应、调节效应、有调节的简单中介与序列中介效应共16个研究假设
第5章　领导惩罚对员工越轨行为影响机制的实证检验	在前期问卷设计的基础上，搜集企业员工数据，运用相关的统计分析软件来检验变量测量的有效性，采用层级回归和 Bootstrap 方法来检验第4章中所提炼出的研究假设，并对检验结果进行了分析说明和汇总
第6章　结论与讨论	总结本书的主要研究结论，阐释主要的理论贡献以及审慎应用惩罚的管理实践启示，并指出研究存在的不足与未来研究展望

本书研究的技术路线如图 1-2 所示。首先，在文献分析和企业调研基础上，从行为博弈视角来构建领导的两种惩罚与员工越轨行为的博弈模型，进行演化博弈分析和求解，得到两个基本假设。其次，结合层次分析法和熵值

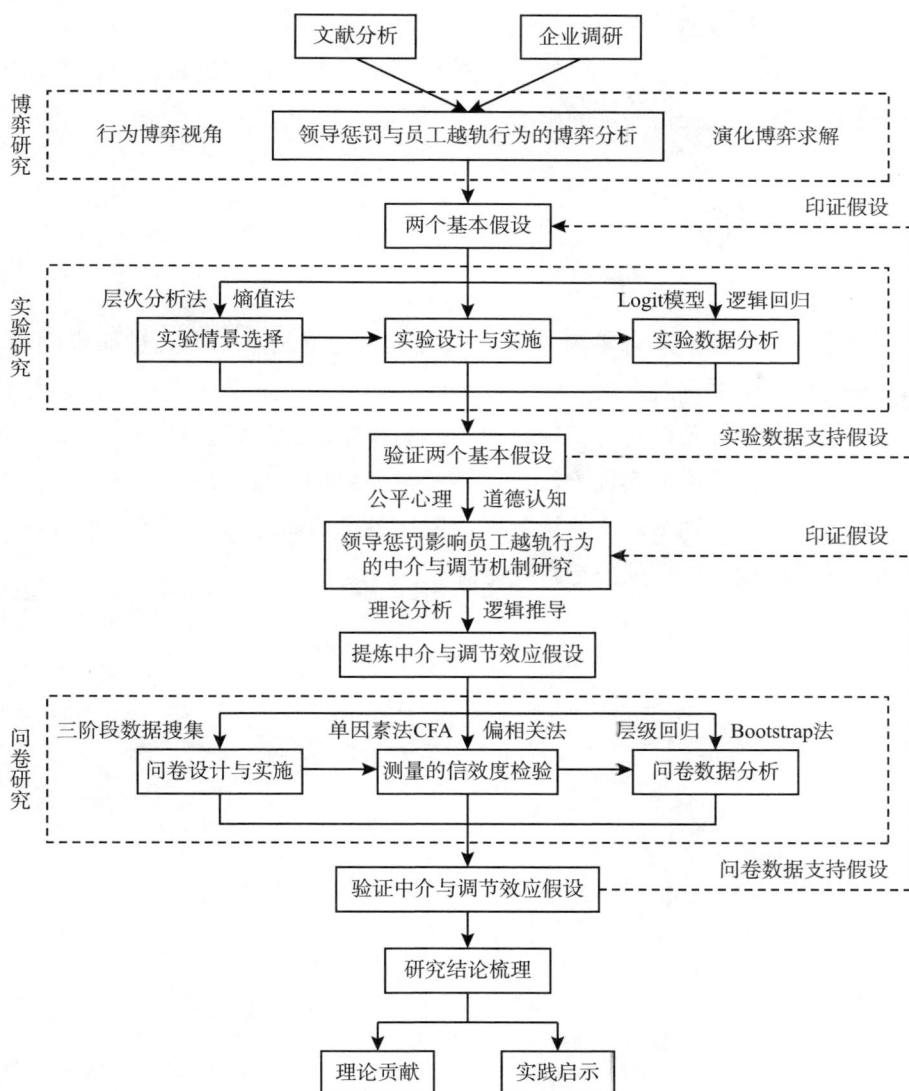

图 1-2　领导惩罚对员工越轨行为影响研究的技术路线

法选择最有代表性的越轨行为事件来设计情景实验，招募具有在企业营销岗位实习经历的管理类专业高年级本科生参加实验，并采用逻辑回归分析实验数据，检验博弈研究所得到的两个基本假设。在此基础上进一步探讨领导惩罚影响员工越轨行为的中介与调节机制，并在三个不同时点搜集自变量、中介变量和因变量数据，在对数据进行信度和效度分析基础上检验中介与调节效应假设。最后讨论本书研究的理论贡献，并对企业和管理者在员工管理实践中审慎实施惩罚提供一定的启示。

1.7　本章小结

本章首先在现实和理论背景分析基础上，提炼出本书的关键研究问题，阐述研究的理论和实践意义。然后再对研究涉及的主要术语进行界定，并展示了本书关于领导惩罚对员工越轨行为影响机制的理论模型框架。其次，阐述了研究采用的理论和实证方法，总结了主要的创新点。最后，展示本书研究的技术路线，并列示各章的标题以及概述各章的研究内容。下一章将对本书研究所涉及的主要文献进行系统地梳理、归纳和述评。

第 2 章

文 献 综 述

本章包括五个部分:一是权变和非权变惩罚与相关领导行为风格的概念辨析;二是回顾以往惩罚效应研究的学术争论;三是梳理惩罚对受罚者的影响效应研究文献;四是梳理领导者因素对员工越轨行为影响的研究文献;五是对以往相关文献进行归纳和述评,在此基础上指明本书研究立足点。

2.1　相关概念辨析

自从学者们提出权变惩罚和非权变惩罚的概念,并开发出这两个变量的测量量表以来 (Podsakoff et al. , 1982; Podsakoff et al. , 1984), 这两种惩罚类型在组织行为学与人力资源管理学领域开始逐渐受到关注。权变惩罚和非权变惩罚与某些领导风格概念存在一定的联系与区别,以下从三个方面进行概念辨析。

2.1.1　领导权变惩罚与交易型领导的概念辨析

交易型领导被概念化为领导与其下属之间的交换关系。政治领导的相关研究从社会交换视角提出交易型领导概念，认为这种领导风格是领导和下属通过相互的磋商来实现双方之间互惠，强调上下级关系是在利益最大化和损失最小化的原则下实现共同目标的互惠关系，表现在政治、经济和心理上的价值交换（Burns，1978）。从"路径 - 目标理论和领导 - 成员交换"理论视角来说，交易型领导界定和澄清下属的工作角色，设定下属需要达成的工作目标，并在其达成目标后给予相应的奖酬，从而使其具有方向感，工作更加努力（Bass，1985）。此外，交易型领导会提供与工作相关的支持性资源以便员工更好地实现工作目标，并要求员工通过遵照执行领导所期望的工作要求来获取奖励或规避惩罚。交易型领导体现了领导与下属之间在利益或资源上的互换关系，领导在明确下属需求的基础上，与员工通过磋商来确定工作要求或目标，通过主动积极的奖励或者被动消极的惩罚来管理和激励员工（Bass，1995）。因此，交易型领导是上下级之间类似基于履行合约义务的社会交换过程，意味着领导者设定目标、标准和期望，并根据下属的绩效与行为表现来奖励或惩罚下属（McCleskey，2014）。

从内容结构来看，交易型领导主要包括两个维度——权变奖励和例外管理（Bass，1995）。其中，权变奖励反映了领导与下属之间具有建设性意义的社会交换：领导者阐明期望并在满足这些期望后给予奖励，即领导基于角色和任务要求对达成任务目标或表现良好的员工给予相应的物质或精神奖励。权变奖励可以是口头承诺的（向下属保证将根据其绩效表现给予相应奖励），也可以是实质性的（根据下属绩效表现实际给予相应奖励）。例外管理反映了领导者根据领导 - 下属交易的结果采取矫正措施的程度，即对没有达成任务或有不良行为（错误或者不合标准的行为）的员工提供反馈以及实施矫正或惩罚，包括两种形式：主动型例外管理和被动型例外管理。主动型例外管理反映领导者为了强化规则以确保目标的达成而主动监控和矫正下属的越轨行为，即领导者监控追随者的行为，预测问题，并在下属行为还没有造成严重问题或后果时就提前采取纠正措施。被动型例外管理是指领导者在下属发生了不良行为或下属的不良行为已经引起问题或后果时，为了矫正其违规或错误行为而采取相应的惩罚干预。此外，论功行赏和依过处罚是交易型领导的两种典型行为（Mackenzie et al.，2001）。论功行赏是一种正向的社会交换，而依过处罚则是负向的社会交换。总的来看，交易型领导者注重施加制约性条件和控制关键规则或规范（Yukl，2012）。

权变惩罚和非权变惩罚的分类及相应概念正是在交易型领导的概念基础上所提出（Podsakoff et al.，1982；Podsakoff et al.，1984）。权变惩罚是基于特定的绩效或行为标准，相反，非权变惩罚则缺乏一定的绩效或行为标准，实施比较随意（Pearce et al.，2003）。权变惩罚是指当员工绩效低下或者表现出不良行为时，领导者出于矫正其行为的目的而给予的负面反馈，例如，训斥、批评、降级以及经济上的惩罚（Tremblay et al.，2013）。非权变惩罚是与员工绩效表现不相称的不必要的或者过度的惩罚，即领导者不加区分或者缺乏明显理由地对下属实施惩罚，这意味着行为或绩效表现好的下属受到了领导的惩罚（Podsakoff et al.，1982；Podsakoff et al.，1984）。权变惩罚与例外管理尤其是被动例外管理在概念上是一致的（Bass，1985；Yukl，2012）。陈文晶和时勘（2014）基于中国文化背景的研究则明确将权变惩罚纳入了交易型领导的内容结构。因此，权变惩罚的概念起源于交易型领导的概念，同时也是交易型领导的内容结构维度之一。根据以上的概念辨析可知，学者们对于将权变惩罚作为交易型领导范畴的观点基本上已取得共识。

2.1.2 领导非权变惩罚与破坏性领导的概念辨析

长期以来，在领导有效性领域的相关研究大多聚焦于领导行为的积极面。随着领导研究的逐步深入，领导行为的阴暗面得到越来越多的学术关注，并出现诸多类似概念，例如，暴虐领导（Ashforth，1994）、毒性领导（Lipman-Blumen，2006）和领导辱虐管理（Tepper，2000）。这些领导风格类型均属于破坏性领导，往往表现为独断专行、对员工冷嘲热讽、不尊重下属、侵犯下属隐私等（Schyns & Schilling，2013）。但是，以往研究对破坏性领导的概念界定并不清晰。

部分学者对破坏性领导的概念是从员工的立场来界定的，侧重于领导对待员工的方式。例如，暴虐领导是指领导者将个人权力凌驾于员工之上，并证明其对权力的使用是正确的，对员工进行压迫性、反复无常、任意地使用权力和职权的领导方式（Ashforth，1994）。暴虐领导分为六个维度：武断和自我夸大、贬低下属、缺乏考量、强迫解决冲突、不鼓励（或压制）主动性、非权变惩罚。更多的研究聚焦于领导的辱虐管理，即下属知觉到的上司持续的言语或非言语敌意性行为，但是不包括存在肢体接触的侵犯（例如，体罚），具体包括：嘲笑、排斥、粗鲁无礼、施加额外任务等形式（Tepper，2000；Klaussner，2014）。辱虐管理具有敌意性、持续性、非肢体接触性和主观性这四个主要特征。由于辱虐管理的破坏性很强，少数学者将破坏性领导简单等同于辱虐管理，甚至直接用辱虐管理量表测量破坏性领导。有些破坏性领导的概念是站在组织的立场来界定的，侧重于这种领导给组织带来的有害后果。例如，毒性领导被定义为不正直的领导，经常从事卑劣行为，包括造假、贿赂、操纵他人、蓄意破坏等各种不道德或违法犯罪行为，并以无法预测的方式对员工实施辱虐和专制式监管，这些行为对组织是有害的（Lipman-Blumen，2006）。而判断领导者是否是破坏性领导，主要看这种领导是否对组织造成消极影响后果（Padilla et al.，2007）。

基于以往的相关研究，破坏性领导被正式定义为：领导者（或者监督者、管理者）通过系统性和重复性的行为，破坏组织任务或目标以及组织资源，降低组织效能，损害下属工作动机、满意度、幸福感以及组织的合法性利益（Einarsen et al.，2007）。根据管理方格理论，领导行为可能在组织和下属两个维度上分别表现出破坏性或建设性。组织维度包括亲组织和反组织行为。其中，反组织行为指的是有碍于组织目标的达成、损害组织利益的行为；亲组织行为是指有利于组织目标达成、增进组织利益的行为。同理，下属维度也包括亲下属和反下属行为。其中，反下属行为是指会降低下属工作动机、满意度和幸福感的行为；亲下属行为则是促进下属工作动机、满意度和幸福感的行为。以组织和下属这两个维度来建立坐标系可以得到分布于四个象限的领导类型：越轨型（反组织、反下属）、护崽型（反组织、亲下属)、暴虐型(亲组织、反下属)和建设型(亲组织、亲下属)。其中,前三种领导形式会对下属或组织带来破坏性影响,因此均属于破坏性领导(Einarsen et al.,2007)。

后期学者进一步全面地构建了破坏性领导的内容结构,并开发了多维测量量表,将破坏性领导划分为基于特质和基于行为这两个基本维度(Shaw et al.,2011)。其中,基于特质的破坏性领导包括四个子维度:缺乏体谅的暴虐风格、懒惰与无能、过于情绪化的消极心理、在多种情境下与人沟通时漠不关心。基于行为的破坏性领导共包括二十个子维度:基于不充分信息作出决策、粗暴欺凌、欺骗及不道德、管理过细或过度控制、不阐明对下属的期望、谈判与说服的无能、应对新技术和新变化的无能、应对人际冲突及类似情境的无能、缺乏诚信、偏袒及分裂行为、协调和管理无效、不征求他人意见、与组织中其他部门孤立、能力与岗位不匹配、优先级排序和委派的无能、行为不一致或不稳定、不愿改变或纳谏、缺乏高瞻远瞩、激励与发展员工方面的无能以及清晰而恰当决策方面的无能(Shaw et al.,2011)。

非权变领导和几种类似领导风格的概念关系相对复杂。从概念内涵来说,辱虐管理、暴政领导、毒性领导都属于破坏性领导,毒性领导和破坏性领导的概念外延最为接近,二者几乎等同,都强调该种领导方式的有害性。辱虐管理只是破坏性领导的一个方面。某些基于特质的破坏性领导特征(例如,懒惰与无能等)不属于辱虐管理的概念范畴。很多基于行为的破坏性领导(例如,决策无能、应对新技术和新变化的无能、应对人际冲突及类似情境的无能、协调和管理无效、与组织中其他部门孤立、不愿改变或纳谏、缺乏高瞻远瞩等)也不属于辱虐管理(Tepper,2000;Shaw et al.,2011)。由此可见,个别学者将破坏性领导完全等同于辱虐管理的观点不符合这两个变量的实际内涵。暴虐领导和辱虐管理的概念比较接近,然而持续的敌意性是辱虐管理概念的重要内涵特征,而暴虐领导强调对权力的凌驾,未必总是涉及敌意,因此某些暴虐领导行为不属于辱虐管理行为。反之,某些辱虐管理行为(例如,嘲笑和冷落)不涉及权力凌驾,因此也就不属于暴虐领导。可见领导的辱虐与暴虐是存在交叉性的不同概念(Tepper,2000;Ghayas & Jabeen,2020)。

非权变惩罚属于破坏性领导的范畴,但是其概念范围比破坏性领导狭窄。

以往学者认为，非权变惩罚属于暴虐领导的概念范畴（Ashforth，1994）。而非权变惩罚与辱虐管理之间并非简单的包含或被包含的关系。虽然少数学者在测量领导辱虐时纳入了非权变惩罚的一些测量题目（Starratt & Grandy，2010）。但是从定义来看，这两个概念范畴存在明显的差别。辱虐管理概念强调行为的敌意性、持续性和非肢体接触（Tepper，2000），而非权变惩罚并不需要符合这些特征。具体来说，非权变惩罚未必是持续的，可能是偶然或间断性的。领导实施非权变惩罚也未必是敌意的，而可能是愤怒的情绪或者业绩压力所导致，或者出于威慑目的和改善员工行为或提升部门绩效的动机，未必是以敌意伤害员工为动机。再者，非权变惩罚属于惩罚范畴，而惩罚的具体形式因地区、文化和具体情境而异，在某些情境下，惩罚有可能表现为肢体接触的极端行为（例如，体罚），可见非权变惩罚并不完全排除肢体接触，只是强调惩罚与员工绩效表现不相称（Podsakoff et al.，1982；Podsakoff et al.，1984），因此非权变惩罚未必都是辱虐管理。反之，辱虐管理也未必都是非权变惩罚，例如，违背承诺、对员工撒谎、限制和同事交往等行为属于辱虐管理（Tepper，2000），却不属于非权变惩罚。因此，非权变惩罚和辱虐管理是存在交叉性的两个概念。

根据以上的概念辨析可知，权变惩罚属于交易型领导范畴，非权变惩罚属于破坏性领导和毒性领导的范畴，并与领导辱虐管理的概念范畴存在交叉性。总体来看，权变惩罚、非权变惩罚与几种相关的领导行为风格的概念包含关系如图 2-1 所示。

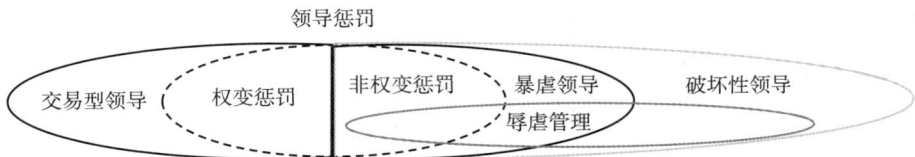

图 2-1　领导惩罚与相关概念范畴的包含关系

说明：中间的虚线椭圆范围表示领导惩罚，虚线半椭圆的左侧表示权变惩罚，虚线半椭圆的右侧表示非权变惩罚。左侧实线半椭圆范围表示交易型领导。右侧内层的实线半椭圆范围表示暴虐领导。右侧外层的实线半椭圆范围表示破坏性领导。右侧实线椭圆范围表示辱虐管理。

2.2 惩罚效应研究的学术争论

关于惩罚效应研究的争议由来已久，自从 20 世纪 80 年代以来，学术界对组织惩罚的研究已经取得长足进展，积累了一定的研究基础。总体来说，组织惩罚研究可以根据其关注的侧重点进行分类，主要包括三种研究视角。

2.2.1 基于惩罚接受者视角的研究观点

基于惩罚接受者视角的研究一直存在争议，但是大多强调惩罚的消极效应。强化理论也被称为行为矫正理论，其前身为操作性条件反射理论。该理论认为，通过强化过程可以矫正个体的不良行为（Skinner，2019）。强化理论把强化和惩罚视为相反的过程，强化包括正强化（施加愉悦性的刺激）和负强化（去除厌恶性的刺激），惩罚包括正惩罚（施加厌恶性的刺激）和负惩罚（去除愉悦性的刺激）。强化是给予个体所需要（或喜欢）的东西或者去除个体所不需要（或厌恶）的东西，而惩罚是剥夺个体需要（或喜欢）的东西或者给予个体不需要（或厌恶）的东西（赫根汉和奥尔森，2010）。强化理论的早期应用局限于动物的刺激－反应中。随着社会认知（学习）理论的发展（Bandura et al.，1963），强化理论已被广泛应用于组织的人力资源管理尤其是奖惩激励领域。在组织情境中，正强化是指施加表扬、加薪、升职等愉悦性刺激，而负强化是减少或撤销已经施加的警告、批评、降薪、降职等厌恶性刺激，属于变相的奖励。正负强化都属于奖励，旨在促进组织倡导的好行为。正惩罚是指施加警告、批评、降薪、降职等厌恶性刺激，而负惩罚是指取消原已给予的愉悦性刺激（例如，奖励或好的待遇及地位等），属于变相的惩罚。正负惩罚都为了减少组织所期望消除的坏行为。

早期的强化理论研究认为，惩罚是难以持续的无效激励方式，而且会产生不良的影响后果（Skinner，2019）。但是有学者认为，虽然惩罚不可避免会对员工带来一定伤害，然而如果不实施惩罚，员工的不良行为可能给组织和成员造成更大的伤害（Rimm & Masters，1974）。惩罚对于改善和矫正员工不良行为具有重要价值，能够控制不良行为再次恢复率。惩罚的效果未必都是短暂而不可持续的（Kazdin，1975）。个体的很多行为实际上都是在惩罚的约束下形成，惩罚也总是在组织中被持续使用（Hamner & Organ，1978）。但是一项元分析研究表明，奖励对员工态度和行为的积极效应要比惩罚有效得多，而惩罚会导致较多的消极结果（Podsakoff et al.，2006）。虽然惩罚可以改变员工的不良行为，但是也会滋生怨恨和敌意等各种负面情绪和态度。而且存在抑郁心理的人对惩罚的反应尤为强烈（Beevers et al.，2013）。因此，相当多的研究者认为，组织应当尽可能地避免使用惩罚，并强烈呼吁从组织控制与纪律系统中取消惩罚（Ball et al.，1994；Butterfield et al.，1996）。最新的实证研究结果也较为模糊：T检验结果表明奖励对员工绩效有显著影响，而惩罚对员工绩效没有显著影响。但是F检验结果表明，奖励和惩罚这两个变量对员工的绩效均有显著影响（Hinelo et al.，2023）。

2.2.2　基于惩罚观察者视角的研究观点

基于惩罚观察者视角的相关研究一般认为，惩罚在总体上具有积极效应。这些研究认为惩罚不仅会影响被惩罚的人，而且会对那些观察到惩罚事件的其他组织成员（虽然这些观察者与惩罚事件几乎没有直接联系）产生情感和行为上的积极影响（Trevino，1992；Liden et al.，1999；Atwater et al.，2001）。惩罚是一种社会控制形式，有助于明确和建立群体中的行为规范，表明哪些行为是可接受的，哪些行为是不可接受的，通过阻止某些成员的不当行为来规范一个群体中其他人的行为（O'Reillys III & Puffer，1989）。通过构建惩罚预期可以抑制其他的观察者做出不被组织所接受的不当行为，而对犯错者不实施惩罚则会减少组织成员的惩罚预期，从而会增加其他观察者的不当行为（Trevino，1992）。事实上，组织中的其他成员也存在一种心理期望，即犯错者应该受到惩罚；当犯错的人得不到惩罚时，组织成员会感到失望甚至愤怒，认为做错事的人没有受惩罚是不公平的，对犯错者不惩罚就相当于没犯错的其他所有成员受到了惩罚一样（Trevino，1992）。相反，当观察者发现组织中的不当行为受到公平惩罚时，他们的认知、情感和行为反应都会更加积极。当违背道德规范的人受到严厉惩罚时，观察者的反应最为积极。在这种情况下，他们甚至认为最严厉的惩罚反而是最公平的（Trevino & Ball，1992）。此外，新近研究还发现，观察者还会对那些惩罚违规下属的领导者产生更为积极的评价。相比于那些在违规者应该受到惩罚却不采取任何惩罚措施的领导者，观察者更信任那些对违规者实施中高程度惩罚的领导者（Wang & Murnighan，2017）。此外，领导者使用不同惩罚指施来加强下属的合作规范，会影响其他观察者对这些领导者声誉的感知。在违规原因明确的情况下，惩罚作为执行合作规范的手段有利于维护领导者在其他观察者心目中的声誉，尤其是在能力和道德方面的声誉（De Kwaadsteniet et al.，2019）。

2.2.3 基于惩罚实施者视角的研究观点

基于惩罚实施者视角的研究也较多肯定了惩罚的积极效应。事实上，领导者本身也意识到惩罚的影响并不局限于被处罚的违规者，还影响到组织的其他成员。惩罚事件有助于实现替代性学习、个人学习和获得尊重等目标。领导者往往把惩罚看作是一个促进组织或团队内的社会学习的机会，因为领导惩罚行为本身能够向所有的组织成员传递这样一个信号：某些不良行为在组织中是绝不能容忍的（Butterfield et al.，1996）。此外，领导者认为员工希望他们惩罚不当行为，并指出可以通过使用惩罚来证明主管是称职胜任的，从而影响下属对主管的评价和看法，因此，实施一定的惩罚反而可以改善上下级关系，并使主管得到下属更多的尊重和信任（Butterfield et al.，1996）。同时，惩罚还是组织或领导者的一种学习工具，因为它为管理者提供了在出现某个问题时作出相应反应的机会。领导们认为受罚员工的同事会解读（一个意义建构的过程）他们所看到的惩罚事件及其对自己和整个团队的影响（Butterfield et al.，1996）。此外，处于权力地位的领导者往往对下属存在不信任，而不信任下属又使得领导者更加依赖以威慑为目标的惩罚，因此领导往往会采用威慑性的惩罚方式来作为一种个人资源保护策略（Mooijman et al.，2015）。新近的一项质性研究表明，领导者在员工犯错后是否采用惩罚与其个人需求（例如，胜任关系、关系需求）和感知的角色责任有关（Neale et al.，2020）。个别学者还明确主张领导需要惩罚那些缺乏积极性的人来促进合作（Kosfeld，2020）。

2.3　领导惩罚对受罚员工的影响研究

本书基于受罚者视角来探讨领导惩罚对员工越轨行为的影响，并不涉及惩罚对其他旁观者以及领导者自身的影响。因此本章文献综述将聚焦于领导惩罚对受罚员工本身的影响研究，系统地梳理和归纳相关文献。总体来看，惩罚对受罚员工影响效应的研究主要包括对员工绩效的影响、对员工心理的影响和对员工行为的影响。

2.3.1　领导惩罚对员工绩效的影响

按照采用的研究方法，可以把 20 世纪 70 年代为数不多的考察组织环境中惩罚和绩效之间关系的研究分为三类：横截面研究、纵向研究以及实验室和现场研究，而且这些研究包括两个特点（Sims，1980）：第一，在大多数关于奖励和惩罚对员工绩效的影响研究中，领导奖励与员工绩效之间存在较强的正相关，而领导惩罚与员工绩效之间的关系则比较模糊，也就是说奖励行为往往对员工绩效存在更强的影响，惩罚对员工绩效的影响却不明确。第二，纵向现场研究和实验室研究总体上认为，惩罚往往更多的是员工行为的结果，而不是员工行为的前因。更具体地说，管理者倾向于增加惩罚行为，以应对员工的表现不佳。总体而言，20 世纪 70 年代的惩罚研究总体上显得零散，缺乏系统性的深入细化研究和基于实证数据的验证性研究。

后期研究表明，领导惩罚对工作绩效的影响效应和惩罚类型有关。交易型领导的研究将领导的惩罚划分为两种不同类型：权变惩罚（contingent punish）和非权变惩罚（non-contingent punish）。其中，权变惩罚是指领导根据下属的实际过失或具体表现而酌情实施惩罚，而非权变惩罚是指领导没有根据下属的实际过失或具体表现而酌情实施惩罚，通常是指过度的或不必要的惩罚，即领导对表现好的员工给予了负面反馈或惩罚（Burns，1978）。目前尚未发现有学者统计这两种惩罚类型在企业或公共服务组织中的发生频率，但是一项基于军队上下级样本的研究发现，在上级的惩罚控制性教导行为中，权变惩罚占到 73%，非权变惩罚占到 16%（Patrick et al.，2009）。可见，权变惩罚是组织中重要的控制手段，而非权变惩罚也占据着不可忽视的比重。20 世纪 80 年代的研究表明，权变惩罚对绩效没有显著影响，而且非权变惩罚与绩效的负向关系假设也没有得到实证数据的支持（Podsakoff et al.，1982；Podsakoff et al.，1984）。但是，后期研究却表明，非权变惩罚会降低下属的努力程度和工作绩效。而权变惩罚会增强下属的公平感知，降低角色模糊感知，从而对员工的态度产生积极影响，却不能提高绩效，因为惩罚行为本身并没有明确指出领导者期望下属改进的方向。但是，惩罚对于团队绩效的影响大于对个人绩效的影响：非权变惩罚显著降低团队绩效，权变惩罚则显著促进团队绩效（Podsakoff et al.，2006）。

早期学者在权变和非权变惩罚效应方面的奠基性研究进一步激发了后续的相关研究。一项实验研究表明，受到非权变惩罚的实验被试与受到权变反馈（包括权变奖励和权变惩罚）的实验被试的任务绩效存在显著差异，前者表现出较差的绩效（Saito & Tomaka，2009）。但是，权变惩罚对绩效的影响存在两面性。一方面，权变惩罚通过情感承诺的中介作用而正向影响工作绩效。互动公平不仅对权变惩罚与情感承诺的关系具有强化调节作用，而且对情感承诺在权变惩罚与工作绩效之间的中介作用也存在强化调节作用，即互动公平高的时候，情感承诺在权变惩罚与工作绩效之间的中介作用更强。另一方面，权变惩罚还以自我调节障碍为中介而降低工作绩效。核心自我评价能够弱化调节权变惩罚与自我调节障碍的关系，而且弱化调节了自我调节障碍在权变惩罚与工作绩效之间的中介作用，即核心自我评价低的时候，自我调节障碍在权变惩罚 – 工作绩效之间的中介作用更强（Deng，2014）。国外学者新近研究发现，权变惩罚能够减轻领导辱虐对下属（销售人员）的客户导向和工作绩效的负面影响（Yang et al.，2021）。国内学者新近研究还发现，领导非权变惩罚负向影响员工适应性绩效，员工反馈规避行为在二者之间存在中介作用。员工防御型调节焦点正向调节领导非权变惩罚与员工反馈规避之间的关系，并增强了领导非权变惩罚通过员工反馈规避而对适应性绩效产生的负向影响（杜鹏程等，2023）。

正如前文所述，交易型领导内容结构中的例外管理维度与权变惩罚的概念内涵是一致的（Mackenzie et al.，2001）。少数学者探讨了例外管理对绩效的影响。一项元分析表明，被动式例外管理和组织的总体绩效存在负向关系，主动式例外管理和个体的情境绩效（也称为关系绩效）以及团队层面上的工作绩效存在较强的负向关系（Wang et al.，2011）。李秀娟和魏峰（2006）研究发现，领导的例外管理通过领导下属交换关系质量的降低而导致员工满意度、组织承诺以及绩效下降。吴新辉和萧鸣政（2015）研究表明，消极例外管理负向影响员工的工作卷入，并降低部门绩效。但是也有研究发现，例外管理对员工的工作绩效并没有显著的正面或负面影响（Iriqat，2017）。王晓红和徐峰（2018）发现，例外管理与协同创新团队的重构能力（属于动态能力）存在正相关，因而可能提升绩效。王斌强等（2019）研究表明，金钱惩罚能够促进个体在 Stroop 任务中的认知表现，即降低行为的反应时以及提高正确率。在人事经济学领域，惩罚和奖励分别被定义为激励契约的损失（处以罚款）框架和收益（给予奖金）框架。新近的一项研究基于前景理论研究认为，损失框架（即罚款）能够促进个体生产率，并得到田野实验的证实（Bulte et al.，2020）。经济学研究一般认为惩罚会促进生产率，而管理学研究总体上认为惩罚对员工生产率具有负面影响，但是这方面的实证研究还相当匮乏（McNamara et al.，2022）。

2.3.2 领导惩罚对员工心理的影响

部分学者探讨了惩罚的特征对受罚者感知、态度、情感和动机等心理变量的影响。由于一切高级、复杂的人类心理活动过程都建立在个体感知的基础之上，而感知受到个体的主观意识特征和外部情境因素的影响，不同个体的知觉过程存在差异，同一个体在不同情境下的知觉过程也会不同。面对相同的惩罚事件，不同员工在经过各自的知觉系统的处理后所得出的认知判断也会不同，导致不同员工对惩罚特征的感知会存在差异，因此惩罚特征往往基于受罚员工的感知来测量。相关研究主要探讨了员工所感知的惩罚的一致性、合理性、控制性、建设性、任意性、解释性和严厉性等特征对员工公平感知以及对上司的信任或满意等心理变量的影响。

受罚者感知的惩罚一致性与合理性会影响其感知的组织公平（Ball et al.，1992）。其中，一致性是指自己所受惩罚的严厉程度是否和以往犯过类似错误的员工所受惩罚的严厉程度基本相同；合理性是指管理者是否根据员工所犯过失的特征、组织环境以及员工个体特征等多方面因素来综合决定惩罚实施的严厉程度。具有一致性特征的惩罚能够对员工心理产生更好的积极效果（Bennett，1998）。在惩罚过程中，下属感知的控制会正向影响其对领导的满意度，如果员工感觉自己对惩罚具有控制性，则会对领导更加满意（Atwater & Yammarino，1997）。员工对领导在惩罚中所用建设性方法（对员工提出有益的建议和方向）的感知也会影响员工对领导的信任和满意：领导惩罚的建设性水平越高，员工会对领导产生更多的信任和满意。受到领导惩罚的员工会和领导之间产生某种共鸣，从而对领导更加尊敬。同时，员工感知的惩罚的任意性（即：缺乏对组织的惩罚规则和相关条例的遵守，惩罚依据不足，过于随意）负向影响员工的分配公平和过程公平感知；而员工感知的惩罚的解释性会影响过程公平感知，如果员工认为领导充分解释了惩罚的理由，那么其会感知到更多的过程公平（Atwater & Yammarino，1997）。当员工觉得领导实施的惩罚太过严厉时，会导致较低的公平感知，而惩罚的解释性和建设性会正向影响公平感知，如果领导在惩罚时充分解释惩罚的原因，并采用建设性的方法，那么被罚员工的公平感知会有所提高（Cole，2008）。虽然领导惩罚可能导致员工的负面反应，但是如果员工认为惩罚实施是公平的，那么惩罚的消极效应则会减少（Atwater et al.，2001）。而且惩罚制度决定了惩罚机会主义行为的能力和成本，惩罚制度的质量与所获得的信任水平之间存在正相关。如果没有运作良好的惩罚制度，就无法获得高度信任（Olcina & Calabuig，2021）。

一些研究探讨了领导的权变和非权变惩罚对受罚员工态度和感知的影响。早期研究表明，领导实施权变惩罚时，高绩效员工对同事会更加满意，而低绩效员工对薪酬以及个人在组织中的发展更加满意；非权变惩罚与员工满意度负相关，并且这一关系不受员工绩效的调节影响（Podsakoff et al.，1982）。后期研究则发现权变惩罚和非权变惩罚还会影响结果公平和程序公平感知，并进一步影响员工对组织和上司的满意度，即权变惩罚和非权变惩罚通过下属公平感知的中介作用而影响其对组织及上司的满意度，而且权变和非权变惩罚对公平感知的影响受到信任倾向的正向调节和工资水平的负向调节（Tremblay et al.，2013）。还有研究认为领导的非权变惩罚会降低下属的工作满意度（Sun et al.，2016）。与非权变惩罚相比，权变惩罚对于提高员工的公平感知和降低员工的角色模糊感知更为有效，并对员工态度产生更强的积极作用（Podsakoff et al.，2006）。虽然惩罚会降低员工对领导的信任，但是相比于非权变惩而言，权变惩罚的这种负面影响较小（Rubin et al.，2010）。此外，领导权变惩罚还与下属对上司的满意度、下属感知的领导行为正直性以及领导效能之间存在正相关（Hinkin & Schriesheim，2015），而非权变惩罚是员工感知遭受欺凌的最有力的预测因素（Hoel et al.，2010）。

　　少数学者进一步探讨了权变和非权变惩罚对员工的情感、动机等心理变量的影响。张正堂等（2018）研究发现，领导非权变惩罚行为负向影响员工的组织认同，组织公平感知在非权变惩罚与组织认同之间存在中介作用；沟通开放性对组织公平感知与组织认同之间关系存在显著的减弱型调节作用，同时对组织公平感知的中介作用也具有调节效应。丁明智和张浩（2018）基于矿业企业员工样本的研究发现，领导非权变惩罚正向影响员工情绪枯竭，但是员工的心理韧性对非权变惩罚与情绪枯竭的关系具有减弱型调节作用。此外，与权变反馈（包括奖励或惩罚）相比，实施非权变惩罚的实验组被试的任务动机明显较弱（Saito & Tomaka，2009）。领导权变惩罚正向影响下属的防御型调节焦点动机（Johnson et al.，2017），并能够提高下属的组织承诺（Hinkin & Schriesheim，2015）。总体来说，大多数实证研究支持了权变惩罚对员工心理的积极影响以及非权变惩罚对员工心理的消极影响。但是研究结论并不统一。例如，一些学者研究发现领导的权变惩罚与员工的满意度无关（Podsakoff et al.，1982）；而另一些学者却发现，权变惩罚和非权变惩罚都会降低员工对领导的信任，只不过权变惩罚的影响程度相对较小（Rubin et al.，2010）。

2.3.3　领导惩罚对员工行为的影响

更多的研究关注惩罚对员工行为（行为意向或实际行为）的影响，并逐渐成为组织惩罚研究领域关注的热点主题。早期研究认为，惩罚的某些特征（例如，惩罚的及时性、惩罚强度、惩罚实施者与被罚员工的关系、惩罚一致性、提供惩罚理由、提供可取的替代行为）会影响惩罚对不良行为的抑制效果，但是并未提供数据支持（Arvey & Ivancevich，1980）。实证研究表明，满足及时性、一致性和提供解释的惩罚会改善员工不良行为（Brett et al.，2005）。此外，当管理者与受罚员工通过双向沟通作出惩罚决定时，受罚员工的事后不良行为会得到改善。这种双向沟通与上文所说的解释性、建设性和控制性均密切相关。在存在双向沟通的情况下，员工会得到领导者关于惩罚理由的更多解释性以及建设性意见，同时对惩罚事件的控制感也越强。在惩罚过程中，如果员工感到领导提供了建设性方法，则会减少离职意向，而且如果下属感到自己对惩罚事件具有一定的控制性影响，则其组织公民行为会增加（Atwater & Yammarino，1997）。

后期学者更为关注惩罚行为本身对下属行为的影响。一些学者研究认为，组织控制系统（包含监控以及下属与上司的物理距离）并不能有效预防员工网络闲散（与工作无关的上网行为，属于越轨行为的一种形式），只有与惩罚结合使用才能减少这种不当行为。在高度监控或者与上司的物理距离低的情境下，员工对正式惩罚的恐惧能减少网络闲散。但是这项研究并没有对惩罚与员工网络闲散行为的影响关系进行实证检验（Zoghbi-Manrique-de-Lara & Olivares-Mesa，2010）。程垦和林英晖（2020）通过情景实验研究发现，惩罚对亲组织非伦理行为存在负向影响。组织惩罚还能够减少员工指向客户的亲组织非伦理行为，在服务氛围浓厚的情况下，组织惩罚的这一作用更强（Yan et al.，2021）。陈思静和朱玥（2020）研究发现，惩罚对合作行为存在负面影响。但是，博弈模型分析结果表明团队领导的惩罚可以确保下属的合作行为（Perry & Gavrilets，2020）。占主导和支配地位的领导者可以通过惩罚威胁来促进群体中的合作（Chen et al.，2021）。章鹏等（2020）的研究表明，在惩罚条件下个体会投入更多认知资源来表征线索信息，从而使个体偏向主动性控制策略。此外，劳动经济学研究一般认为，惩罚性合同可以增加员工的努力行为（即薪酬合同的框架效应）（Bulte et al.，2020）。但是，当工人可以选择合同类型（奖励性或惩罚性），并且知道雇主会提供给他们所选择的合同时，惩罚性和奖励性合同对员工努力的影响差异会消失（Gonzalez et al.，2020）。程垦和林英晖（2020）研究认为，组织惩罚对员工的亲组织非伦理行为存在负向影响，并能负向调节责任型领导对亲组织非伦理行为的影响。事实上，领导的惩罚对维持纪律存在积极作用（Jusmita & Frinaldi，2021）。如果领导者不惩罚安全生产操作方面犯错的员工，则会增加与安全相关的角色模糊，进而导致员工的安全遵守行为减少（Liu et al.，2022）。

不少学者特别关注了非权变惩罚对员工积极行为的抑制效应。一些学者基于社会交换理论和适应理论研究认为，非权变惩罚负向影响组织公民行为，而且不同的群体对非权变惩罚的接受程度不同（Thau et al.，2008）。非权变惩罚还会降低下属对领导的信任，进而抑制下属的组织公民行为（Rubin et al.，2010）。许红华和张萍（2021）研究发现，领导非权变惩罚行为负向影响员工的工作投入，而组织公平感知对非权变惩罚行为与工作投入之间关系存在中介作用。基于自我决定理论，丁明智和张浩（2018）研究发现，领导非权变惩罚以情绪枯竭为中介变量而对员工安全操作行为产生负向影响。心理韧性能够减弱非权变惩罚对情绪枯竭的正向作用以及情绪枯竭对安全操作行为的正向作用，并对情绪枯竭在非权变惩罚与安全操作行为之间的中介效应具有弱化作用。然而个别研究却发现非权变惩罚能够促进员工的某些积极行为。郭桂梅和段兴民（2008）的研究表明，领导的非权变惩罚（其翻译为：非应变性惩罚）与员工创造性行为存在一定程度的正相关。领导的非权变惩罚还与下属的建设性越轨（对组织有利的违规行为，被归为积极行为）存在显著的正向关系（Mertens & Recker，2020）。少数研究初步关注了非权变惩罚对员工消极行为的激发作用。例如，非权变惩罚会导致下属的不确定性感知，并降低其公平感知，从而激发不道德行为（Bonner，2016）。张正堂和丁明智（2018）发现，非权变惩罚正向影响员工沉默行为，组织公平感知在二者之间起中介作用。此外，非权变惩罚还通过消极情绪和心智游移的中介作用而增加员工的不安全行为（李乃文等，2019；艾丽等，2021）。

仅有个别学者探讨了权变惩罚对员工行为的影响，并发现权变惩罚对负面行为或行为意向具有抑制作用。例如，领导权变惩罚会减少下属离职意愿（Hinkin & Schriesheim，2015）。成瘾治疗领域的研究则间接支持了管理者权变惩罚的行为矫正效应，认为权变惩罚有利于控制不良行为，例如，如果可卡因使用者被明确告知：如果他们使用可卡因，将会受到监禁惩罚，这种基于权变惩罚的管理往往非常有效（Roll et al.，2020）。确定性惩罚还可以减弱程序不公平对员工在工作场所滥用计算机意图的影响（Willison et al.，2018）。而惩罚的确定性与惩罚类型密切相关，权变惩罚往往意味着较高的惩罚确定性（Bonner，2016）。一项基于军队样本的调查研究结果显示，在教官对士兵的 700 个有效教导事件中，权变惩罚占比为 4%，非权变惩罚占比为 0%；在 450 个无效教导事件中，权变惩罚占比为 32%，非权变惩罚占比为 9%。这项研究表明，非权变惩罚不能改善下属的行为表现，权变惩罚的行为矫正作用也是有限的，只有很少一部分权变惩罚能够改善下属行为表现（Patrick et al.，2009）。

2.4 领导者影响员工越轨行为的研究

2.4.1 消极领导对员工越轨行为的促进作用

破坏性领导会增加员工的组织越轨和人际越轨行为（高日光和孙健敏，2009）。相关研究表明，破坏性领导会以情绪耗竭为中介而促进员工越轨行为（Nadeem et al.，2020）。较多的研究证实了领导辱虐管理对员工越轨行为的正向影响（Malik et al.，2021）。例如，孙旭等（2014）基于情感事件理论研究发现，辱虐管理以消极情绪为中介而促进员工越轨行为。辱虐管理还会导致自我规制受损和社会交换关系质量下降，从而促进员工越轨（Mawritz et al.，

2017）。此外，剥削型领导会以道德辩护为中介而激发员工越轨，而敌对归因偏见会强化调节这一过程（Lyu et al.，2003）。领导虚伪也会促进员工越轨（Greenbaum et al.，2015）。领导自恋会引发下属恶意嫉妒，从而增加针对上司的越轨行为（Braun et al.，2018）。领导心理变态以心理安全为中介而增加员工的组织越轨行为（Erkutlu & Chafra，2019）。上司频繁表现出针对组织的反生产行为会激发下属反生产行为（Reynolds Kueny et al.，2020）。韦慧民和农梅兰（2020）发现领导的攻击型幽默以心理契约违背为中介而促进员工越轨行为，敌意归因风格对这一过程具有强化调节作用。周芳芳等（2021）基于认知－情感加工系统框架研究发现，自利型领导通过触发下属认知变化（道德推脱）和情绪变化（愤怒）而促进其越轨行为。公正敏感性对这两条路径均存在正向调节效应。而领导的恐吓、缺乏关怀、以自我为中心和行为过度都会促进员工越轨（Almeida et al.，2022）。吴松等（2023）基于情感事件理论研究发现，领导拒谏以工作挫折感为中介与促进员工反生产行为，情绪调节自我效能负向调节工作挫折感的中介效应。

2.4.2　积极领导对员工越轨行为的抑制作用

较多研究聚焦于领导在道德或精神方面的积极特质对员工越轨行为的影响。张永军和赵国祥（2015）研究发现，高层伦理型领导以伦理文化为中介而负向影响群体的反生产行为，组织结构在其中起到调节作用。高层伦理型领导通过基层伦理型领导而对员工反生产行为产生负向影响，权力距离导向在其中起到调节作用。基层伦理型领导以领导信任和领导认同为中介而负向影响员工反生产行为，传统性和道德同一性在其中起到调节作用。石磊（2016）研究发现，道德型领导对员工越轨行为存在负向影响，组织伦理氛围在道德型领导与员工越轨行为之间起到部分中介作用，道德认同在道德型领导与员工越轨行为之间起到负向调节作用。从社会信息处理理论和组织认同理论视角来看，伦理型领导会通过企业社会责任感知和组织参与的序列中介作用而负向影响员工的组织越轨行为（Mostafa & Shen，2020）。缺乏责任心的人更容易受到伦理型领导的影响，从而减少犬儒主义，进而减少越轨行为（Evans et al.，2021）。周如意等（2016）研究发现，自我牺牲型领导以领导认同为中介而对员工反生产行为产生抑制作用，员工心理权利对这一中介过程起到弱化调节效应。此外，精神型领导（即内在激励自己和他人，从而基于使命和成员身份而拥有一种精神存在感所需的价值观、态度和行为）以工作场所精神为中介而抑制员工越轨（Prihandono & Wijayanto，2021）。而领导的正直会以道德效能为中介而负向影响员工的人际越轨行为（Erkutlu & Chafra，2020）。

不少研究还发现了领导在对待下属和工作方面的积极行为对员工越轨的抑制作用。授权型领导会以工作重塑为中介而减少员工越轨行为（Kim & Beehr，2020）。领导的管理指导（教练）行为会增加员工的工作旺盛感，进而减少越轨行为，这是由于受到上司指导的下属更关注取得良好表现而不是实施报复（Raza & Ahmed，2020）。上司在工作时间弹性（个性化工作安排）方面提供的支持也会减少员工越轨行为（Kelly et al.，2020）。从情感事件理论和社会交换理论视角来看，双元领导（由强调变革、激发、适应性、创新的探索行为与强调执行、规则、一致性、效率的开发行为的两种互补领导风格整合而成）会以情感承诺为中介而减少员工越轨行为，上下级交换关系会强化调节双元领导与员工越轨的关系以及情感承诺在二者之间的中介作用（Wu et al.，2020）。此外，还有学者探讨了较为综合性（反映为人处世和道德方面的综合特征）的领导风格对员工越轨行为的影响。例如，王德胜等（2020）研究发现，真实型领导（主要包括：自我意识、平衡处理、关系透明和内化的道德观）以领导 – 成员交换为中介而抑制员工反生产行为，自我效能感负向调节领导 – 成员交换与反生产行为的关系。

2.4.3　领导行为影响员工越轨行为的复杂性

少数领导行为对员工越轨的影响较为复杂，存在双面性或权变性。如前所述，绝大多数学者认为辱虐管理作为一种消极领导会激发员工越轨，但是少数实证研究却发现辱虐管理与员工越轨（Ahmad et al.，2019；Sungu et al.，

2020）存在负相关。个别研究还认为辱虐管理与员工反生产行为存在倒 U 形曲线关系（许勤等，2015），但是理论依据不够充分。在中国组织情境下提出和发展起来的家长式领导对员工越轨的影响也存在两面性。王石磊等（2013）研究发现，家长式领导的仁慈维度和德行维度与隐性越轨行为负相关，而权威维度（即威权领导）与隐性越轨行为正相关，德行维度和权威维度以压力感为中介而正向影响隐性越轨行为。其中，威权领导反映了上级树立绝对权威，要求下属绝对服从，是一种典型的依赖正式权力严密控制和影响下属的行为。刘冰等（2017）基于社会学习理论和压力源－情绪理论研究发现，领导者威权以自利导向和规则导向伦理氛围为中介而促进员工职场越轨行为。李茹等（2022）基于情感事件理论的研究也发现，威权型领导以心理契约违背为中介而正向影响员工越轨行为，个体自尊正向调节威权型领导与员工心理契约违背的关系，负向调节心理契约违背与员工越轨行为的关系。但是，李英武等（2021）对威权领导与下属反生产工作行为之间关系的研究表明，威权领导的专权维度正向预测下属指向组织的反生产工作行为，负性情绪和自尊在二者之间起中介作用，而尚严维度则负向预测下属指向组织的反生产工作行为，下属基于组织的自尊在二者之间起中介作用。还有研究发现，威权领导与员工的组织越轨行为存在 U 形曲线关系，与低度或高度威权相比，中度威权引起较少的越轨行为（Bodla et al.，2019）。一些学者则认为，威权领导只在一定条件下对员工越轨行为起到威慑作用。当员工高度依赖领导来获取工作资源，并且领导展现出较低的仁慈时，威权领导会释放明确的信号（即不遵从命令就受到毫不留情的惩罚），从而有效压制员工的人际越轨行为（Zheng et al.，2020）。

此外，基于中国传统文化而发展起来的差序式领导（对圈内和圈外的下属采取不同对待，对圈内下属采取偏私对待）往往兼有积极面和消极面。但是现有研究发现，差序式领导会增加员工越轨行为。例如，刘文彬等（2020）基于资源保护理论、自我认知评价理论和社会规范理论研究发现，差序式领导（提拔奖励、沟通照顾和宽容犯错等偏私行为）会导致员工反生产行为，心理授权在提拔奖励和宽容犯错影响反生产行为的过程中具有中介作用，团队伦理气氛在沟通照顾和宽容犯错对反生产行为的影响中具有调节作用。关涛和晏佳敏（2021）基于社会比较理论研究还发现，领导的宽容差序还会增加员工恶意妒忌，进而引发其反生产行为。

一些学者关注了领导谦卑、幽默、宽容等积极特质或行为对员工越轨的促进作用。一项实验研究表明，谦卑型领导促进还是抑制下属越轨行为与下属归因有关。当下属将领导者谦逊归为自私表现时，则领导者谦逊与下属的心理权利正相关，进而会增加工作场所越轨行为。如果下属没有将领导者谦逊归为自私表现，则领导者谦逊与领导者成员交换呈正相关，从而减少工作场所越轨行为（Qin et al.，2020）。石冠峰等（2021）基于良性违背理论和社会认知理论研究发现，领导幽默正向影响员工人际越轨行为。违规可接受性在领导幽默与员工的人际越轨行为之间存在中介作用，而且权力距离对领导幽默与违规可接受性的正向关系以及违规可接受性的中介作用均有正向调节作用。张军伟等（2023）发现领导宽恕会以道德推脱为中介而促进员工越轨，但是员工的共情对领导宽恕与员工道德推脱的正向关系以及道德推脱的中介作用均存在弱化调节。亲社会违规行为通常也被视为积极行为。刘效广和王志浩（2018）研究发现，领导者的亲社会违规行为会以制度信任或规则氛围为中介而增加员工越轨行为。

2.5 文献述评

2.5.1 研究趋势分析

2.5.1.1 惩罚效应研究趋势

在惩罚效应研究方面，基于惩罚接受者视角的惩罚效应研究最早出现，后期学者基于惩罚观察者和惩罚实施者视角的研究进一步拓展和丰富了惩罚研究的范围，对以往基于受罚者视角的惩罚研究作出补充。但是，相对于惩罚的旁观者和实施者来说，惩罚对受罚者的影响则更为直接而强烈，因此惩罚接受者视角一直是惩罚效应研究的主流视角。在以往基于这三种视角的领导惩罚效应研究中，基于惩罚接受者视角的研究争议较大：部分学者认为惩罚可以矫正受罚者的不良行为，但是不少学者却强调惩罚的消极效应，并主张领导者应该避免使用惩罚。基于惩罚观察者和惩罚实施者视角的研究基本肯定了惩罚的积极效应。基于观察者视角的研究认为惩罚可以促进组织规范的建立以及维护组织公平；基于惩罚实施者视角的研究则把惩罚视为一种促进下属学习和获得下属尊重和信任的工具。基于后两种视角的研究基本肯定了惩罚的积极面，从而反驳了以往片面主张杜绝惩罚的观念，为领导者实施惩罚提供了有力的支持。

后期研究开始关注领导权变惩罚和非权变惩罚这两种重要惩罚类型对员工的影响。权变惩罚和非权变惩罚属于领导惩罚范畴，但是却往往被纳入领导风格概念内涵中。其中，权变惩罚已经被纳入交易型领导这一重要概念范畴。非权变惩罚则被纳入暴虐领导以及更为广泛的破坏性领导概念范畴。此外，非权变惩罚与辱虐管理虽然在部分行为表现上具有一定的交叉性，但是在概念内涵上存在很大的差异性，目前尚未有学者对二者进行比较和明确区分。总体来看，权变惩罚和非权变惩罚对员工的影响研究还存在较多不一致或不明确之处。首先，权变惩罚和非权变惩罚与员工绩效的关系。权变惩罚对绩效的影响研究存在三种结论：正向作用、负向作用、没有作用，非权变惩罚对绩效一般存在负向影响。其次，权变惩罚和非权变惩罚与员工心理的关系。以往研究在总体上支持了权变惩罚对员工心理变量的积极效应以及非权变惩罚对员工心理变量的消极影响，但是个别研究却未能支持权变惩罚对员工满意度和信任领导的积极效应。最后，权变惩罚和非权变惩罚与员工行为的关系。仅有个别学者探讨了权变惩罚对员工行为的影响，发现权变惩罚对抑制员工离职有一定效果，但是认为权变惩罚对员工行为表现的改善作用有限。总体而言，除了个别研究发现非权变惩罚能够促进员工的某些积极行为（建设性越轨），相关实证研究基本支持了非权变惩罚对积极行为的负向作用，并发现了非权变领导对消极行为存在正向作用的初步证据。

2.5.1.2 领导对员工越轨行为影响的研究趋势

目前,员工越轨问题是组织行为领域研究热点。其中,影响员工越轨的领导行为因素在近几年得到了极大关注。主要包括以下几种思路:第一,关注消极领导(例如,破坏性领导、辱虐管理、剥削型领导、领导虚伪、自利型领导、领导拒谏以及对员工恐吓、缺乏关怀、以自我为中心和行为过度等有害行为)对员工越轨的激发作用;第二,探讨积极领导(例如,伦理型领导、自我牺牲型领导、领导正直、授权型领导、领导教练行为、双元领导、精神型领导、真实型领导、领导支持)对员工越轨的抑制作用;第三,探讨某些消极领导(例如,威权领导)对员工越轨的抑制作用、某些积极领导(例如,谦卑、宽容、幽默、亲社会违规)对员工越轨的促进作用,以及个别领导行为(例如,威权、辱虐)与员工越轨可能存在的曲线关系(但是理论依据还不太充分);第四,关注某些兼有积极或消极面的领导行为(例如,差序式领导、家长式领导)对员工越轨的影响。前两种思路是符合常规模式的寻常思路,关注"好"领导的积极效应和"坏"领导的消极效应。第三种思路是"反其道而行之",关注"好"领导的消极效应和"坏"领导的积极效应以及非线性效应。第四种思路则关注某些难以论定好坏的领导行为对员工越轨的影响。这个思路由国内学者近年来针对中国的管理情境所提出。从研究趋势发展来看,预计会有更多的研究采用后两种研究思路。

2.5.2 以往研究不足

通过文献梳理分析可知,以往学者为领导惩罚效应研究以及领导行为与员工越轨的关系研究作出了重要贡献,积累了较为丰富的研究成果,但是仍然存在不足之处,有待进一步深化和完善。

2.5.2.1 忽视了领导惩罚对员工越轨行为的矫正效果研究

强化理论是实施惩罚的重要依据。该理论认为惩罚是强化的相反过程,除了强化(即施加愉悦性的刺激或者去除厌恶性的刺激)之外,惩罚(即施加厌恶性的刺激或者移除愉悦性的刺激）也可以矫正个体的行为。因此在实践界，领导者常常对员工实施惩罚，以期减少或消除员工的不良行为。这些不良行为属于组织行为领域一个相对较新的概念和热点研究主题，即员工越轨（或偏差）行为。早期学者对惩罚的有用性曾经有过激烈的争论，但是至今仍然缺乏相关的实证研究。惩罚是传统的负激励手段。惩罚权是领导者的重要权力。组织赋予领导者合法权力通过惩罚来激励员工。虽然组织行为和人力资源管理领域学者提出了各种各样新颖的员工激励方式，但是不可否认的是，惩罚目前仍然是中国情境下各个组织普遍采用的负激励手段，而且在将来依然会在组织中得到运用，难以被其他激励手段完全取代。遗憾的是，学者们关注了各种概念新颖的领导积极或消极行为对员工越轨的影响，却鲜有研究关注领导惩罚对员工越轨行为的矫正效果。

2.5.2.2 缺乏权变惩罚和非权变惩罚对员工行为影响的比较研究

领导惩罚本身很难被论定为积极领导还是消极领导行为，而是既可能表现为积极领导行为，也可能沦为消极领导行为。这取决于惩罚实施方式：权变惩罚属于积极领导行为，而非权变惩罚则属于消极领导行为。仅有少数学者初步探索了领导非权变惩罚与员工安全偏差（属于越轨行为的一种特例，主要出现在安全生产领域）的作用关系。但是员工越轨行为类型很多，目前还不清楚领导惩罚在总体上对各种越轨行为是否具有抑制效应，以及权变惩罚和非权变惩罚对员工越轨行为的影响效果是否不同。仅有少数学者比较了权变惩罚和非权变惩罚对员工绩效、满意度、公平感知和信任领导的影响差异。新近研究（主要是国内研究）仅关注了非权变惩罚对员工行为的影响，却忽视了权变惩罚对员工行为的影响。根据文献梳理可知，权变惩罚与员工心理变量的关系研究还存在争议。尽管一些学者发现权变惩罚会促进员工的积极心理效应，但是也有学者发现权变惩罚对员工的满意度并没有产生积极效应。组织行为学和心理学大量研究表明，员工心理对其后续行为具有重要影响。既然权变惩罚对员工心理的影响存在模糊性，那么其对员工行为的影响也存在不确定性。因此，目前还不清楚领导的权变惩罚和非权变惩罚对员工的行为究竟存在反向作用还是同向而不同程度的作用。有鉴于此，需要通过对这两种惩罚对员工行为的影响开展系统而深入的比较研究来解决这些疑问。

2.5.2.3 惩罚影响员工越轨行为的理论解释存在局限

以往研究主要基于强化理论、威慑理论、社会学习理论和组织公平理论来探讨惩罚效应。其中,强化理论通常被用于研究惩罚对受罚者的影响。该理论认为个体不良行为可以通过强化机制来矫正,因此也被称为行为矫正理论。这个理论是在桑代克的试错学习原理和巴甫洛夫的条件反射学说的基础上发展而来,其前身是操作性条件反射学习理论。强化理论能够解释惩罚对行为的改变,但是其研究结论主要基于动物实验,难以解释惩罚对人类(例如,员工)各种心理变量的复杂性影响。威慑理论则认为惩罚之所以促进员工行为改善是由于惩罚使其产生心理畏惧。此外,社会学习理论认为,惩罚向所有员工(包括受罚者和旁观者)传递一个信息:哪些行为是组织所不允许的。因此,惩罚是一个促进学习的机会:对受罚者来说可以实现个人学习、对旁观者而言能够实现替代性学习。但是,强化理论、威慑理论和社会学习理论均无法解释为什么不同类型的惩罚(例如,权变惩罚和非权变惩罚)对个体存在不同的影响。此外,人事经济学基于前景理论,从损失规避视角探讨惩罚性合同对个体努力与生产率的影响(即框架效应),但是仅仅局限于经济报酬上的惩罚,不能从总体上解释惩罚(包括经济和非经济的惩罚)导致的后果。

在权变惩罚和非权变惩罚效应的研究中,少数学者发现这两种惩罚会通过公平感知而影响员工的满意度。有学者还发现,非权变惩罚会以组织公平感知为中介,负向影响员工的组织认同和工作投入,但是并没有考虑权变惩罚的作用。一般来说,当员工认为组织对待自己不公平时,从理性选择和资源保存的角度来说,更可能采取相对安全的应对策略,例如,降低工作努力程度、减少建言行为等公民行为,以此降低对组织的贡献投入来恢复或维持公平感。而越轨行为违背组织规范,并对组织造成危害,而且在很大程度上具有不道德成分,实施这种行为可能会受到严惩或排斥,对个人来说具有较大的风险性,反而导致个人利益受损。在惩罚事件中受到不公平对待后,为什么会从事越轨行为这种具有较高风险性和不道德性的行为。因此,仅仅依赖传统的公平理论难以全面而针对性地解释权变惩罚和非权变惩罚对员工越轨行为的影响。为此需要引入新的理论来更好地解释这两种类型的惩罚影响员工越轨行为的内在机制。

2.5.2.4　对惩罚效应的边界约束条件研究有待加强

一方面，员工自身特征会影响领导惩罚的效果。领导惩罚可能对部分员工有效，而对某些员工可能效果较弱或者无效，甚至起到相反作用。另一方面，领导惩罚可能在某些情境下是有效的，但是在另一些情境下可能表现为低效甚至无效，因此组织情境特征也会影响领导惩罚的效果。学者们在领导惩罚效应研究中较少关注情境因素或员工特征的调节效应。而厘清领导惩罚效应发生机制的重要边界条件极为关键，对于组织和管理者发挥惩罚的积极效应和规避惩罚的消极效应具有重要的实践指导意义。而且惩罚效应的发生可能同时受到员工特征和组织情境的约束，因此需要综合考虑员工个体特征和组织情境特征的边界制约作用。

基于对相关文献的梳理和述评，本书拟从以下思路探讨领导惩罚对员工越轨的影响。首先，构建演化博弈模型，并基于委托 - 代理框架和行为博弈视角来推导领导权变惩罚和非权变惩罚对员工越轨行为的影响。其次，整合组织行为学的公平启发理论（该理论是传统的组织公平理论的新发展）和道德推脱理论，探讨权变惩罚和非权变惩罚通过怎样的心理机制影响员工越轨行为。此外，从道德伦理视角来探讨重要的个体特征和组织情境变量对这一心理中介机制的边界制约效应。最后，收集问卷数据对提出的理论假设采用多元统计方法进行验证。

2.6　本章小结

本章首先对领导权变惩罚和非权变惩罚与相关的领导风格概念（交易型领导、辱虐管理、暴虐领导以及破坏性领导）进行了辨析，从而厘清领导这两种类型惩罚的实质内涵。其次，从惩罚接受者、惩罚观察者、惩罚实施者这三个不同视角对组织惩罚研究及存在的争论进行了总体回顾和分析。再其次，从绩效、心理和行为这三个方面归纳梳理了领导惩罚对受罚员工的影响。此外，本书还系统地梳理了领导行为影响员工越轨行为的研究文献。最后，在回顾以上文献的基础上，归纳分析以往相关研究的脉络与发展趋势，指出以往研究不足之处，提出本书研究的立足点和基本思路。

第3章

领导惩罚与员工越轨行为的
博弈分析及实验检验

本章内容分为三个部分：一是对领导惩罚与员工越轨行为进行演化博弈分析，得到权变惩罚和非权变惩罚对越轨行为具有相反影响的基本假设；二是结合层次分析法和熵值法进行权重计算，确定最有代表性的越轨行为作为实验情景来设计和实施实验。三是对实验数据采用逻辑回归来检验权变惩罚和非权变惩罚对越轨行为的影响。

3.1　领导惩罚与员工越轨行为的
　　　演化博弈分析

3.1.1　模型的基本假定

传统博弈论与信息经济学一直以"理性人"

为理论基础，通过严密的数学模型搭建起公理化的完美自洽的理论体系。然而，心理学和行为经济学研究表明，人类是有限理性的，在作出经济决策时总是存在一定的推理误差。和传统博弈论不同，行为经济学从人自身的心理特质、行为特征出发，去揭示影响选择行为的非理性因素。行为经济学家为了弥补传统博弈论的"理性人"假定的不足，提出了"行为博弈论"。与传统博弈论相对，行为博弈论考虑人类的非理性因素。本书的博弈模型构建正是基于行为博弈视角。通常，实施越轨的员工和执行惩罚的领导都是有限理性的行为主体。因此，员工和领导不太可能一开始就作出最优策略选择，而是根据从先前策略中获得的收益不断地调整策略，直到最终找到最优策略。因此，演化博弈的方法适用于分析领导惩罚与员工越轨行为的关系。为了模型简化起见，作出以下假定：

（1）越轨与惩罚活动中的参与主体为领导和员工，且领导是对员工具有直接惩罚权的主管，两个参与主体都是有限理性的。由于组织中的各个层级都存在委托 – 代理关系，因此本模型所指的领导和员工可以是组织中任何层级的上下级垂直对，例如，基层主管与直接下属，中层管理者与其直接管辖的基层管理者，或者高层管理者与其直接管辖的中层管理者。员工有越轨和守规两种策略行为，守规即不越轨。相应地，领导有惩罚和不惩罚两种策略行为。员工中选择越轨的比例为 $x(0 \leq x \leq 1)$，选择守规的比例为 $1-x$。领导对员工进行惩罚的比例为 $y(0 \leq y \leq 1)$，不进行惩罚的比例为 $1-y$。

（2）领导对员工的惩罚水平为 P。为了模型简化起见，本章假定惩罚为经济惩罚（相应地，后续实验研究中也采用经济惩罚），其中，非权变惩罚考虑的是对没有不良行为的员工进行惩罚的情况。并假定权变惩罚（惩罚越轨的员工）和非权变惩罚（惩罚守规的员工）的水平相同，均为 P。并假定领导实施惩罚的执行成本为 C_s。同时，假定领导认为守规为员工职责或分内之事，因此不会对员工守规行为进行额外奖励。

（3）假定领导的初始收益为 R_s，即在领导不实施惩罚时的收益，该收益为总收益（不是净收益），未计入员工守规和越轨对其带来的损失。同时假定员工越轨对领导带来的损失为 L。L 与领导的主观心理计量密切相关。例如，员工越轨行为对领导所负责部门的利益带来负面影响，进而对领导所获得的个人奖励和晋升机会等也带来负面影响。

（4）领导对越轨员工实施惩罚可以挽回损失后果的比例为 $\alpha(0 \leqslant \alpha \leqslant 1)$。挽回损失是与不惩罚员工导致的效用损失后果相比较而言。

（5）实施惩罚本身为领导带来的心理效用（与挽回损失无关）。例如，训斥员工后感到压力的释放，减缓情绪耗竭或自我损耗，以及感受到自己的权威。由于同样的惩罚在不同情境下给领导带来的效用会不一样，因此，假设 F_1 为领导惩罚越轨员工导致的个人效用增加，F_0 为领导惩罚守规员工导致的个人效用增加。

（6）员工的初始收益为 R_e，即员工在不受惩罚时所获得的收益，该收益为总收益（不是净收益），未计入守规的行为成本。员工实施越轨行为和守规行为都需要耗费行为实施成本，分别为 C_{d1} 和 C_{d0}。本书模型中的成本均指效用损失，并非局限于金钱货币等物质性损失，也包括情绪资源等无形资源的损耗。例如，实施越轨可能会导致心理失调、紧张、内疚等，而坚持守规需要克制欲望会导致自我损耗和情绪耗竭。并假定相对于守规而言，越轨给员工带来额外收益为 E。

（7）员工越轨受到水平为 P 的惩罚造成的效用损失为 $U_1(P)$，而员工守规受到水平为 P 的惩罚造成的效用损失为 $U_0(P)$。根据公平博弈框架，参与者存在社会性偏好，不仅关心货币收益，还关心他们受到善待还是恶待，因此需要考虑公平因素（Rabin，1993）。不公平包括两种情况：优势不公平（advantageous inequality）和劣势不公平（disadvantageous inequality）。优势不公平是对自己有利的不公平，劣势不公平是对自己不利的不公平（Loewenstein et al.，1989）。员工越轨后受到领导惩罚属于公平对待。而员工守规却受到领导惩罚，则处于劣势不公平，会导致更多效用损失。因此，$U_0(P) > U_1(P)$，其中，$U_0(P) - U_1(P)$ 表示不公平对待给员工带来的效用损失。由于个体在归因过程中具有自我服务偏差，对优势不公平不太敏感，倾向于重构解释以恢复心理上的公平感，因此优势不公平导致的效用增加较低。反之，个体对劣势不公平很敏感，因此劣势不公平导致的效用损失很高（Fehr & Schmidt，1999）。简化起见，假定员工越轨后没有受到惩罚（处于优势不公平）不会增加效用。模型参数符号及其含义如表 3 - 1 所示。

表 3 - 1   模型参数及其含义

符号	含义
C_{d1}	员工越轨实施成本
C_{d0}	员工守规实施成本
R_s	领导的初始收益
R_e	员工的初始收益
P	领导对员工的惩罚水平，$P > 0$
$U_1(P)$	员工越轨，领导实施惩罚（即权变惩罚）导致员工的效用损失
$U_0(P)$	员工守规，领导实施惩罚（即非权变惩罚）导致员工的效用损失
x	员工越轨的概率
y	领导实施惩罚的概率
E	相对于守规，越轨给员工带来的额外收益，$E > 0$
L	员工越轨给领导带来的损失
α	领导对越轨员工实施惩罚后可以挽回损失的比例
C_s	领导实施惩罚的执行成本
F_1	员工越轨时，领导实施惩罚为领导带来的心理效用
F_0	员工守规时，领导实施惩罚为领导带来的心理效用

3.1.2 博弈模型构建及分析

根据以上关于模型的基本假定可知，领导与员工行为决策存在四种情况：（员工越轨，领导惩罚）、（员工守规，领导惩罚）、（员工越轨，领导不惩罚）、（员工守规，领导不惩罚）。在领导启用惩罚情况下，需要耗费惩罚实施成本 C_s。在不启用惩罚情况下，不需耗费惩罚实施成本 C_s。当员工越轨且领导实施惩罚时，员工收益为 $R_e + E - C_{d1} - U_1(P)$，领导收益为 $R_s + F_1 - (1 - \alpha)L - C_s$。当员工越轨而领导不实施惩罚时，员工收益为 $R_e + E - C_{d1}$，领导收益为 $R_s - L$。当员工守规而领导惩罚时，员工收益为 $R_e - C_{d0} - U_0(P)$，领导收益为 $R_s + F_0 - C_s$。当员工守规且领导不惩罚时，员工收益为 $R_e - C_{d0}$，领

导收益为 R_s。根据以上分析，得到员工与领导双方的混合策略收益矩阵如表 3-2 所示。

表 3-2　　　　　　　　　　员工与领导的博弈收益矩阵

员工/领导	惩罚 y	不惩罚 $1-y$
越轨 x	$R_e + E - C_{d1} - U_1(P)$，$R_s + F_1 - (1-\alpha)L - C_s$	$R_e + E - C_{d1}$，$R_s - L$
守规 $1-x$	$R_e - C_{d0} - U_0(P)$，$R_s + F_0 - C_s$	$R_e - C_{d0}$，R_s

通常情况下，员工越轨时，领导采取惩罚所获得收益大于不惩罚所获得收益，即 $R_s + F_1 - (1-\alpha)L - C_s > R_s - L$。经过整理后得到：$F_1 + \alpha L - C_s > 0$。

根据表 3-2 进行如下分析：

员工选择越轨时的期望收益 π_{e1} 为：

$$\pi_{e1} = y[R_e + E - C_{d1} - U_1(P)] + (1-y)(R_e + E - C_{d1}) \qquad (3-1)$$

员工选择守规时的期望收益 π_{e2} 为：

$$\pi_{e2} = y[R_e - C_{d0} - U_0(P)] + (1-y)(R_e - C_{d0}) \qquad (3-2)$$

因此，员工的平均期望收益 π_e 为：

$$\pi_e = x\pi_{e1} + (1-x)\pi_{e2} \qquad (3-3)$$

员工的复制动态方程为：

$$F(x) = \frac{\mathrm{d}x}{\mathrm{d}t} = x(\pi_{e1} - \pi_e) = x(1-x)(\pi_{e1} - \pi_{e2})$$

$$= x(1-x)\{E - C_{d1} + C_{d0} + y[U_0(P) - U_1(P)]\} \qquad (3-4)$$

领导选择惩罚时的期望收益 π_{s1} 为：

$$\pi_{s1} = x[R_s + F_1 - (1-\alpha)L - C_s] + (1-x)(R_s + F_0 - C_s) \qquad (3-5)$$

领导选择不惩罚时的期望收益 π_{s2} 为：

$$\pi_{s2} = x(R_s - L) + (1-x)R_s \qquad (3-6)$$

因此，领导的平均期望收益 π_s 为：

$$\pi_s = y\pi_{s1} + (1-y)\pi_{s2} \qquad (3-7)$$

领导的复制动态方程为：

$$F(y) = \frac{dy}{dt} = y(\pi_{s1} - \pi_s) = y(1-y)(\pi_{z1} - \pi_{s2})$$

$$= y(1-y)[x(F_1 + \alpha L - F_0) + F_C - C_s] \qquad (3-8)$$

联立方程（3-4）和方程（3-8），就得到了领导员工复制动态方程组为：

$$\begin{cases} F(x) = \dfrac{dx}{dt} = x(1-x)\{E - C_{d1} + C_{d0} + y[U_0(P) - U_1(P)]\} \\ F(y) = \dfrac{dy}{dt} = y(1-y)[x(F_1 + \alpha L - F_0) + F_C - C_s] \end{cases} \qquad (3-9)$$

根据式（3-9）可知，

当 $dx/dt = 0$ 时可得：$x_1^* = 0$，$x_2^* = 1$，$y^* = (C_{d1} - E - C_{d0})/[U_0(P) - U_1(P)]$；当 $dy/dt = 0$ 时可得：$y_1^* = 0$，$y_2^* = 1$，$x^* = (F_0 - C_s)/(F_0 - F_1 - \alpha L)$。

因此，上述非线性复制动态方程组的局部均衡点有 5 个，分别为：$A(0, 0)$，$B(0, 1)$，$C(1, 0)$，$D(1, 1)$，$E(x^*, y^*)$。非对称性演化系统的均衡点稳定性判断可以通过该系统的雅克比矩阵（记为 J）的局部稳定性条件分析得出。根据式（3-9）还可得到该复制动态方程组的雅可比矩阵 J 为：

$$J = \begin{bmatrix} \dfrac{\partial F(x)}{\partial x} & \dfrac{\partial F(x)}{\partial y} \\ \dfrac{\partial F(y)}{\partial x} & \dfrac{\partial F(y)}{\partial y} \end{bmatrix}$$

$$= \begin{bmatrix} (1-2x)\{E - C_{d1} + y[U_0(P) - U_1(P)] + C_{d0}\} & x(1-x)[U_0(P) - U_1(P)] \\ y(1-y)(F_1 + \alpha L - F_0) & (1-2y)(xF_1 + x\alpha L - xF_0 + F_0 - C_s) \end{bmatrix} \qquad (3-10)$$

所有可能的均衡点处的取值如表 3-3 所示。

表 3-3 系统的迹和行列式

平衡点	tr$J$	det$J$
$A(0, 0)$	$E - C_{d1} + C_{d0} + F_0 - C_s$	$(E - C_{d1} + C_{d0})(F_0 - C_s)$
$B(0, 1)$	$E - C_{d1} + C_{d0} + U_0(P) - U_1(P) - (F_0 - C_s)$	$-[E - C_{d1} + C_{d0} + U_0(P) - U_1(P)](F_0 - C_s)$
$C(1, 0)$	$-(E - C_{d1} + C_{d0}) + (F_1 + \alpha L - C_s)$	$-(E - C_{d1} + C_{d0})(F_1 + \alpha L - C_s)$

续表

平衡点	trJ	detJ
$D(1, 1)$	$-[E - C_{d1} + C_{d0} + U_0(P) - U_1(P)]$ $-(F_1 + \alpha L - C_s)$	$[E - C_{d1} + C_{d0} + U_0(P)$ $- U_1(P)](F_1 + \alpha L - C_s)$
$E(x^*, y^*)$	0	Θ

表 3 – 3 中的符号 Θ 所代表的表达式为：

$$\frac{(F_0 - C_s)(C_{d1} - E - C_{d0})(C_s - F_1 - \alpha L)[U_0(P) - U_1(P) + E + C_{d0} - C_{d1}]}{[U_0(P) - U_1(P)](F_0 - F_1 - \alpha L)}$$

非权变惩罚会降低员工的绩效表现（Podsakoff et al.，2006；Saito & To-maka，2009；杜鹏程等，2023），从而最终给领导带来更多的负效用。因此假设领导实施非权变惩罚后增加的净效用 $F_0 - C_s < 0$。由前文的假设可知 F_1 为员工越轨时，领导实施惩罚为领导带来的效用；F_0 为员工守规时，领导实施惩罚为领导带来的效用。由于领导对越轨员工实施惩罚符合组织的制度和公平原则，因而问心无愧。而对守规员工实施惩不符合组织的制度，并违背公平原则，因此可能存在心理内疚，从而降低惩罚实施带来的心理效用。由此假定，领导对越轨员工实施惩罚带来的效用要比对守规员工实施惩罚带来的心理效用要大，因此 $F_1 > F_0$。以下将分三种情形进行均衡点分析。

情形一：当 $E - C_{d1} + C_{d0} > 0$ 时，$E > C_{d1} - C_{d0}$，则员工采取越轨行为带来的收益较高时，各平衡点的稳定性如表 3 – 4 所示。

表 3 – 4   情形一的各均衡点稳定性判别

平衡点	trJ	detJ	稳定性
$A(0, 0)$	不确定	<0	不稳定点
$B(0, 1)$	>0	>0	不稳定点
$C(1, 0)$	不确定	<0	不稳定点
$D(1, 1)$	<0	>0	稳定点
$E(x^*, y^*)$	0	>0	鞍点

此时，可得到情形一的动态相位图，如图 3 - 1 所示。

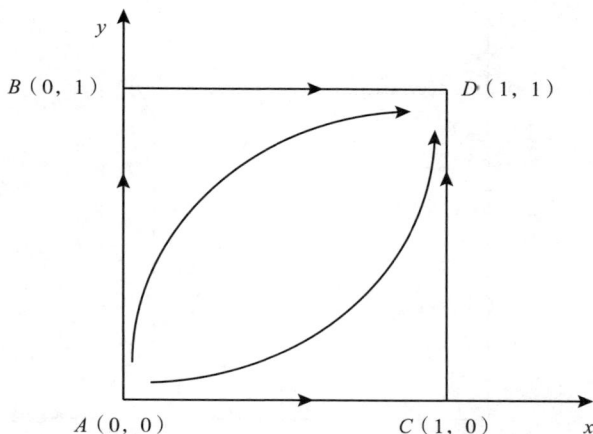

图 3 - 1　情形一的动态相位图

情形一下的演化稳定点为 (1，1)，即演化博弈过程最终演化为（越轨，惩罚），这个均衡点意味着员工总是越轨，领导也总是惩罚，这种结果比较罕见，因为在现实中，员工通常情况下是守规的，越轨只是偶尔发生。

情形二：当 $E - C_{d1} + C_{d0} < -[U_0(P) - U_1(P)] < 0$ 时，即 $E < C_{d1} - C_{d0} - [U_0(P) - U_1(P)]$ 时，则员工采取越轨行为带来的收益较低，此时各平衡点的稳定性如表 3 - 5 所示。

表 3 - 5　　　　　　　　　情形二的各均衡点稳定性判别

平衡点	tr$J$	det$J$	稳定性
$A(0，0)$	<0	<0	不稳定点
$B(0，1)$	<0	>0	稳定点
$C(1，0)$	>0	>0	不稳定点
$D(1，1)$	不确定	<0	不稳定点
$E(x^*，y^*)$	0	>0	鞍点

此时，可得到情形二下的动态相位图，如图 3 - 2 所示。

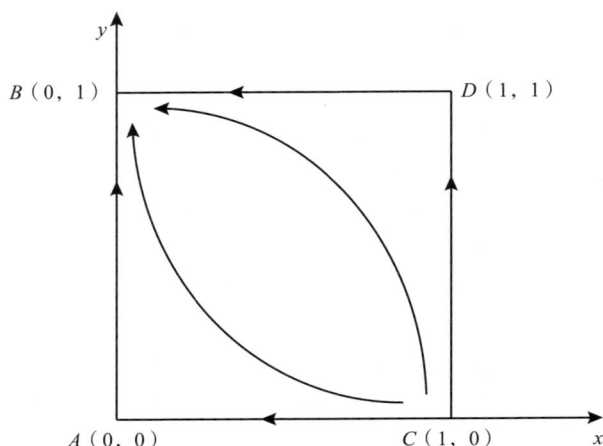

图 3 - 2　情形二的动态相位图

情形二下的演化稳定点为（0，1），即演化博弈最终演化为（守规，惩罚），这就意味着员工总是守规，而领导总是惩罚，这种结果在现实中几乎不可能出现。

情形三： 当 $-[U_0(P) - U_1(P)] < E - C_{d1} + C_{d0} < 0$ 时，即 $-[U_0(P) - U_1(P)] < E < C_{d1} - C_{d0}$ 时，则员工采取越轨行为带来的收益中等，此时各平衡点的稳定性如表 3 - 6 所示。

表 3 - 6　　　　　　　　　　情形三的各均衡点稳定性判别

平衡点	tr$J$	det$J$	稳定性
$A(0, 0)$	<0	>0	稳定点
$B(0, 1)$	>0	>0	不稳定点
$C(1, 0)$	>0	>0	不稳定点
$D(1, 1)$	<0	>0	稳定点
$E(x^*, y^*)$	0	<0	鞍点

相应地，可得到情形三下的动态相位图，如图 3 - 3 所示。

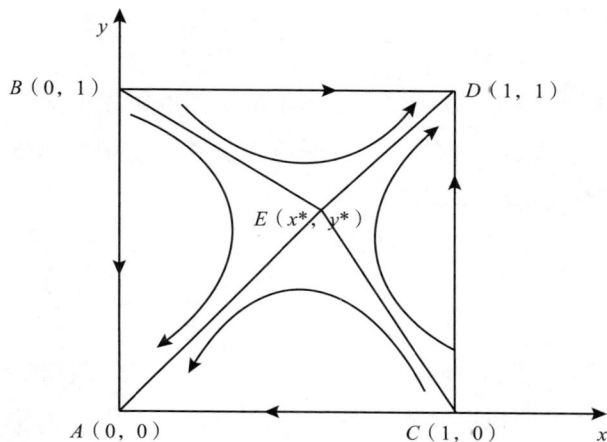

图 3 - 3　情形三的动态相位图

在图 3 - 3 中，情形三的演化稳定点为两种情况：一是（0，0），即（守规，不惩罚），二是（1，1），即（越轨，惩罚）。此时，(x^*, y^*) 为系统的鞍点，系统最终演化到（0，0）和（1，1）的概率由四边形 $ABEC$ 的面积 S_1 和四边形 $BDCE$ 的面积 S_2 决定。这种情况比较符合现实。由于情景三中的正方形的边长为 1，因此系统演化到（1，1）的概率即为四边形 $BDCE$ 的面积 S_2：

$$S_2 = 1 - S_1 = 1 - \frac{F_0 - C_s}{2(F_0 - F_1 - \alpha L)} - \frac{C_{d1} - E - C_{d0}}{2[U_0(P) - U_1(P)]} \qquad (3 - 11)$$

由式（3 - 11）知，系统演化到（1，1）点的概率不仅和员工越轨情况下，领导采取惩罚（此时为权变惩罚）时对员工造成的效用损失 $U_1(P)$ 有关，还和员工守规情况下，领导采取惩罚（此时为非权变惩罚）时对员工造成的效用损失 $U_0(P)$ 有关系。在式（3 - 11）中，由于 $E - C_{d1} + C_{d0} < 0$ 时，那么在施加权变惩罚的情况下，由于权变惩罚会导致效用损失 $U_1(P)$，则系统演化到（1，1）点的概率 S_2 变小，因此员工越轨的可能性减小。而在施加非权变惩罚的情况下，由于 $U_0(P)$ 非权变惩罚导致效用损失，则系统演化到（1，1）点的概率 S_2 变大，因此员工越轨的可能性增大。由此可见，权变

惩罚会减小员工越轨可能性，而非权变惩罚则会增加员工越轨可能性。

进一步对式（3-11）求 $U_1(P)$ 的偏导数可得到：

$$\frac{\partial S_2}{\partial U_1(P)} = -\frac{C_{d1} - E - C_{d0}}{2[U_0(P) - U_1(P)]^2} < 0$$

上述结果说明，随着权变惩罚给员工带来的效用损失增大，系统演化至（1，1）点的概率越小。因此，权变惩罚力度越大，则效用损失 $U_1(P)$ 越大，导致员工越轨的概率越低。

对式（3-11）求 $U_0(P)$ 的偏导数可得：

$$\frac{\partial S_2}{\partial U_0(P)} = \frac{C_{d1} - E - C_{d0}}{2[U_0(P) - U_1(P)]^2} > 0$$

这一结果表明，随着领导非权变惩罚给员工带来的效用损失增大，系统演化到（1，1）点的概率越大。因此，非权变惩罚力度越大，则效用损失 $U_0(P)$ 越大，导致员工越轨的概率越高。

根据上面的分析，可以得到以下两个基本假设：

H3-1：领导权变惩罚对员工越轨行为具有抑制作用。

H3-2：领导非权变惩罚对员工越轨行为具有促进作用。

以上分析表明，领导权变惩罚对员工越轨行为存在负向影响，而非权变惩罚对员工越轨行为存在正向影响，从而为本书的理论模型框架奠定了坚实的经济学基础。我们将进一步借鉴实验经济学研究方法，通过设计实验，采用实验数据检验本书的这两个基本假设。

此外，根据前面的模型构建过程可知，$U_0(P) - U_1(P)$ 反映了不公平对待所导致的效用损失，对式（3-11）求 $U_0(P) - U_1(P)$ 的偏导数可得：

$$\frac{\partial S_2}{\partial [U_0(P) - U_1(P)]} = \frac{C_{d1} - E - C_{d0}}{2[U_0(P) - U_1(P)]^2} > 0$$

这说明随着不公平对待给员工带来的心理效用损失增大，系统演化到（1，1）点的概率越大，则员工越轨的可能性越大。由此看出，公平心理是影响员工越轨概率的重要因素，因此本书下一章进一步引入公平感知来探讨两种惩罚影响员工越轨行为的复杂心理机制。

3.2 情景实验设计与实施

3.2.1 基于层次分析法与熵值法的实验情景选择

借鉴实验经济学关于惩罚效应研究的做法（Bennett，1998），通过情景实验来验证关于领导惩罚与员工越轨之间关系的两个基本假设。由于在现实组织中的不同职业和岗位类型的员工越轨行为存在一定差异，因此，在情景事件设计中需要将越轨行为具体化以提高实验情景的真实感。以往学者在情景实验研究中对情景事件的选择通常根据研究者的直觉判断，缺乏精确性。本书基于层次分析法和熵值法，根据计算得到的权重大小来确定最具代表性的越轨行为。

3.2.1.1 越轨行为评价结构模型构建

本书的实验假定被试扮演的角色是某中等规模企业的销售部的销售人员，惩罚实施者为该部门的经理。销售人员越轨行为表现既具有一般员工所共有的越轨行为，也具有一些销售人员所特有的越轨行为。根据较为权威的越轨行为测量量表（Thau et al.，2007），一般员工越轨行为主要包括以下八个行为指标："在工作中咒骂他人""公开指责他人""在工作中取笑他人""未经许可将属于工作单位的财产归为己有""没有生病却请病假""工作中的休息时间超过规定允许的时间""未经允许迟到""刻意无视上级指示"。

根据与五家企业销售部门经理或副经理多次沟通讨论的结果，删除了"没有生病却请病假""工作中的休息时间超过规定允许的时间""未经允许迟到"，因为销售人员的工作时间和地点比较弹性化，这三个行为指标不太适用于销售人员。同时，增加了三种在销售人员中较为典型的越轨行为："争夺同事的客户资源""实施行贿受贿等商业贿赂""伪造收据，报销比真实花费更多的钱"。经过以上调整后得到越轨行为指标集，如表 3 - 7 所示。

该指标集共包括八种越轨行为，参照以往学者做法，把这八种越轨行为分为两类：人际越轨（interpersonal forms of deviance）和组织越轨（organizational forms of deviance）。其中，人际越轨是指会对组织内其他成员带来直接危害的越轨行为，组织越轨则是指直接给组织带来危害的越轨行为（Bennett & Robinson，2000）。根据以上的指标集可以得到越轨行为评价的思路框架，如图3-4所示。

表3-7 越轨行为评价指标

评价对象	一级指标	二级指标
越轨行为 （A）	人际越轨 （B_1）	C_1：在工作中咒骂他人
		C_2：公开指责他人
		C_3：在工作中取笑他人
		C_4：争夺同事的客户资源
	组织越轨 （B_2）	C_5：伪造收据，报销比真实花费（比如差旅费等）更多的钱
		C_6：刻意无视上级指示
		C_7：未经许可将属于工作单位的财产归为己有
		C_8：实施行贿受贿等商业贿赂

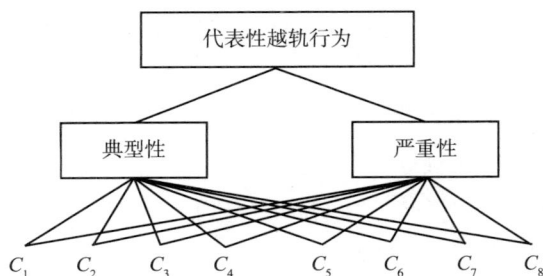

图3-4 越轨行为评价的思路框架

层次分析法体现了分解-判断-综合的思维特征，通常用于决策方案排序、计划制定、资源分配、政策分析以及冲突求解等领域，在能源系统分析、城市规划、经济管理以及科研成果评价等领域得到广泛应用。根据层次分析法的基本步骤,首先要构造判断矩阵。但是,以往关于判断矩阵的标度定义通常是基于两个要素指标重要性的比较,而本实验拟选择典型(行为的频繁程度)和严重(行为性质恶劣程度)程度均较高的越轨行为作为实验情景事件。因此将从典型性和严重性这两种判断标准分别构造判断矩阵来进行层次分析,最后将综合权衡八种越轨行为在典型度和严重度方面的权重来决定将哪种越轨行为作为实验情景类型。

3.2.1.2 基于越轨行为典型性的层次分析

基本步骤为:首先,对同一层次上的越轨行为要素的典型性进行两两比较,构造判断矩阵,并进行一致性检验;其次,根据判断矩阵计算行为要素典型性的相对权重;最后,计算八种越轨行为要素的综合权重,并对各种越轨行为的典型性进行排序。典型度判断矩阵的标度定义如表 3 - 8 所示。

表 3 - 8   典型度判断矩阵的标度定义

标度	含义
1	两种越轨行为相比,具有同样的典型性
3	两种越轨行为相比,前者比后者稍微典型
5	两种越轨行为相比,前者比后者明显典型
7	两种越轨行为相比,前者比后者强烈典型
9	两种越轨行为相比,前者比后者极为典型
2、4、6、8	上述相邻判断的中间值
倒数	两种行为相比,后者相对于前者的典型性标度

通过与销售经理对以上行为的相对典型性讨论分析后得到判断矩阵元素 a_{ij}。a_{ij} 为行为 i 和行为 j 相比的典型性程度。在此基础上计算各个行为要素相对于上层要素的归一化相对典型度向量 $W^0 = (W_i^0)$,并计算出 λ_{max} 指标。其中:

$$W_i = (\prod_{j=1}^{n} a_{ij})^{\frac{1}{n}} \qquad (3 - 12)$$

$$W_i^0 = \frac{W_i}{\sum\limits_i W_i} \qquad\qquad (3-13)$$

$$\lambda_{\max} = \frac{1}{n} \sum_{i=1}^{n} \frac{\sum\limits_{j=1}^{n} a_{ij}W_j}{W_i} \qquad\qquad (3-14)$$

一致性指标（consistency index，CI）$= (\lambda_{\max} - n)/(n-1)$。$n$ 为单层的行为指标个数。一致性比例（consistency ratio，CR）$= CI/RI$，其中 RI 为平均随机一致性指标，如表 3-9 所示。

表 3-9   平均随机一致性指标

指标	行为指标个数（n）													
	1	2	3	4	5	6	7	8	9	10	11	12	13	14
RI	0	0	0.52	0.89	1.12	1.26	1.36	1.41	1.46	1.49	1.52	1.54	1.56	1.58

判断矩阵和典型度计算以及一致性检验结果如表 3-10 ~ 表 3-12 所示。人际越轨和组织越轨行为典型度权重分别为 0.333 和 0.667，可见销售人员的组织越轨行为比人际越轨行为更具典型性。争夺同事的客户资源是销售人员最典型的人际越轨行为（$W_3^0 = 0.516$）。商业贿赂是销售人员最典型的组织越轨行为（$W_8^0 = 0.483$）。

表 3-10   越轨行为典型度判断矩阵及一致性检验（A）

指标	B_1	B_2	W_i	W_i^0	λ_{mi}
B_1	1	1/2	0.707	0.333	2.000
B_2	2	1	1.414	0.667	2.000
$\sum$			2.121		
指标值	$\lambda_{\max} \approx 2.000$；$CI_0 = 0$；$CR_0 = 0 < 0.1$				

表 3 – 11　　　　　　越轨行为典型度判断矩阵及一致性检验（B_1）

指标	C_1	C_2	C_3	C_4	W_i	W_i^0	λ_{mi}
C_1	1	1/5	1/7	1/8	0.244	0.042	4.209
C_2	5	1	1/3	1/5	0 760	0.131	4.182
C_3	7	3	1	1/2	1.800	0.311	4.046
C_4	8	5	2	1	2.991	0.516	4.127
$\sum$				5.795			
指标值			$\lambda_{max} \approx 4.141$；$CI_1 = 0.047$；$CR_1 = 0.053 < 0.1$				

表 3 – 12　　　　　　越轨行为典型度判断矩阵及一致性检验（B_2）

指标	C_5	C_6	C_7	C_8	W_i	W_i^0	λ_{mi}
C_5	1	1/5	1/5	1/7	0.275	0.052	4.104
C_6	5	1	1/2	1/3	0.955	0.181	4.111
C_7	5	2	1	1/2	1.495	0.284	4.049
C_8	7	3	2	1	2.546	0.483	4.056
$\sum$				5.271			
指标值			$\lambda_{max} \approx 4.080$；$CI_2 = 0.027$；$CR_2 = 0.030 < 0.1$				

在分层获得了同层各行为要素之间相对权重后，可以自上而下计算各级行为要素关于总体的综合权重数值。根据单层结果汇总计算出典型度的综合权重，得到越轨行为典型度的总排序如表 3 – 13 所示。总排序一致性指标：$CR = (CI_1 b_1 + CI_2 b_2) / (RI_1 b_1 + RI_2 b_2) = 0.038 < 0.1$。$b_1$ 和 b_2 分别为 B_1 和 B_2 的典型度权重。根据典型度的综合权重值可知，销售人员最典型的三种越轨行为依次为 C_8（实施行贿受贿等商业贿赂）、C_7（未经许可将工作单位的财产归为己有）、C_4（争夺同事的客户资源），典型度的综合权重分别为 0.322、0.189、0.172。

表 3 – 13   越轨行为典型度的总排序

行为要素	B_1 $b_1 = 0.333$	B_2 $b_2 = 0.667$	W_i 综合值
C_1	0.042	0	0.014
C_2	0.131	0	0.044
C_3	0.311	0	0.104
C_4	0.516	0	0.172
C_5	0	0.052	0.035
C_6	0	0.181	0.121
C_7	0	0.284	0.189
C_8	0	0.483	0.322
总排序一致性	$CR = 0.038 < 0.1$		

3.2.1.3 基于越轨行为严重性的层次分析

采用类似步骤对各个越轨行为的严重性进行两两比较，构造严重度判断矩阵，其标度定义如表 3 – 14 所示。

表 3 – 14   严重度判断矩阵的标度定义

标度	含义
1	两种越轨行为相比，具有同样的严重性
3	两种越轨行为相比，前者比后者稍微严重
5	两种越轨行为相比，前者比后者明显严重
7	两种越轨行为相比，前者比后者强烈严重
9	两种越轨行为相比，前者比后者极为严重
2、4、6、8	上述相邻判断的中间值
倒数	两种行为相比，后者相对于前者的严重性标度

采用与前面相同的计算程序进行一致性检验。各种越轨行为严重度的判断矩阵以及一致性检验结果如表 3 – 15 所示。人际越轨和组织越轨行为的严

重度权重分别为 0.250 和 0.750。争夺同事的客户资源是销售人员最严重的人际越轨行为（ $W_4^0 = 0.498$ ）。商业贿赂是销售人员最严重的组织越轨行为（ $W_8^0 = 0.385$ ）。

表 3 - 15　　　　　　越轨行为严重度判断矩阵及一致性检验（ **A** ）

指标	B_1	B_2	W_i	W_i^0	λ_{mi}
B_1	1	1/3	0.577	0.250	2.000
B_2	3	1	1.732	0.750	2.000
$\sum$			2.309		
指标值	$\lambda_{max} \approx 2.000$ ； $CI = 0$ ； $CR = 0 < 0.1$				

表 3 - 16　　　　　　越轨行为严重度判断矩阵及一致性检验（ **B_1** ）

指标	C_1	C_2	C_3	C_4	W_i	W_i^0	λ_{mi}
C_1	1	3	5	1/2	1.655	0.313	4.038
C_2	1/3	1	2	1/4	0.639	0.121	4.017
C_3	1/5	1/2	1	1/6	0.359	0.068	4.034
C_4	2	4	6	1	2.632	0.498	4.047
$\sum$					5.285		
指标值	$\lambda_{max} \approx 4.034$ ； $CI_1 = 0.011$ ； $CR_1 = 0.013 < 0.1$						

表 3 - 17　　　　　　越轨行为严重度判断矩阵及一致性检验（ **B_2** ）

指标	C_5	C_6	C_7	C_8	W_i	W_i^0	λ_{mi}
C_5	1	4	1/2	1/2	1	0.193	3.999
C_6	1/4	1	1/7	1/8	0.258	0.050	4.009
C_7	2	7	1	1	1.934	0.372	4.002
C_8	2	8	1	1	2	0.385	3.999
$\sum$					5.192		
指标值	$\lambda_{max} \approx 4.002$ ； $CI_2 = 0.001$ ； $CR_2 = 0.001 < 0.1$						

最后，计算越轨行为严重度综合权重总排序，如表3－18所示。总排序一致性指标：$CR = 0.004 < 0.1$。销售人员三种最严重的越轨行为依次为 C_8（实施行贿受贿等商业贿赂）、C_7（未经许可将属于工作单位的财产归为己有）、C_5（伪造收据，报销比真实花费更多的钱），其严重度的综合权重分别为0.289、0.279、0.145。

表3－18　　　　　　　　　　越轨行为严重度的总排序

行为要素	B_1 $b_1 = 0.250$	B_2 $b_2 = 0.750$	W_i 综合值
C_1	0.313	0	0.078
C_2	0.121	0	0.030
C_3	0.068	0	0.017
C_4	0.498	0	0.125
C_5	0	0.193	0.145
C_6	0	0.050	0.038
C_7	0	0.372	0.279
C_8	0	0.385	0.289
总排序一致性	$CR = 0.004 < 0.1$		

综合以上基于典型性和严重性准则的层次分析结果可知：典型性程度最高的三种越轨行为依次分别为 C_8、C_7 和 C_4。严重性程度最高的三种越轨行为依次分别为 C_8、C_7 和 C_5。C_7 和 C_8 的典型性和严重性均很高。因此，综合考量两个准则的层次分析结果，初步选择 C_7 和 C_8 这两种越轨行为作为实验情景。

层次分析法具有系统性、实用性、简洁性等优点。但是通过决策者的经验来判断各个指标对于实现一定标准的相对重要程度，判断矩阵的建立过于依赖主观因素，而且比较、判断以及结果计算过程相对粗糙。与传统的专家经验判断法相比，熵值法通过对每个指标的信息熵进行计算，通过计算每个指标的信息熵来确定其权重，能够较为客观地分配权重。这种客观性有助于保证指标权重确定的准确性和可靠性，充分考虑每个指标的重要性，避免主观赋值导致结果产生偏误，影响决策质量。因此，熵值法得出的指标权重值具有较高的客观可信度。

为了克服层次分析法确定权重存在的主观性，本书进一步采用熵值法进行赋权测度。熵值法是一种基于数据本身离散性的客观赋值法，通过计算各指标观测值的信息熵得到指标权重。信息熵是对不确定性的度量，反映信息量的多少。信息量多少与随机事件发生概率有关，概率越大，不确定性越小，包含信息就越少，所以随机事件的信息量随其发生概率递减。信息熵越大，说明该指标对应属性的不确定性越高，权重越小；反之，信息熵越小，权重就越大。因此，信息熵实质上衡量了一个指标的离散程度，指标离散程度越大，该指标对综合评价的影响就越大，则赋予的权重就越大。反之，指标离散程度越小，该指标对综合评价的影响就越小，则赋予的权重就越小。熵值法计算权重的步骤具体如下：

（1）数据标准化处理。

标准化处理的方式很多，由于指标数据全部大于 0，因此采用均值化处理，得到标准化后的各指标值为 Y_{ij}。

（2）计算比重。

$$P_{ij} = \frac{Y_{ij}}{\sum_{i=1}^{n} Y_{ij}} \qquad (3-15)$$

（3）计算指标的信息熵。

$$E_j = -(\ln n)^{-1} \sum_{i=1}^{n} P_{ij} \ln(P_{ij}) \qquad (3-16)$$

（4）计算指标的权重。

$$W_j = \frac{1 - E_j}{m - \sum_{j=1}^{m} E_j} \qquad (3-17)$$

其中，$1-E_j$ 为信息效用值（反映了信息熵的冗余度）。

本书的实验研究拟以销售人员工作情境为实验情境，因此在确定具有代表性的越轨行为时，采用前文所确定的八个题项，通过在线方式搜集了283 名企业销售人员的越轨行为数据。并在问卷中加入两题测量工作满意度的题目用于识别胡乱填写的样本。剔除填写不全和胡乱填写的问卷，共获得 248 份有效问卷。基于 248 行、8 列的数据矩阵（即 $n = 248$，$m = 8$），采用 SPSSAU 软件，按照以上步骤计算各题项的权重。计算结果如表 3 – 19 所示。可以看出 C_8 的信息熵最小（相应的信息效用值最大），权重最大（15.69%）。其次为 C_7，权重为 14.74%。综合基于层次分析法和熵值法的计算结果，本书将选择越轨行为指标集中最具代表性的 C_7 和 C_8 来设计实验情景事件。

表 3 – 19　　　　　　　　　熵值法计算权重结果汇总

行为指标	信息熵值	信息效用值	权重系数（%）
C_1	0.9944	0.0056	13.06
C_2	0.9956	0.0044	10.25
C_3	0.9954	0.0046	10.61
C_4	0.9956	0.0044	10.35
C_5	0.9953	0.0047	10.85
C_6	0.9938	0.0062	14.44
C_7	0.9937	0.0063	14.74
C_8	0.9933	0.0067	15.69

3.2.2　实验步骤与具体程序

由于招募一定数量被试在统一的时间和地点参与实验存在很大难度，因此在心理和行为实验中，很少从一般人群中招募被试，而是通常采用学生样本，有利于快速实施实验。通常实验被试人数在 50 ~ 200 人。本书的实验任务与企业中的营销业务及奖惩激励有关，为了提高实验的内部效度，招募的被试均为管理类专业高年级本科生，并且均有过企业实习经历，对营销业务和奖惩激励具有一定的体会和认识。本实验最终招募到 148 名参与者。

实验背景资料及相关规定主要包括：公司特征、被试模拟的身份角色

（某家中等规模制造企业市场营销部的销售人员，即销售代表）、薪酬制度以及规章制度。此外，由于被试一般不会主动参与实验，同时也不能采取强制方式要求其参加实验。社会科学研究一般认为支付酬金给被试是符合实验伦理道德的。因此，本实验提供了一些报酬作为激励。参照以往学者做法（Bennett，1998），采用邮件方式来构建实验情景。实验时间总共约 1 小时，分两个步骤展开。步骤一大约花费 30 分钟，步骤二大概花费 25 分钟。实验结束后将支付与当地劳动力市场的小时工资基本相当的报酬表示感谢。

实验步骤一的具体程序中要求被试阅读相关实验材料后，查收来自直接主管刘经理的通知邮件和关于目标客户反馈的邮件，两封邮件均是由研究人员通过两个不同邮箱统一发送。在步骤一中，部分被试选择①（给予回扣），另一部分被试选择②（拒绝给予回扣）。违反公司规定给予回扣属于 C_8（实施行贿受贿等商业贿赂）。这类行为在销售人员中最为典型。

实验步骤一　具体程序（约30分钟）

一、背景材料与流程简介

（一）实验背景

美光机械公司是一家由国有企业改制而成的中型的公司制企业。公司生产单缸、多缸和立式柴油机。这家企业的市场营销部销售代表每月底薪收入为 3500 元，并根据签单的合同金额按照 2% 计提奖金，奖金每季度发放一次。公司明确规定，销售代表必须遵循价格底线，不得擅自将价格降到底线之下。并且所有价格折扣都必须在合同中反映，不得私下给予账外回扣。一旦发现违规，则取消本单合同的奖金计提，并罚款 200 元。

（二）实验任务与流程

实验任务："假定你是这家公司的一名销售代表，你的直接主管是刘经理，他将结合你的违规扣款情况决定你的薪酬收入。请你阅读以下通知邮件，并完成实验要求，作出与业务有关的决策。"

二、查阅来自直接主管刘经理的通知邮件

这个环节是使参与者较快进入实验情境中。邮件告知参与者上季度销售业绩，并通知将对其进行绩效面谈。内容如下："经济增速下行和新冠疫情反复导致投资增速减缓、工程开工率不足等多种不利因素，并波及柴油机行业。上季度本公司的柴油机销量明显下滑，同比下降12%。但是尽管如此，本季度的销售冠军完成的销量占到公司总销量的40%，而你上个季度的销售业绩在排名靠后，请你针对目前市场形势来谈谈柴油机销售业务拓展思路（要求汇报达300字）。下周我们将对业绩问题进行单独面谈。"

三、查阅一封有关目标客户反馈的邮件

阅读材料如下："李先生是你最近1个月内接洽的客户，已经达成签约意向，初步拟定合同，合同金额为25万元，但是还未正式完成签约程序。但是今天他表示，他对另外一家企业的同类型柴油机的功能和价格也很满意，因此一直犹豫不决，如果你能在目前合同基础上额外对他适当表示一些诚意，就马上成交。李先生其实是暗示你私下给他回扣（不在合同里反映）才愿意签约。请你作出如下决策：①给予回扣；②拒绝给予回扣。"

实验步骤二在当天下午实施。结合参与者在步骤一的选择决策结果，实现对两种惩罚的操控。

实验步骤二　具体程序（约25分钟）

一、查阅刘经理的回复邮件

（一）邮件一

对每个参与者所汇报的销售业务拓展思路采取相似回复如下："你的业务拓展思路具有一定的可行性，但是还需要结合实际情况进一步讨论和细化"。

（二）邮件二

根据被试在步骤一中的选择决策分为两种对待方式：

（1）将选择A决策的被试随机分成人数相等的两组。其中一组被试均收到主管刘经理的惩罚实施邮件。另一组被试则未收到该邮件。

（2）将选择B决策的被试也随机分成人数相等的两组。其中一组被试均收到主管刘经理的惩罚实施邮件。另一组被试则未收到该邮件。

二、要求被试对以下事件情景作出决策

(一)情景内容一

"你最近接洽的另一位客户为王女士,洽谈合同金额为 30 万元。但是今天王女士表示,另一家生产同类产品公司销售代表的报价比你的报价低 1%,因此她准备购买那家公司的产品。而你的报价已是公司允许的价格底线。请你作出如下决策:

①私下给予回扣以签下合约;②不给回扣,继续说服对方签约。"

(二)情景内容二

"你的主管刘经理要采购一批部门物资,因其工作繁忙,委托你与对方洽谈,对方采购完成后竟返利 5000 元给你,并希望你今后建议主管继续向他们采购物资。请你作出如下决策:①将客户返利归为己有;②将客户返利交给公司。"

三、汇报人口学特征

性别、年龄、所在专业。

四、请参与者回答

你认为这个实验的目的是什么?

(1)权变惩罚的操控。权变惩罚是对存在越轨行为(即在步骤一中给予回扣)的被试进行操控而实现的。将步骤一中选择决策①的被试随机分成两组,分别为第 i 组和第 ii 组。第 i 组所有被试均收到来自主管刘经理的回复邮件,回复内容为:"你违反公司规定私下给予客户回扣,因此取消本单合同的计提奖励,并罚款 200 元"。而第 ii 组被试没有收到该邮件通知,因此第 ii 组为参照组。

(2)非权变惩罚的操控。非权变惩罚是对不存在越轨行为(即在步骤一中拒绝给予回扣)的被试进行操控而实现的。将步骤一中选择决策②的被试也随机分成人数基本相等的两组,分别为第 iii 组和第 iv 组。第 iii 组所有被试均收到来自主管刘经理的回复邮件("你违反公司规定私下给予客户回扣,因此取消本单合同的计提奖励,并罚款 200 元")。而第 iv 组被试没有收到该邮件通知,因此第 iv 组为参照组。

由于员工受到惩罚后的越轨行为未必与之前越轨行为相同,或者说因为某种越轨行为而受到惩罚，受到惩罚后可能实施其他类型的越轨行为，因此在步骤二中不仅考虑违规给予商业回扣的越轨行为（属于 C_8），还增加另一种越轨行为，即未经许可将属于工作单位的财产归为己有（属于 C_7）。因此，实验中的因变量为两个越轨决策变量：第一，是否私下给回扣；第二，是否将客户返利归为己有。

在实验的两个步骤中，部分程序（例如，通知季度业绩情况、针对市场形势谈销售业务拓展思路、对销售代表业务拓展思路的回复）均与实验目的本身没有关系，而是将参与者较快带入情境中，同时防止参与者揣摩研究者的实验意图。参照以往学者在实验研究中的做法，我们在实验程序结束时设置了问题：你认为这个实验的目的是什么？被试均认为，本实验是通过情景模拟使高年级大学生熟悉销售人员工作内容及其应具备的业务素质。因此，本实验设计程序在一定程度上可以避免社会称许性偏差对实验结果造成的影响。实验结束后，对参与者表示感谢，发给 35 元（等价物品）作为实验报酬。实验总时间约 1 小时。该薪酬水平与所在城市的平均时薪基本相当。

在参加实验的 148 人被试中，82 人在步骤一中选择了决策①（给予回扣），66 人选择了决策②（拒绝给予回扣）。步骤二中随机对在步骤一中选择决策①的 41 人发送了实施惩罚的邮件，这些被试受到了权变惩罚，其他 41 人选择决策①的被试未受权变惩罚。本实验中，权变惩罚和权变惩罚均采用虚拟变量表示。受到权变惩罚则记为 1，未受到权变惩罚则记为 0。类似地，随机对在步骤一中选择决策②的 33 人也发送实施惩罚的邮件，这些被试受到了非权变惩罚，其他 33 个选择决策②的被试未受非权变惩罚。受到非权变惩罚则记为 1，未受非权变惩罚则值为 0。被试的越轨决策用 D 表示，实验步骤二的两个越轨决策分别表示为 D_{c8}（给予回扣）和 D_{c7}（贪污客户返利）。与前文相对应，下标 C_8 表示实施行贿受贿等商业贿赂行为，C_7 表示未经许可将属于工作单位财产归为己有的行为。越轨行为也采用虚拟变量表示。选择决策①表示存在越轨，数值记为 1；选择决策②表示没有越轨，数值记为 0。

3.3　基于 Logit 模型的实验数据分析

3.3.1　惩罚与越轨行为之间关系的 Logit 模型构建

由于因变量越轨行为决策 D 为二分变量（取值为 0 或 1），因此建立 Logit 模型，采用 Logistic 回归来分析实验数据。假定 x 为解释变量。首先建立线性概率模型（linear probability model，LPM）：

$$D_i = x_i'\beta + \varepsilon_i，\ (i = 1, \ldots, n, \ n \ 为样本数)$$

由于 $\varepsilon_i = D_i - x_i'\beta$，而 D_i 的取值为 0 或 1，则 $\varepsilon_i = 1 - x_i'\beta$ 或 $\varepsilon_I = -x_i'\beta$，因此 ε_i 服从二值分布。为使 D_i 取值介于 [0，1]，在给定 x 的情况下，D 的两点分布概率为：$P(D = 1 \mid x) = F(x, \beta)$；$P(D = 0 \mid x) = 1 - F(x, \beta)$，$F$ 为累积概率分布函数。由于 $F(x, \beta)$ 为逻辑分布（logistic distribution）的累积概率分布函数，则：

$$P(D = 1 \mid x) = F(x, \beta) = \psi(x'\beta) = \frac{\exp(x'\beta)}{1 + \exp(x'\beta)}$$

该模型即为 Logit 模型。逻辑分布的概率密度函数关于坐标轴原点对称，期望值为 0，方差为 $\pi^2/3$。这个非线性模型可以采用最大似然法进行估计。其第 i 个观测样本的概率密度为：

$$f(D_i \mid x_i, \beta) = [\psi(x_i'\beta)]^{D_i} [1 - \psi(x_i'\beta)]^{1 - D_i}$$

若 $D_i = 1$，$f(D_i \mid x_i, \beta) = \psi(x_i'\beta)$；若 $D_i = 0$，$f(D_i \mid x_i, \beta) = 1 - \psi(x_i'\beta)$。在样本个体相互独立的情况下，整个样本的对数似然函数为：

$$\ln[L(\beta \mid D, x)] = \sum D_i \ln[\psi(x_i'\beta)] + \sum (1 - D_i) \ln[1 - \psi(x_i'\beta)]$$

可通过数值计算求解这个非线性最大化问题，得到 β。这个计算可采用统计软件来实现。在 Logit 模型中，如果将 $P(D = 1 \mid x)$ 记为 p，则 $P(D = 0 \mid x)$ 为 $1 - p$。由于 $p = \exp(x'\beta) / [1 + \exp(x'\beta)]$，$1 - p = 1 / [1 + \exp(x'\beta)]$，则：

$$\frac{p}{1 - p} = \exp(x'\beta)；\ \ln\left(\frac{p}{1 - p}\right) = x'\beta$$

其中，$p/(1-p)$ 为几率（$Odds$）。自变量改变一个单位之后的 $Odds$ 与改变之前 $Odds$ 的比值称为几率比（odds ratio，OR）（也称为优势比或比值比），反映相对风险。对于 Logit 模型，估计出的 β（即计算得到的 Logistic 回归方程中解释变量的系数）表示解释变量每增加一个单位将引起的几率比的对数（即 $\ln[OR]$）的变化，则 $\exp(\beta)$ 就表示解释变量每增加一个单位将引起几率比 OR 的变化。

本实验研究中涉及两种越轨行为 D_{c8}（给予回扣），D_{c7}（贪污客户返利）。将 $P(D_{c8}=1\,|\,x)$ 记为 p_{c8}，$P(D_{c7}=1\,|\,x)$ 记为 p_{c7}，则对应的 Logit 模型分别为：

$$p_{c8}=\frac{\exp(x'\beta_1)}{1+\exp(x'\beta_1)}，\ 即 \frac{p_{c8}}{1-p_{c8}}=\exp(x'\beta_1) \qquad (3-18)$$

$$p_{c7}=\frac{\exp(x'\beta_2)}{1+\exp(x'\beta_2)}，\ 即 \frac{p_{c7}}{1-p_{c7}}=\exp(x'\beta_2) \qquad (3-19)$$

本章实验研究中的解释变量为惩罚。分为权变惩罚和非权变惩罚两种情况，因此需要分别建立 Logit 模型。

3.3.2 权变惩罚与越轨行为之间关系的实验数据分析

步骤一中选择决策①的子样本用于验证权变惩罚对越轨行为的影响。从样本特征来看，男性 45 人，占比为 54.88%；女性 37 人，占比为 45.12%。平均年龄为 21.37 岁（标准差为 0.92）。从专业背景看，市场营销专业 31 人，占比为 37.80%；非营销专业 24 人，占比 62.2%。变量两两之间皮尔逊相关系数如表 3-18 所示。权变惩罚分别与 D_{c8}（$r=-0.389$，$p<0.01$）和 D_{c7}（$r=-0.350$，$p<0.01$）这两种越轨行为之间均存在显著的负相关。两种越轨行为之间存在正相关。

表 3 – 20　　　权变惩罚与越轨行为之间关系研究子样本的相关分析

变量	性别	年龄	专业	权变惩罚	D_{c8}
年龄	0.146	1			
专业	-0.735^{**}	0.040	1		
权变惩罚	0.074	0.053	-0.058	1	
D_{c8}	-0.199^+	0.025	0.207^+	-0.389^{**}	1
D_{c7}	0.022	0.047	-0.136	-0.350^{**}	0.291^{**}

说明：$n=82$；$+\text{p}<0.1$，$*\text{p}<0.05$，$**\text{p}<0.01$。

权变惩罚与越轨关系的逻辑回归结果如表 3 – 20 所示。其中，性别（sex）、年龄（age）和专业（maj）为控制变量，解释变量为权变惩罚（contingent punishment，cp）。两种越轨行为决策对应的 Logistic 回归方程分别为：

$$p_{c8} = \frac{\exp(-1.606 - 0.463sex + 0.138age + 0.360maj - 1.851cp)}{1 + \exp(-1.606 - 0.463sex + 0.138age + 0.360maj - 1.851cp)}$$

$$(3-20)$$

即

$$\ln\left(\frac{p_{c8}}{1 - p_{c8}}\right) = -1.606 - 0.463sex + 0.138age + 0.360maj - 1.851cp$$

$$(3-21)$$

$$p_{c7} = \frac{\exp(-3.231 - 0.899sex + 0.314age - 0.872maj - 1.671cp)}{1 + \exp(-3.231 - 0.899sex + 0.314age - 0.872maj - 1.671cp)}$$

$$(3-22)$$

即

$$\ln\left(\frac{p_{c7}}{1 - p_{c7}}\right) = -3.231 - 0.899sex + 0.314age - 0.872maj - 1.671cp$$

$$(3-23)$$

从表 3 – 21 的两个模型拟合效果来看，Omnibus 检验的 Block（χ^2）均达到显著性水平，均小于 0.05。Hosmer & Lemeshow（χ^2）的显著性均大于 0.05（该显著性越高，说明拟合效果越好）。由此可见，两个模型的拟合效果良好。而且两个模型各自的总体回判正确率均大于 50%，说明模型预测效果良好。从回归系数来看，人口学特征变量（性别、年龄和专业背景）对两种越轨行为的影响都不显著。权变惩罚对两种越轨行为均有显著的负向影响，Wald 值分别为 11.002（$\beta = -1.851$，$p < 0.01$）和 10.170（$\beta = -1.671$，$p < 0.01$）。根据两种越轨行为对应的几率比 OR，即 $\exp(\beta)$，与不实施权变惩罚相比，实施权变惩罚可使两种越轨行为的发生几率分别下降为 0.157 和 0.188。因此，H3 - 1（权变惩罚对越轨行为具有抑制作用）得到实验数据支持。

表 3 - 21　　　　　　权变惩罚与越轨行为之间关系的逻辑回归分析

变量	D_{c8}（模型 1）			D_{c7}（模型 2）		
	β	Wald	$\exp(\beta)$	β	Wald	$\exp(\beta)$
性别	- 0.463	0.339	0.629	- 0.899	1.363	0.407
年龄	0.138	0.223	1.147	0.314	1.116	1.369
专业	0.360	0.561	1.434	- 0.872	3.548	0.418
权变惩罚	- 1.851	11.002 **	0.157	- 1.671	10.170 **	0.188
常数项	- 1.606	0.071	0.201	- 3.231	0.286	0.040
- 2Log Likelihood	87.118			95.048		
Cox & Snell R^2	0.185			0.164		
Nagelkerke R^2	0.258			0.222		
Hosmer & Lemeshow（χ^2）	12.118（p = 0.146）			2.504（p = 0.962）		
Omnibus TestBlock（χ^2）	16.802（p = 0.002）			14.645（p = 0.005）		
模型总体回判正确率	72.7%			67.1%		

说明：$n = 82$；* $p < 0.05$，** $p < 0.01$；β 为回归系数。

3.3.3　非权变惩罚与越轨行为之间关系的实验数据分析

步骤一中选择决策②的子样本用于验证非权变惩罚对越轨行为的影响。其中，男性 45 人，占比为 68.18%；女性 21 人，占比为 31.82%。平均年龄为 20.32 岁（标准差为 0.53）。从专业背景来看，市场营销专业 29 人，占比为 43.94% ；非营销专业 37 人，占比 56.06% 。变量两两之间皮尔逊相关系数如表 3 – 22 所示。非权变惩罚与 D_{c8}（$r = 0.434$，$p < 0.01$）、D_{c7}（$r = 0.372$，$p < 0.01$）这两种越轨行为均存在显著的正相关。两种越轨行为之间也呈正相关。

表 3 – 22　　　非权变惩罚与越轨行为之间关系研究子样本的相关分析

变量	性别	年龄	专业	非权变惩罚	D_{c8}
年龄	− 0.042	1			
专业	− 0.709 **	0.103	1		
非权变惩罚	− 0.098	− 0.086	0.020	1	
D_{c8}	0.018	0.016	0.099	0.434 **	1
D_{c7}	− 0.182	− 0.102	0.058	0.372 **	0.429 **

说明：$n = 66$ ； * $p < 0.05$ ，** $p < 0.01$ 。

非权变惩罚与越轨行为决策的逻辑回归结果如表 3 – 23 所示。其中，解释变量为非权变惩罚（non-contingent punishment，ncp）。两种越轨行为对应的 Logistic 回归方程分别为：

$$p_{c8} = \frac{\exp(-6.293 + 1.575sex + 0.158age + 1.031maj + 2.170ncp)}{1 + \exp(-6.293 + 1.575sex + 0.158age + 1.031maj + 2.170ncp)}$$

$$(3 - 24)$$

即

$$\ln[p_{c8}/(1 - p_{c8})] = -6.293 + 1.575sex + 0.15age + 1.031maj + 2.170ncp$$

$$(3 - 25)$$

$$p_{c7} = \frac{\exp(7.286 - 1.130sex - 0.321age - 0.327maj + 1.559ncp)}{1 + \exp(7.286 - 1.130sex - 0.321age - 0.327maj + 1.559ncp)}$$

$$(3 - 26)$$

即

$$\ln[p_{c7}/(1 - p_{c7})] = 7.286 - 1.130sex - 0.321age - 0.327maj + 1.559ncp$$

$$(3 - 27)$$

表 3 – 23　　　　　　　非权变惩罚与越轨行为之间关系的逻辑回归分析

变量	D_{c8} （模型 1）			D_{c7} （模型 2）		
	β	Wald	exp （β）	β	Wald	exp （β）
性别	1.575	2.408	4.829	– 1.130	1.731	0.323
年龄	0.158	0.078	1.171	– 0.321	0.366	0.725
专业	1.031	2.630	2.804	– 0.327	0.384	0.721
非权变惩罚	2.170	12.311**	8.754	1.559	7.669**	4.755
常数项	– 6.293	0.302	0.002	7.286	0.453	1459.305
– 2 Log Likelihood	71.968			76.677		
Cox & Snell R^2	0.222			0.164		
Nagelkerke R^2	0.300			0.222		
Hosmer & Lemeshow （χ^2）	4.973 （p = 0.663）			11.342 （p = 0.183）		
Omnibus TestBlock （χ^2）	16.535 （p = 0.002）			11.826 （p = 0.019）		
模型总体回判正确率	72.7%			68.2%		

说明：$n = 66$；＊$p < 0.05$，＊＊$p < 0.01$；β 为回归系数。

表 3 – 23 的回归结果表明，以 D_{c8}、D_{c7} 为因变量的两个模型拟合效果良好，Omnibus 检验中 Block （χ^2） 的 p 值均小于 0.05，Hosmer & Lemeshow （χ^2） 的 p 值均大于 0.05。每个模型的总体回判正确率均大于 50%，说明预测效果良好。从回归系数来看，非权变惩罚对两种越轨行为的发生均具有显著正向影响，Wald 值分别为 12.311（$\beta = 2.170$，$p < 0.01$）和 7.669（$\beta = 1.559$，$p < 0.01$）。从几率比 OR 的数值可知，与不实施非权变惩罚相比，实施非权变惩罚会使两种越轨行为发生几率分别上升为 8.754 倍和 4.755 倍。因此前文通过演化博弈分析推导出的 H3 – 2 （非权变惩罚对越轨行为具有促进作用） 得到实验数据的支持。

3.4　本章小结

本章通过演化博弈分析得到两个基本假设：一是领导权变惩罚对员工越

轨行为具有抑制作用；二是领导非权变惩罚对员工越轨行为具有促进作用。并设计情景实验，通过层次分析法和熵值法计算越轨行为指标权重，选出实施商业贿赂和未经许可将属于工作单位财产归为己有这两种最有代表性的越轨行为作为实验情景，基于实验数据验证了权变惩罚和非权变惩罚对越轨行为的影响差异，发现权变惩罚对员工越轨具有负向影响，而非权变惩罚对员工越轨具有正向影响。但是，采用经济学模型不可避免存在的缺陷是难以纳入个体的复杂心理机制，而组织行为学的研究范式恰好可以弥补这一不足之处。同时，演化博弈分析表明，在实施惩罚的情况下，公平心理是引起员工越轨的重要因素。因此本书后续章节将进一步从公平视角切入，并整合公平启发理论和道德推脱理论来探讨权变惩罚和非权变惩罚这两种领导惩罚类型影响员工越轨行为的复杂心理中介机制以及边界条件的调节机制，并采用员工问卷数据进行检验。再者，本章中为模型构建和实验操控的简化起见，仅考虑经济惩罚。由于现实组织中的领导惩罚不仅包括经济惩罚，还包括非经济惩罚（例如，训斥、降级等），因此后续研究中的领导惩罚将突破这一限制，在变量测量中采用较为宽泛的惩罚范畴，而不再局限于经济惩罚，从而提高研究的外部效度。此外，在现实中，权变惩罚和非权变惩罚存在一定的主观性。即使领导认为惩罚的实施是与下属行为表现相称的，但是员工却可能感觉到非权变惩罚，认为自己表现良好，没有犯错却受到了惩罚。事实上，只有员工感知到的权变惩罚和非权变惩罚才会影响其越轨行为。如果员工没有感知到领导的这两种惩罚，则不太会影响其越轨行为。本章实验研究所关注的是客观上的权变惩罚和非权变惩罚，而且仅仅关注有无（采用虚拟变量）权变惩罚或非权变惩罚，没有考虑这两种惩罚的强度。后续的问卷研究将采用李克特（Likert）量表，通过员工来评价自己所受到的两种惩罚。这种评价受到领导客观行为和员工主观判断的综合影响，从而较好地融入了员工的主观感知，同时也能够反映员工感知的两种惩罚的强度。

| 第 4 章 |

领导惩罚对员工越轨行为
影响机制的理论分析

本章内容分为五个部分：前两个部分分别阐释本书所依据的重要理论基础，主要包括公平启发理论和道德推脱理论，这两个理论也是后续研究假设提炼的重要依据；第三部分论证推导领导惩罚影响员工越轨行为的中介机制，提出简单中介效应和序列中介效应假设；第四部分和第五部分分别论证推导道德认同和伦理氛围的调节机制，并提出简单调节效应、有调节的中介效应以及有调节的序列中介效应假设。

4.1 公平启发理论

4.1.1 公平启发理论溯源

公平启发理论（fairness heuristic theory）建立

在传统的组织公平理论（organizational justice theory）和早期的公平理论（equity theory）之上，通过学者们的不断完善已经逐步发展为主流的公平理论之一（Lind et al. , 1993；Van den Bos & Lind , 2004）。

　　组织公平反映了个体在工作环境中对公平的感知，可以从描述性或规范性的角度来审视（Cropanzano et al. , 2007）。规范性方法试图使用逻辑或客观方法来确定哪些行为是真正公平的；描述性方法旨在探讨什么导致人们把一个特定事件看作是公平的或不公平的。前者从客观意义上看待公平，后者从主观意义上看待公平，认为公平判断是基于个人感知而不是客观准则。为什么公平如此重要？它究竟如何影响员工的感知？一般来说，如果员工感觉组织是公平的，就会认为组织能够满足自己的多种重要需求，包括：意义感需求、自尊需求、归属需求以及控制需求（Cropanzano et al. , 2001）。具体来说，公平对员工的重要性主要体现在三个方面。第一，长期利益。人们在知晓组织将如何对待他们的情况下才愿意为组织工作。如果一个组织对待员工是公平的，员工就很容易预期到自己将被如何对待。因此员工之所以喜欢公平是因为公平使他们有机会预测并控制组织可能分配给自己的结果。第二，社会性考虑。个体通常希望被有权力的人接受和重视而不是被其利用。如果一个组织公平地对待员工，员工会感觉受到社会尊重，从而觉得受到恶意对待和利用的风险较低（Tyler & Blader , 2003）。第三，伦理性考虑。公平之所以重要还因为人们认为这是他们应该受到的对待方式（Folger , 2001）。即使道德虐待不是针对自身，自己只是作为旁观者目睹这些不公正事件，也会在个人的公平感知形成过程中发挥作用（Ellard & Skarlicki , 2002）。

　　组织公平分为三个主要部分：分配公平、程序公平和互动公平。其中，分配公平涉及对组织成果分配是否公平的感知。分配公平的典型例子是薪酬和晋升决策的不公平。如果个人觉得组织中的决策不公平，就会对他们的认知、情感和行为产生负面影响（Cohen-Charash & Spector , 2001）。例如，如果员工觉得给某个同事升职是不公平的，这名员工可能会表现出愤怒和敌意，并可能降低其工作效率。早期公平理论可以对分配公平作出最好的解释（Adams , 1965）。根据早期公平理论，个人主要关心的是，相对于个人的贡献大小，自己能获得多少回报或奖励。根据公平的主要原则，个人会将自己的收获和投入的比值与他人的收获和投入的比值进行比较。如果这两个比率不相等，就存在不公平。当个体认为这个比率不公平时，不管是报酬过多还是报酬不足，都会感到不协调的压力。感受的压力越大，个体就会越努力地去纠正感知的不公平以减少不协调的痛苦（在本书第4.3.2小节中将详细阐述在报酬过多与报酬不足时的两种类型不公平的差异）。然而，分配公平不仅与上述公平比率有关。有三种规则可能影响分配公平：按公平原则分配、按平等原则分配和按需求原则分配（Cropanzano et al.，2007）。这里的公平原则正是上文所说的个人获得回报与贡献成比例。平等原则是指无论贡献多少，所有人分配得到的结果都相同。需求原则是指根据个体的需求程度而分配成果。显然，个体所认同的分配规则对其感知的分配公平具有重要影响。

程序公平是指分配决策所采用的程序是否公平，这种公平与工作满意度、组织承诺、组织公民行为和整体工作绩效密切相关（Colquitt，2004）。有两种理论可以解释为什么程序公平对形成公平感知的重要性。第一，工具模型理论。根据工具模型，个体希望有机会提出他们的担忧以及能够影响随后的决策，也被称为发言权（Thibaut & Walker，1975）。当个体被赋予发言权时，意味着他们能够向决策者提供意见。当然，发言权不是被用于恶意目的，而是被用来对未来的改进产生积极影响（Gorden et al.，1988）。如果个人有机会参与决策制定，则更可能对组织感到满意。虽然组织使用的程序类型并不像拥有发言权那样重要（Lind & Tyler，1988），但是可以通过多种方式在具体程序中包含发言权，例如，建立雇员代表委员会和实施员工援助计划。第二，关系模型理论。根据关系模型，人们不仅关心眼前的结果，而且关心未来他们与组织之间的关系（Tyler & Lind，1992）。有三个因素会影响个人对公平的感知：中立性、可信性和地位。中立性是指权力拥有者对所有人一视同仁；可信性是指权力拥有者在多大程度上可以被认为是公平的；地位是指特定个体在某个群体中的总体地位。如果组织满足了这三个因素，员工更可能积极看待雇主的决策，认为其决策过程是公平的（Tyler & Lind，1992）。此外，程序公平是以控制为基础的：如果参与争端的个体能够控制程序中的证据，就更可能认为决策是公平的（Thibaut & Walker，1975）。如果程序满足一致性（对于不同的人或在不同的时间都保持一致）、基于准确的信息、无偏性、可纠正性、代表群体中的所有关注点、遵循道德准则这六个具体规则，则程序往往被视为是公平的（Leventhal，1980）。一般而言，在基于诸如绩效评估和薪酬计划等程序所产生的决策中，只要决策过程被认为是公平的，个体更可能支持他们原本认为并非最好的决策（Thibaut & Walker，1975）。

互动公平涉及组织公平的人性化方面，反映了人际对待的公平性。互动公平不同于程序公平和分配公平，因为如果员工感到互动不公平，往往会对个人（例如，实施程序的管理者）而不是组织作出消极反应（Cropanzano et al.，2002）。具体来说，互动公平是指主管在实施程序的过程中对待员工的公平性，由人际公平和信息公平两部分组成。人际公平是人们如何看待权威人物对待他们的方式。信息公平则反映了个体如何理解对决策或程序的解释，其重要意义在于它表明了组织对员工的尊重（Bies & Moag，1986）。如果员工觉得主管提供的信息是充分和诚实的，他们更可能认为主管为人是公正的（Cropanzano et al.，2001）。

4.1.2　公平启发理论的内涵

组织公平领域的研究者采用两种方法来识别公平性的评价对象：事件范式和社会实体范式（Choi，2008）。基于事件范式的研究认为，员工是针对某个具体事件进行公平性评价，因此应该评价每个独立事件的公平性。基于社会实体范式的研究则认为，员工对主管或其代表的组织的整体公平性进行评价，这种对整体公平水平的判断会指导后续态度和行为。社会实体范式认为，个体会根据对他人或组织的期望建立整体公平水平的基准线，这个基准线会随情境变化而上下调整。公平启发理论正是基于社会实体范式，描述人们在具体情境下如何构建公平信念，其主要探讨公平感是如何形成以及公平感对个体行为有何影响，其核心内容包括两个阶段（Lind，2001）：

（1）公平判断的形成阶段。人们的日常决策往往并非都是基于完全信息而作出的理性决策，而是基于不完全或个别信息的启发而形成。启发式决策有利于减轻个体的认知负担，是个体常用的决策方式，因而更加符合现实。当个体处于不确定性情境时，通常也会采用启发式进行公平判断。个体根据自己拥有的公平信息通过启发式进行公平判断可以减少认知复杂程度，从而提高判断效率。尤其在信息模糊不确定或不充分的情况下，个体更可能根据已经获得的与公平相关的信息来形成关于整体公平的感知。公平启发理论认为，处于某个群体中的个体往往会面临"基本社会困境"（fundamental social dilemma），即存在不利的因素影响其在群体中的地位，因此人们常常采用公平指标来判断自己在群体中的地位是否安全（例如，是否被利用或排斥）。但是由于时间和精力的有限性，为了较快地对环境做出判断，个体并不会详尽地搜寻与公平相关的所有的完备信息，而是依赖自己现已掌握的经验信息迅速建构对组织总体的公平印象。在形成整体公平判断时，所利用的公平信息来源可能是关于分配结果信息、分配程序信息或与上司互动的信息，其分别对应于结果公平、程序公平和互动公平。但是这三种公平信息具有替代效应，如果某类公平信息缺失，个体在作出整体公平判断时会根据其他的公平信息作出整体公平判断。此外，整体公平感知的形成还具有主因效应，即个体更倾向于接受先得到的与公平有关的信息，对较早得到的公平信息会赋予较高的权重，因此先得到的公平信息对整体公平判断的形成具有更大的影响。

（2）公平判断的应用阶段。当整体公平判断形成以后，个体会基于这种判断来解释以后所遇到的有关公平的事件或信息。更为重要的是，整体公平判断会导致个体态度、情感和行为的变化。如果员工感知自己被组织或领导公平对待，那么会为了组织的利益和福祉而努力工作和作出贡献，甚至为了组织利益而不惜牺牲个人利益。这种整体公平判断作为启发物会影响与领导者或组织有关的态度（例如，认同、信任）和行为（例如，合作、对权威的接受、公民行为或亲社会行为等）。相反，如果员工感受到领导或组织的不公平对待，会认为遭到组织排斥，并可能失去自尊，从而更加关注个人利益，只做那些对自己有利的事情，尤其是追求自身短期利益的最大化，而不去做那些对自己没有好处而对组织有利的事情。因此在感知不公平时，个人主义会居于主导地位，从而导致员工对组织或领导的不认同、不信任、不合作、不服从，并减少公民行为或亲社会行为等角色外的积极行为。此外，整体公平感一旦形成，就存在一定的惯性，在一定时期内保持相对稳定，即人们一般不会轻易改变已经形成的公平判断，除非有新的重要事件发生，而且这些事件与过去所经历的事件在公平方面的差异性很大。

4.2 道德推脱理论

4.2.1 道德推脱理论溯源

道德推脱理论（moral disengagement theory）是社会认知理论（social cognitive theory）在道德领域的延伸，或者说社会认知理论是道德推脱理论的源起。社会认知理论认为，行为、认知和环境因素之间的相互作用决定了人类的动机和行为。这一理论是将认知成分融入传统行为主义的强化理论，认为个体关于行为强化的期望，比这个行为以前是否实际受到强化更为重要，以往的强化历史对个体认知没有直接的作用，认知的形成是基于个体对强化历史的记忆、解释和理解上的偏见。社会认知理论最初主要用来解释社会学习过程，并衍生出自我效能、动机和学习等多个研究方向，因此也被称为社会学习理论（Bandura，1991）。此后，社会认知理论进一步被用于解释个体的道德行为。此处将概述社会认知理论，后续的理论假设提炼也会用到该理论中的某些术语。

社会认知理论的基础性概念是自我调节（self-regulation）。自我调节的重要性在于：如果个体缺乏对自己行为施加影响的能力，那么仅仅依靠行为意图和动机是徒劳的（Bandura & Simon，1977）。自我调节实质上是自我强化，反映了个体控制或激励自己的行为以符合相关标准的调节过程，依次包括三个子功能：自我监控、自我判断和自我反应（Bandura，1986，1999）。首先，自我监控涉及个体对自己行为的关注或观察，但是这不仅仅是对个人表现（此处的表现也包括所取得的绩效）的一种反射性评估，预先存在的认知结构和信念也可能会影响人们对表现的感知和记忆（Bandura，1991）。自我监控水平可能会受到个人情绪的影响，自我认知可能在某一特定行为发生时以及该行为被记忆时由于情绪原因而被扭曲（Mehra，2001）。其次，自我判断涉及对自我监控阶段观察到的自身表现的判断（Bandura，1991）。人们会为自身行为确立一套评价标准，以此判断其行为与标准间的差距并进行肯定或否定的自我评价。这些标准可能基于自我比较（与自己先前的行为进行比较）（Judge et al.，2003），他人对自己行为的反应（Bong & Clark，1999）以及其他决定因素中的社会比较（Mussweiler，2003）。最后，自我反应是指个人评价自我行为后产生的内心体验，例如，自我满足、自豪、自怨等。当个体对自身表现作出自我判断后，自我反应机制将被激活，从而建立标准来规范自己未来的行为。自我反应机制是人类动机的指导工具，其通过对情感反应的预期来创造行为的内在激励（Bandura，1986）。如果个体从过去经历中知道执行某种特定行为会产生满足感，那么他们将再次执行这些相同的行为以再次获得这种情感反应（Bandura，1991）。以上构成自我调节机制的三个子功能都有助于为自我效能奠定基础。而自我效能是个体能动性的核心基础，反映一个人有能力来组织和执行必要的行动以实现各种类型绩效结果的信念（Bandura，1986）。

社会认知理论还被应用于道德行为，认为个人从外部环境中学习对与错来培养道德感（Bandura，2014）。因此，社会认知理论为道德推脱研究奠定了基础性框架。具体而言，环境与思想、情感、个人标准等内部因素相互作用，从而影响道德行为。道德标准会随着内部因素或外部情境的变化而波动。就内在因素而言，自我调节机制在道德行为中起着重要作用。在实施不道德行为的情景下，可能发生两种类型的惩罚。一是自我惩罚。这是一种自我反应的控制机制，个体通过这种内部机制来引导自己的行为（Bandura，1991）。自我惩罚是由作为自我调节子功能之一的自我判断所发起的。道德的自我判断是根据一组道德标准和情境因素评估实际行为或潜在行为。道德判断会导致情感上的自我反应，进而调节未来的行为（Bandura et al.，1996）。积极的判断会产生预期的自我价值，从而带来自我满足，而消极的道德判断会导致自我谴责，即内化的自我惩罚。个人通常会避免从事违反个人道德标准的行为以避免引发自我谴责。自我满足和自我谴责的概念分别用于积极和消极的道德判断似乎很简单，但是道德困境等相互矛盾的影响因素会凸显自我调节的复杂性（因为道德困境中的道德判断很难明确论定为积极还是消极的）（Bandura，1991）。此外，需要注意的是，如果个体多次遇到类似的事件，不一定总是参与同样的道德判断过程以权衡每一个决策选项，此时的道德判断可能是例行化的，甚至可以不假思索地完成（Kahneman，2011）。二是社会惩罚，即个人可能从外部获得的负面后果。在社会认知理论中，自我是更广泛的社会现实的一个组成部分，因此需要接受普遍的、广泛接受的行为准则。当个体违反这些行为准则时，可能会受到外部的社会惩罚，因此社会惩罚也是人们现实生活的一部分。就像自我惩罚一样，社会惩罚的效果也具有可预见性，个体也会应用自我调节机制基于对潜在社会后果的预期而做出从事或不从事违反道德行为的决策。

社会惩罚与自我惩罚通常能协调一致地指导行为，但是并不总是能够同步（Bandura，1991）。社会认知理论的核心是个体变量与环境变量的交互作用（Bandura，1986）。当内部的自我标准与外部的社会标准不匹配时，这种交互作用可能导致自我调节过程产生不协调。个人通常会努力使自己的道德标准与社会标准一致。例如，人们更可能或愿意与那些有着相似信仰或价值观的人交往，从而支持自我调节系统的协调运行（Escalas & Bettman，2005）。然而，当个人标准和社会标准不匹配时，个人可能会经历心理冲突。例如，当个人受到某种内部压力而做出与外部道德标准不符的行为时，就会产生这样的冲突。当自己内部价值观之间相互抵触，或者自己内部价值观与外部社会的价值观相互抵触时，道德的自我调节机制会发生失活，即自我反应功能没有被激活。这种自我调节机制的失活可以用道德推脱来解释。

4.2.2 道德推脱策略

如前所述，道德推脱用于解释自我调节过程中的自我反应没有被激活的原因，以及由于认知冲突而导致的自我调节失活会导致发生什么结果，从而拓展了社会认知理论。道德推脱是一系列的认知机制，它会使个体的道德自我调节过程发生脱离，从而使个体可以在没有负罪感的情况下做出违背道德的行为（Bandura，1986；Detert et al.，2008）。自我调节过程有助于使个体行为符合道德标准，而当这些调节过程没有发生时，个人可能就无法遵循道德标准。出现这种情况是因为道德的自我调节过程可以被选择性地激活和抑制（即取消激活或失活），而道德推脱正是这一抑制（失活）过程的内在原因和基础（Bandura，1986，1990）。道德推脱具体由八种策略构成，包括：道德辩解（moral justification）、委婉标签（euphemistic labeling）、优势比较（advantageous comparison）、责任转移（displacement of responsibility）、责任扩散（diffusion of responsibility）、扭曲后果（distortion of consequence）、去人性化（dehumanization）、责备归因（attribution of blame）（Bandura，1986，1990）。这八种道德推脱机制的具体含义如表4-1所示。根据道德控制过程中道德推脱机制被激活的节点，这八种策略可以归为四组：认知重构有害行为、模糊化个人作用、扭曲后果、减少对有害行为目标的认同（Bandura et al.，1996）。道德推脱机制激活过程如图4-1所示。下面依据道德推脱机制的原始框架分别对这四类策略进行阐释（Bandura，1986）。

表4-1　　　　　　　　　　　道德推脱策略

机制	描述
道德辩解	将不道德的行为重新解释为符合道德标准的行为
委婉标签	把有害行为重新命名为良性行为，即为不好的行为贴上好行为的标签
优势比较	将应该受到谴责的坏行为与那些更加应该受到谴责的坏行为进行对比，使前者显得无足轻重
责任转移	将不道德行为的责任推卸给那些默许或明确指示这种行为的权威人物
责任扩散	将个人行为的责任分散到团体的多个成员身上，从而显得个人责任较少
扭曲后果	尽量回避（即不提及）不道德行为的后果或者最低限度地描述这些行为后果的严重性
去人性化	将不道德行为的受害者描述为不值得受到人类应有的基本人文关怀
责备归因	将责任归咎于受害者，即责难受害者本人，认为其咎由自取

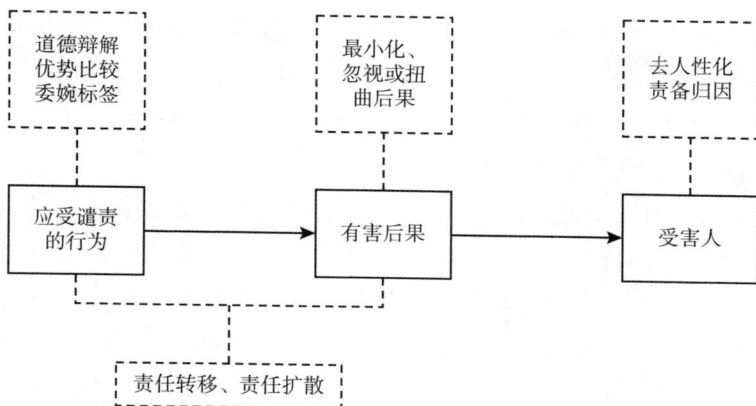

图 4 - 1　道德推脱机制激活过程框架

（1）认知重构有害行为，即认知曲解。这一组机制主要侧重于行为本身，通过对行为进行合理化，个体能够以积极的基调重新诠释本来应该受到谴责的行为，使得应受谴责的行为不再显得不道德，而被认为是道德的，甚至是令人钦佩的行为。主要包括以下三种具体形式。

一是道德辩解。道德辩解用于重新解释对他人的伤害，使其更容易被接受以及显得危害更小。道德辩解可能发生的一种方式是将不道德行为的目的重新界定为是为了实现更大或更广泛的利益。关于道德辩解的司空见惯的例子是为战争和军事暴行辩护。在日常社会生活中，道德辩解还表现为将不道德行为的目的重新界定成是为了保护家人、朋友、所在工作场所或者更加广泛的群体（Moore，2008）。相关研究表明，员工的组织认同水平越高，就更可能从事他们认为对整个组织有帮助的不道德行为（这种行为也被称为亲社会违规行为），这里的道德辩解是将从事不道德行为的目的归结为是为了组织的利益（Umphress et al.，2010）。

二是委婉标签。委婉标签是故意用温和的、间接的或模糊的词语来代替被认为过于严厉、生硬或冒犯的词语，使消极或有害的行为以听起来不那么消极或更体面的方式来表述（Bandura，1999）。这改变了其他人对事件的看法，认为这是一件不那么有害的事情，一个公众无法理解的复杂过程，或者是一件没有人有过错的不幸或灾难情况。委婉标签旨在回避现实，将重点转移到更积极的立场或否认责任。例如，在一个腐败的组织中，参与共谋的成员往往被贴上"团队成员"的正面标签。一个因为委婉标签而臭名昭著的核工业行业中不道德行为的例子是将在邻近社区排放有毒氟化物委婉地称为"超出围栏线的排放"（Brief et al.，2001）。

三是优势比较。这是另外一种与行为本身有关的道德推脱机制。当行为人将应该受谴责的行为与另一个明显更负面、更不道德的行为进行比较，使得应受谴责的行为因比较而显得相对道德或比较良好时，优势比较这种行为合理化的心理机制就发生了。一项研究通过调查管理者在接触到其他管理者的盈余管理信息后操控管理（即虚假报告）盈余的可能性来检验优势比较策略。该研究表明，与没有接触过恶劣案例的参与者相比，接触过恶劣案例的参与者更可能相信他们所进行的盈余管理是相对无害的（Brown，2014）。

除了以上三种基本类型的认知重构之外，还有学者提出了一个称为调整特定危害的权重的策略（Shepherd et al.，2013），这种认知重构机制不属于前面所述的八种道德脱离策略之一，其并不像道德辩解和委婉标签那样完全扭曲对价值不一致决策的认知，而是调整对特定危害所赋予的权重。一项研究基于企业家的亲环境行为和商业机会评估背景检验了这种道德推脱策略。该研究发现，环境价值观较弱的企业家比环境价值观较强的企业家会更加淡化商业行为对环境产生负面影响的可能性（也就是将商业行为对环境的危害性赋予较低的权重），从而认为商业机会更加具有吸引力，对商业机会更加重视，赋予更高的权重，从而减少亲环境行为（Shepherd et al.，2013）。

（2）模糊化个人作用。造成自我调节过程失活的第二类策略是尽量模糊化或最小化个体在造成伤害过程中所起的作用（Bandura，1999）。模糊化个人作用主要包括责任转移和责任扩散。责任转移是把责任转嫁给其他人，例如，领导等权威人士等。责任扩散是把责任分散到群体的多个成员，而在一个群体中没有人会觉得自己需要对集体的不良行为负有个人责任（Cohan，2002）。心理学研究中著名的电击实验就包含了责任转移（Milgram，1963）。该实验的意图为了模拟测试那些参与屠杀犹太人的纳粹追随者是否只是单纯为了服从上级命令。实验设计为：由受试者分别扮演老师和学生的角色，如果"学生"答错题，"老师"会对学生施以模拟电击，随着作答错误的增加，电击伏特数也随之提高。实验者让"老师"相信,"学生"作答错误会真的遭到电击(事实上并没有受到真正的电击)。结果表明,当权威人士(实验者)要求"老师"用电击来教导"学生"时,"老师"就会用电击来惩罚"学生"。当伏特数增加到一定程度后,"学生"产生尖叫、突然沉默、停止作答等反应。虽然许多"老师"要求停止实验以检查"学生"状况,但是一些被试者在获得无须承担任何责任的保证后仍然继续电击"学生"。新近的一项研究检验了组织情境中的责任转移现象,发现威权型领导促使员工将自己行为的责任转移给领导者,从而促进了员工在工作中的不道德亲组织行为(Liu et al.,2021)。对责任扩散的考察在文献中尤为普遍。例如,当一封电子邮件有多个接收者时,每个接收者都会认为自己降低对电子邮件请求的响应程度(延迟回复或者甚至不回复)所造成的后果是无足轻重的(Barron & Yechiam,2002)。又如,在有人严重受害的紧急情况下,如果有其他人在场,人们更可能会忽视受害者,不那么积极地采取措施来制止和减少伤害,甚至袖手旁观,这种现象有时也被称为旁观者效应(Fischer et al.,2011),其实质上也属于责任扩散。

(3)扭曲后果。造成自我调节过程失活的第三类策略是对不良行为导致的后果进行扭曲。扭曲后果是指个体可以通过选择性地记住和扩大其行为的好处以及淡化其行为的负面后果。人们不仅倾向于低估自己不良行为导致的后果的数量,而且还会低估每个单一后果的危害性程度(Messick & Bazerman,1996)。通过这种方式,人们可以否认其行为所造成的伤害或减少其行为的不良后果来为自身从事有害行为而寻找理由。在忽视或扭曲行为的后果时,个人可以改变他们对有害行为的看法。此外,人们还可以质疑那些表明结果是有害的信息。通过扭曲关于行为后果的信息,个人将其行为后果的严重性降到最低,因此几乎不存在自我谴责的理由,最终自我调节机制无法被激活(Bandura,1999)。例如,有些人认为从一家盈利很高的大型公司里偷窃就是一种没有受害者的犯罪,因为他们认为偷窃一点财产对这样的大公司而言所造成的危害微乎其微(Benson,1985)。

(4)减少对受害者的认同。造成自我调节过程失活的第四类策略是减少对有害行为所指向的目标对象的认同。去人性化和责备归因会造成这种类型的自我调节失活（Bandura，1986）。与扭曲危害后果相类似，去人性化和责备归因也可以减少或消除人们感知到的对受害者造成的伤害（Moore，2008），但是这两种机制都是针对受害者，而不是针对危害后果本身。其中，去人性化是诬称受害者不值得受到基本的人类关怀（Bandura et al.，1996）。这种效应可以通过一个人或一群人具有"我（们）- 他（们）"（即把自己和对方看作不同的类群）的心态而形成（Gaertner & Insko，2000）。在某些服务行业，存在犬儒主义（即对雇主持消极态度）的员工把恶劣地对待顾客当作反抗组织的一种方式，并试图与顾客疏远，减少密切联系，因为以这种去人性化的方式对待顾客可以减少其负疚感以及自我惩罚（Abraham，2000）。此外，在责备归因这种策略下，肇事者声称受害者因为其行为方式而受到应得的对待，从而为其应受谴责的行为而辩护。当一个人使用这种策略进行道德推脱时，他们认为自己才是无辜的受害者，并认为他们的有害行为是由受害者挑衅造成的。这类似于挑衅辩护，例如，犯罪行为的实施者声称被害人在犯罪事件之前的某些行为激起了他们的犯罪行为。责备归因往往意味着过错与偏见并存，即因为个人偏见将事件过错归咎于受害者。一项研究在工作场所员工寻求报复的场景下探讨了责备归因策略，发现那些将自己的某种不道德或侵犯他人的行为归咎于受害者本身的员工更有可能对受害者进行报复，而不太可能进行人际和解（Aquino et al.，2001）。

此外，与道德推脱类似的概念还有合理化与中和这两个术语。合理化是指简单地否认责任（Ashforth & Anand，2003）。中和概念是在合理化概念基础上提出，并被发展为中和理论（Sykes & Matza，1957）。中和理论最初起源于犯罪心理学领域，用来解释犯罪者采用中和技术为个人犯罪行为辩解，因此也被称为中和技术理论。该理论在社会学中得到较为广泛的应用，也有少数组织行为学者采用中和理论解释工作场所越轨行为。中和理论所强调的中和技术与道德推脱在概念本质上存在很大重叠。例如，中和技术中的否认责任（将自己视为行为客体而不是行为主体）、反向谴责（谴责制度的实施者，认为制度不合理）、必然的狡辩（认为自己由于外部压力或威胁而不得已为之）类似于道德推脱中的责任转移机制。此外，中和技术中的否认伤害类似于道德推脱中的扭曲后果机制。中和技术中的否认受害者类似于道德推脱中的责备归因和去人性化机制。中和技术中的更高层次效忠则类似于道德推脱中的道德辩解。总体而言，道德推脱理论基于早期的合理化和中和理论思想，或者说继承发展了这两种思想的内核，高度提炼出八种道德推脱策略，其所涵盖的内容比合理化与中和技术更为全面，而且更为适合用于解释工作场所不良行为（Bandura，1986）。因此，本书采用道德推脱理论（并结合公平启发理论）来解释领导惩罚对工作场所员工越轨行为的影响。

4.3 领导惩罚影响员工越轨行为的序列中介路径

4.3.1 惩罚动机的报应观与威慑观

公平感知是对个人命运或者受到他人正确对待程度的评价性判断。在犯罪学尤其刑事司法量刑领域中，对惩罚的公平问题研究由来已久。20 世纪 80 年代初，惩罚在组织中的应用开始得到学者的关注（Arvey & Ivancevich，1980）。但是，组织行为学者在 20 世纪 90 年代才将公平理论应用于组织惩罚研究（Greenberg，1990；Trevino，1992；Trevino & Ball，1992；Ball，1993；Ball et al.，1994），从此奠定了公平感知在组织惩罚研究中的角色地位。公平感知概念对于研究个体在冲突情况下的反应至关重要（Konovsky，2000），而领导惩罚员工是在组织情境下所发生的员工与组织或领导（领导是组织的象征性代表或者组织的化身）之间发生冲突的典型事件，因此探讨领导惩罚与下属公平感知的关系对于理解员工在受到领导惩罚后的行为反应极为关键。而要厘清领导惩罚与下属公平感知的关系，首先要了解在下属心目中领导惩罚行为本身是否公平以及下属期望得到什么样的惩罚。

关于道德哲学的理论和实证研究将人们使用惩罚的动机或理由分为报应和威慑两大类，并形成两种截然不同的观点。其中，报应也被称为罪有应得（后文将两种说法互相代替使用）。报应观认为，当一个人实施违反社会规范的行为而对社会造成危害时，道德或正义的天平就失去了平衡，对违规者的惩罚可以恢复这种平衡（Carlsmith，2002）。在这种观点下，惩罚本身就是目的，因为通过惩罚可以伸张正义或修复公平。根据报应观，虽然惩罚具有作为抑制未来损害的功能，但它的正当性在于纠正错误，而不是为了实现某种未来利益，因此在报应观下，惩罚是追索性的，惩罚者不需要关心未来的结果，只需要对造成伤害的肇事者进行适当（相应）的惩罚。报应观的核心原则是惩罚与伤害成正比，即肇事者应该受到与其所造成的危害呈比例（相称）的惩罚。因此，报应观研究的一个基本任务就是评估伤害的大小，并设计出在严重程度上与所造成的伤害相称的惩罚（即使不是采用完全相同的惩罚）。根据报应观，犯罪的三个核心组成要素会影响惩罚的严厉程度。这些要素包括：伤害程度、犯罪意图和情有可原的情况（Carlsmith，2002）。首先，伤害程度通常是根据犯罪的类型（例如，是小偷小摸还是重罪袭击）和触及公民情感的程度来确定。较多研究表明，人们对各种犯罪行为的严重程度等级有相当大的共识。其次，犯罪意图是指犯罪者表现出犯罪行为是蓄意的还是无意的。此外，情有可原的情况主要指一些减轻或加重惩罚的因素。这些因素往往会影响公民的道德愤怒，从而影响报应观所要求的相称的惩罚力度。例如，一个人为了维持奢侈的生活方式而挪用公款的人，要比一个出于相对崇高的目的（例如，为公司的那些低薪、受剥削的海外工人提供补贴）而挪用同样数额款项的人受到更加严厉的判刑。虽然这个例子中的伤害程度（即挪用公款的数额）相同，但实施的惩罚却不同。因此，报应观对减轻或加重犯罪者应受惩罚程度的情景因素是高度敏感的（Finkel et al.，1996）。

与报应观不同，威慑观则认为，预防未来的伤害最有助于实现社会和谐，惩罚的理由在于其能够最大限度地减少未来违法行为发生的可能性。威慑观的基本动机是注重结果，目的是通过实施惩罚来寻求某些特定的未来目的。这种方法被归为功利主义或结果主义。威慑观认为，对违规者的惩罚应该足以防止该犯罪行为将来再次发生。威慑观通常基于这样一个假设，即潜在的罪犯和其他公民一样，都是理性的行为人。惩罚通过改变犯罪的成本和收益而起作用，目的是使违法犯罪活动成为一个没有吸引力的选择（Nagin，

1998）。大多数符合这一描述的惩罚形式（罚款、监禁、体罚等）都旨在诱导人们进行犯罪的成本－收益分析，并从一开始就阻止他们实施伤害等犯罪行为。有些重要的犯罪要素对威慑效果至关重要，而与报应观完全无关。这些犯罪要素并不是威慑因素的详尽清单，而是最为突出的方面。尽管威慑也涉及其他因素（例如，罪责、惩罚的迅速性），但是以下两个关键要素能够独特地定义威慑的概念。一是发现率。威慑观是建立在理性选择模型上，因此被发现和起诉的可能性是人们在决定是否从事违法犯罪行为时所考量的重要因素。一般来说，不太可能被侦破的犯罪需要相应实施更为严厉的刑罚，以维持相同的预期惩罚价值。因此，威慑观认为，对于很少或根本没有机会被发现的罪行，在被发现时应给予相对严厉的处罚。相反，侦查概率接近100%的犯罪则不需要这种惩罚的升级，因为惩罚的期望值接近于实际给定的惩罚。二是公开性。当犯罪者被抓住时，最好确保其他人了解违反规则的后果。因此，关键是要对行为不检或违法者进行公开和严厉的惩罚，以便使其他潜在罪犯产生畏惧而不敢违法。

相比较而言，这两种惩罚动机的本质差异在于：报应观具有追索性特征，而威慑观具有前瞻性特征。与报应观不同，威慑观认为惩罚不必与犯罪所造成的伤害成正比，而是与犯罪者犯罪行为被发现的概率和惩罚的公开程度有关。从威慑的角度来看，私下的惩罚没有任何作用，因此是无效行为，同时也是一种不道德行为。相反，受到很多舆论宣传的违法案件的涉事者造成的社会影响很大，应该受到加重处罚，因为这样能够更好地起到威慑作用。因此，那些呼吁要对犯罪者实施严厉惩罚的人更多是从威慑角度出发（旨在通过重罚而起到威慑效果），而那些抱怨惩罚实施不公平的人更可能是从报应角度出发（强调对违法者惩罚的程度要与其造成的危害后果相称）。总而言之，威慑观要求惩罚的严厉程度要与犯罪率和刑罚的公开性成正比，而与侦破率成反比。相对来说，威慑观不太关心犯罪所造成危害的严重程度。相反，危害后果的严重性却是报应观极为关注的焦点。

那么组织中的员工对惩罚所持有的是报应观还是威慑观呢？在实验情境中对模拟的犯罪分子进行惩罚研究表明，实验参与者对与报应相关的独特因素（例如，犯罪后果严重性、道德侵犯）高度敏感，而对与威慑相关的因素

（例如，犯罪行为被发现的可能性、犯罪频率）并不敏感。尽管参与者表现出对威慑观的偏好，但是关于最终量刑的决定几乎完全是受罪有应得或报应动机所驱使。研究者进一步在实验环境中对人们在惩罚罪犯者时所寻求的信息类型进行识别，并探讨了不同类型的信息是否影响惩罚的实施以及实施惩罚的坚决性。研究表明，与罪有应得相关的信息比与威慑相关的信息与惩罚实施坚决性的关系更加密切。进一步追踪参与者在惩罚他人时实际寻求的信息后发现，参与者一致偏好与罪有应得相关的信息，并且罪有应得相关的信息会增加参与者实施惩罚的坚定性（Carlsmith，2006）。在西欧环境下使用其他研究方法进行复制研究也得到了相同的结果（Keller et al.，2010）。事实上，决策实验研究也表明，即使是在不涉及旁观者的情况下，人们在与陌生人的一次性互动中也会惩罚违规者。而这种情况并不涉及寻求某些特定的未来目的（例如，未来合作机会），也不涉及公开性问题，由此可见，这种惩罚与威慑动机无关，而是与报应动机有关（Crockett et al.，2014）。

此外，人们实施惩罚的实际动机与其所陈述的动机之间也存在差异。一项基于全国性样本的研究表明，参与者所给出的实施惩罚的口头理由与其实施的惩罚行为没有关联。他们实际上是以符合报应观而不是威慑观的方式对罪犯进行惩罚（Carlsmith，2008）。实际上，人们虽然在抽象层次上对功利主义（这是威慑观的本质）的法律规定持有积极态度，并将这些法规评价为是"公平"的，但是当这些法规以支持威慑观的方式被具体地实例化后，人们却往往会拒绝或抵制这些法规（Carlsmith，2006）。心理学研究一般认为，领导者实施惩罚可能出于威慑的目的，但是组织中的普通员工（尤其是没有担任领导职务的员工）一般倾向于出于罪有应得（即报应）动机而不是威慑动机来惩罚违法违规者，即把惩罚视为给予违法违规者应得报应的手段，而不是威慑或减少潜在的违法违规者将来实施不当行为的手段（Carlsmith，2002，2006；Mooijman et al.，2015）。综上可知，组织中的员工一般认为实施惩罚的理由应该是出于报应或者称为罪有应得，而不是为了起到威慑作用。这就意味着员工通常期望所得到的惩罚应该是与其过错行为相称的，这对理解领导惩罚与员工公平感知的关系十分关键。

4.3.2　领导惩罚对员工公平感知的影响

自从公平理论（equality theory）（Adams，1965）被提出以来，在很长一段时间内，公平研究与惩罚研究是相互独立的。早期学者关于公平的研究主要聚焦于分配公平，而且局限于对奖励的公平分配。相比而言，惩罚与公平在司法量刑领域的研究中结合得较为紧密。20 世纪 90 年代后，随着组织公平的提出和研究的逐步深入，组织行为学者开始从公平视角来研究惩罚，主张将公平理论用于组织惩罚研究（Greenberg，1990），并且认为如果惩罚在组织中被公平分配则会带来积极效果（Ball et al.，1994）。

根据报应观，不当行为和所受的惩罚应该相称，不当行为的严重性和惩罚的严厉性之间达到匹配时的惩罚就是公平的惩罚。人们实际上是基于应得结果和实际所得结果之间的比较来评价公平（Cohen-Charash & Spector，2001；Rupp et al.，2017），即通过比较自己身上所发生的事情和自己对公平的预期或信念来评价公平（Ball et al.，1994；McNamara et al.，2022）。在员工纪律方面，根据违规行为的严重程度增加惩罚的严厉程度（也称之为渐进式惩罚，其内涵与权变惩罚一致）被认为是最公平的（Markowich，1989）。根据前面所述的报应观，人们通常从三个核心因素（伤害程度、犯罪意图和情有可原的情况）来确定惩罚的严厉程度（Carlsmith，2002）。同样，受到惩罚的员工通常也会不由自主地按照这些因素来评估自己应该受到的惩罚，然后和实际所受惩罚的严厉程度进行比较。如果二者是匹配的，员工就会认为惩罚是公正的。相反，如果二者不匹配，则会认为惩罚是不公正的，但是需要区分以下两种不同性质的不公平。

以往研究将不公平分为两种类型：优势不公平和劣势不公平。其中，优势不公平是对自己有利的不公平，即处于"占便宜"的情势；劣势不公平是对自己不利的不公平，即处于"吃亏"的情势（Loewenstein et al.，1989）。与这种分类相一致，后期还有学者将惩罚分配中的不一致也分为两种：利己不一致（inconsistent self-favored）和利他不一致（inconsistent other-favored）（Bennett，1998），此二者实质上分别对应于惩罚分配的优势不公平和劣势不公平。个体对优势不公平的规避程度要明显弱于对劣势不公平的规避程度，这种现象可以用自利性归因偏差来解释（Fehr & Schmidt，1999）。人们通常具有维持个人的积极自我认知的倾向，并倾向于高估自己的能力或贡献，并对发生的事件做出对自己有利的归因（Bennett，1998）。自利性归因偏差的存在意味着个体倾向于把失败的原因归咎于不可控的外部因素，而把成功的原因归咎于个人的能力或努力（Presson & Benassi，1996）。因此，分配结果对自己是否有利将会影响人们的公平判断：个体往往存在自利倾向，更可能把对自己不利的分配结果判断为不公平。员工对惩罚分配不一致的反应不完全是基于绝对意义上的不公平，而是存在自利因素。以往研究表明，分配不一致导致的个体气愤或侵犯行为通常是因为这种分配不一致是对自己不利而不是有利的不公平。一项实验研究表明，比别人受到更多惩罚对待的个体更可能对同伴实施报复（一般多以隐晦的方式进行报复）以发泄内心感知的不公平（Bennett，1998）。由此可见，个体受到劣势不公平对待时的消极心理和行为反应要比受到优势不公平对待时要强烈得多。因此，当实际所受惩罚严厉程度大于员工所预期的应受惩罚严厉程度时，员工更可能感知到不公平。相反，当实际所受的惩罚小于预期的应受惩罚时，员工的公平感知往往不太敏感，其反应也不太强烈。

此外，员工对应得的惩罚的心理预期与社会信息加工以及社会比较过程密切相关。根据社会信息加工理论，个体会主动搜索其所处社会环境中的相关信息以形成对相关事件的认知评价（Salancik & Pfeffer，1978）。同样，员工也会根据工作场所的信息线索（例如，成文或不成文的规范、过去发生的惩罚事件）而形成对于自己应得惩罚的心理预期。此外，员工对自己所受惩罚的预期往往存在一定的参照点，这就涉及社会比较过程。社会比较的参照对象具备相似性和可获得性这两个基本特征。员工会选择和自己具有相似性的比较对象，并要能获得比较对象的信息，从而才能保证可比性。在现实的工作场所中，由于参照对象的相似性和信息可获得性存在限制，员工一般会和地位层级、工作性质等方面相似的同事相比（李绍龙等，2012）。个体会比较自己与他人的投入与产出的比值，从而形成公平感知（Adams，1965）。类似地，员工还会将这一公平公式延伸到惩罚领域来比较（自己所受惩罚/

自己行为表现）与（他人所受惩罚/他人行为表现）这两个比值的关系。换而言之，这一心理计量过程也意味着员工会基于一个近似相同的比值来估计自己应该所受的惩罚。一个简化的方法是将以往所观察到的犯有类似过错的同事所受的实际惩罚作为预期的应受惩罚。

以往研究认为，受罚者主要根据自己与其他成员所受惩罚的一致性与合理性来判断公平程度（Ball et al.，1992）。一致性正是指上文所说的自己受到的惩罚是否和以往犯有类似错误者受到的惩罚相类似。员工会通过这种比较来判断惩罚处理是否具有一致性。当员工感到所受到的惩罚与其他有过类似不良行为的同事所受到的惩罚相一致时，则会认为惩罚适当；反之，当其感觉所受的惩罚比其他有类似违规行为的同事所受惩罚更严厉时，会认为惩罚过严。以往研究表明，过于严厉的惩罚会降低公平感知（Cole，2008）。一项研究也发现，在不公平解雇案件中的雇员经常将解雇处理（解雇属于最严厉的组织惩罚类型）的不一致作为提出不公平解雇索赔的理由（Youngblood et al.，1992）。另外，合理性是指管理者是否根据受罚者过失特征、组织环境、个人特征等因素综合决定惩罚强度。在组织惩罚情境下，员工的公平感知还受到环境因素、过失行为特征等多方面因素交互影响（Ball et al.，1994）。如果综合以上因素来酌情惩罚，更可能被员工认为是合理的，因而也是公平的。

此外，惩罚的解释性也会影响公平感知。人们往往是天生的"直觉法学家"，他们倾向于批判性地审查与个人相关的负面事件（Diekmann，1997）。被惩罚的员工通常都想知道为什么自己会受到惩罚。在出现对自己不利的负面结果的情况下，人们会搜寻相关信息并加以评估，以判断他们是否受到了公平对待。在这种情况下，解释性（即社会行为人对行为的理由说明）就显得非常重要（Bies & Shapiro，1987）。在领导者对惩罚原因作出充分解释的情况下，员工能够获得更为全面的信息，从而对惩罚的一致性与合理性作出更为客观而准确的判断。而且解释性便于员工理解惩罚实施的规则或理由，从而提高惩罚的可预测性，有利于实际惩罚与员工预期的应得惩罚之间的匹配。关于解释性在工作场所员工公平感知的形成中所起的作用曾经一度是研究的焦点。相关研究表明，在组织中的各种事件情境下，解释是一种简单而有效的机制，那些被员工认为非常充分的解释可以增强他们感知到的公平（包括分配公平、程序公平、互动公平）（Shaw et al.，2003；Frey & Cobb，2010）。

权变惩罚和非权变惩罚在一致性、合理性和解释性方面存在本质的不同。权变惩罚是根据员工的具体表现而实施的惩罚，这种惩罚是与过失相称的，是根据受罚者的个体特征（例如，能力）、过失行为的特征以及外部环境因素综合考量而实施的惩罚（Podsakoff et al.，1982；Podsakoff & Todor，1985；Olcina & Calabuig，2021）。员工没有完成工作任务或出现不良行为可能是不具备相关技能或缺乏培训导致的能力不足，以及存在超出员工控制范围的困难或障碍（设备不足或外部干扰等）。如果问题的发生原因超出了员工的控制范围，那么惩罚是不恰当的。相反，如果员工有能力表现出良好行为或完成相关任务，但是因为懒惰、工作态度差而导致表现不佳，则这种情况下应该受到相应的惩罚。而非权变惩罚则是与过失不相称的惩罚，指的是处罚过度和无故处罚的情况（Podsakoff & Todor，1985；Bennett，1998）。相比较而言，非权变惩罚与员工表现不挂钩，而权变惩罚清晰地将领导的惩罚与员工的实际表现紧密联系起来（Ball et al.，1992）。相比于非权变惩罚，权变惩罚则更可能被员工认为是公正的。权变惩罚不仅具有一致性与合理性，而且与解释性在概念上存在密切关联，权变惩罚往往是可解释的。因此，权变惩罚的一致性、合理性与解释性使得实际惩罚与员工所预期的应得惩罚更为匹配，从而会被员工认为是公平的。相反，非权变惩罚独立于下属的行为表现，是按照领导者自己的规则或条件进行的，具有任意性和独断性，缺乏一致性与合理性，往往不能提供充分的解释（Podsakoff & Todor，1985；Salin & Hoel，2020），是一种不可预测的惩罚，与员工预期的应得惩罚相违背，因而会被员工认为是不公平的。以往研究也发现非权变惩罚与分配公平、程序公平均存在显著的负向关系（Tremblay et al.，2013）。

根据公平启发理论，由于认知资源的有限性和认知能力的局限性，人们在进行公平判断时，并不像传统的组织公平研究的学者们那样理性地区分结果公平、程序公平和互动公平，而且这三种公平之间往往存在相互替代效应（Van den Bos & Lind，2004）。同时，人们也无法穷尽搜集全部的信息来作出公平判断，而是通过不完全或不充分信息的启发这一认知捷径而快速形成整体公平感知。在领导的权变惩罚事件相关信息的启发下，员工会认为自己得到了领导或组织（领导在下属心目中往往是组织的象征性代表）的公平对待，从而会提高整体公平感知。因此，当领导者根据下属的实际表现权变地实施惩罚时，对下属公平感知会产生积极的影响（Podsakoff et al.，2006）。相反，非权变惩罚与员工预期的应得惩罚相违背，往往会被员工认为自己根本就不该受到惩罚或者惩罚过于严厉。在非权变惩罚事件相关信息的启发下，员工会认为组织对待自己不公平，从而会降低整体公平感知。实证研究也发现，非权变惩罚对员工整体公平感知存在消极作用（张正堂等，2018；张正堂和丁明智，2018）。基于上述分析，本书提出以下假设：

H4 - 1a：权变惩罚对公平感知具有正向影响。

H4 - 1b：非权变惩罚对公平感知具有负向影响。

4.3.3 公平感知对道德推脱的影响

根据道德推脱理论的八种道德推脱策略（Bandura，1986），个体感知的不公平会直接激发这些道德推脱策略。

（1）个体可以通过去人性化和责备归因来贬低目标，从而减少对受害者的认同。例如，把受害者描绘成"失败者"，将他们视为和自己不是一类人。相关研究表明，当个体经历不公平对待时，相比于关注人际关系和相互依赖的自我概念来说，其独立自我概念会变得更加突出，从而表现得更加自私（Johnson & Lord，2010），并会与他人产生道德上的隔离，将他人排除在道德关注之外（Opotow，1990）。因此，感知不公平的个体容易产生基于去人性化和责备归因的道德推脱，认为他人不值得受到道德对待，从而漠视他人受到的伤害，甚至认为他们"活该"受到伤害。

（2）个人可以通过道德辩护、委婉标签、优势比较等方式来重塑对不道德行为的认知。这类道德推脱策略是情境触发的，在此过程中个体倾向于对自己违反规范的行为进行合理化（Bandura，1991，1999；Escalas & Bettman，2005）。道德推脱受到个体认知和情感的影响。受到不公平对待的人会感到自己"承担了太多痛苦，就好像受到一个人所能承受的最大伤害一样"（Zitek et al.，2010），而且个体在受到不公平对待时会产生认知失调，并力图减少这种认知失调（Stone & Cooper，2001）。减少这种认知失调的一种方法就是从认知上重新安排他们的思维方式，并对自己实施同样的有害行为进行合理化（Lee et al.，2016）。而且人们倾向于在他们的人际关系中保持整体上的公平：如果他们在一种关系中受到不公平的对待，就会希望在其他关系中得到补偿（Zitek et al.，2010）。由此可见，受到别人不公平对待的个体更可能通过道德辩护、委婉标签、优势比较等道德推脱策略，为自己伤害他人的行为进行合理化辩解，因为别人也这样对待自己，即每个人都这样做。

（3）人们可会通过转移或扩散责任以及掩盖或扭曲歪曲后果，从而无视自身不良行为的危害后果。受到不公正对待的个体会认为他们自己也是受害者，因而觉得自己有权忽视他人的福祉，漠视别人受到的伤害，因而更可能会模糊化自己的行为可能对他人所造成的伤害（Gollwitzer & Bushman，2012）。特别是有些不良行为或不道德行为的性质本身就模棱两可、不太显性（例如，不报告发现的问题可能不会立即造成伤害或者未必直接与恶意联系在一起），其危害性后果更可能被模糊化，并受到漠视。此外，当个体感到不公平后，会更加关注自己的利益而不是他人的利益（Johnson & Lord，2010；Kouchaki & Wareham，2015），而在高度关注自身利益的情况下更容易触发道德推脱（Kish-Gephart et al.，2014）。

在组织情境下，员工的公平感知还会通过其感知的合法性而影响道德推脱。合法性作为一种信念，是指在某个由社会建构的规范、价值、信念和概念系统中，人们认为权威、制度或社会安排是可取、适当或正当的（Tyler，2006）。组织情境中的权威人物（一般指领导者）和制度规范的合法性非常重要，主要基于以下原因：第一，人员和资源的稀缺意味着维护组织纪律和规范的管理者不可能在任何地方或任何时候都能监管员工（Tyler，2006，2013）。资源稀缺带来的这种制约要求绝大多数成员都能遵守制度和规范，从而使得管理者只需要集中精力处理少量违规事件，而要实现这一点则离不开合法性。第二，如果员工认同组织中权威和制度的合法性，解决问题的速度以及各种争端的化解会更快，事件处理效率会更高（Wells，2007）。第三，维持组织秩序在很大程度上是一个被动反应的过程，管理者与普通成员的接触是这一过程的主要催化剂，而管理者（或领导者）的合法性有利于组织秩序的维持。组织成员对权威人物及制度规范合法性的认可往往会在组织内部形成普遍抑制违规行为的意愿（Gau et al.，2012）。基于过程的合法性理论认为，当人们感到权威人物使用了公正的程序时，他们更有可能接受权威人物所作的决定，因此程序公平是合法性的主要驱动因素（Sunshine & Tyler，2003；Tyler & Wakslak，2004；De Cremer & Tyler，2007）。而且程序公平不仅是员工对特定权威的合法性感知的主要影响因素，也是对整个组织的合法性感知的重要驱动因素（Mazerolle et al.，2013）。新近研究认为，分配公平也是合法性的一个重要预测变量（McLean，2020）。此外，人际不公平（属于互动不公平）会负面影响人们对权威的合法性感知（Liang & Ma，2021）。鉴于公平感知与合法性的联系如此紧密，有学者甚至直接将分配公平和程序公平纳入合法性的内容范畴（Bottoms & Tankebe，2017）。

不公平感知的增加（或公平感知的减少）引起的合法性感知下降则会激发道德推脱。根据社会认知理论，个体行为受到认知的控制，而认知又受到自我调节过程和所处社会环境的影响（Bandura，1986）。自我调节反映个体将现有规范和条例作为塑造其行为的考虑因素的倾向。人们倾向于使用自己的个人标准来预测、监督和评估自身行为。一个具有良好自我调节系统的人会基于内在道德标准而实施行为，因此自我调节在一定程度上可以理解为个人对规则的遵守。员工的道德推脱可以理解为个人为自己不遵守组织中的规则而开脱，而规则的遵守与合法性紧密联系。但是当员工感知到不公平后，员工会质疑组织相关制度的合法性，认为组织正式的规章制度不合法（Tyler，2006；McLean，2020），在这种情况下，虽然规章制度（领导者往往是这些规章制度的执行者和维护者）在形式上是生效的，但是这些正式的规章制度在员工的心目中已经失去了有效性，从而导致其不再能有效地指导和约束员工行为（Zoghbi-Manrique-de-Lara，2010）。从道德角度来看，不公平感知也会降低规章制度的道德约束力（McLean & Wolfe，2016）。由此可见，当员工感知不公平时，对组织权威及其所维护的制度规范的合法性感知会降低，导致外部规范与员工内在道德标准的不一致，或者说员工的内在价值观与外部价值观（这里指组织的价值观）相互抵触。根据道德推脱理论可知，此时道德的自我调节机制会发生失活，自我调节系统更容易启用道德推脱策略为个人不良行为开脱。反之，公平感知的提高则会增加合法性感知，促进外部规范与员工内在道德标准的一致，保障道德自我调节机制的协调运作，从而减少道德推脱倾向。

此外，员工的公平感知还会通过组织认同而影响道德推脱。学者们已经从不同理论视角以及针对不同研究问题证实了公平感知与组织认同的正向关系，并在不同文化背景下得到广泛支持。一些研究从社会身份认同视角探讨了公平感知与组织认同的关系。例如，以芬兰的员工（Olkkonen & Lipponen，2006）和三家中国香港地区服务机构的员工（Cheung & Law，2008）为样本的实证研究均表明，公平感知与组织认同正相关。以美国西南部地区一家大型汽车经销商的员工为样本的另一项研究也表明，公平感知与组织认同正相关（Walumbwa et al.，2009）。国内学者基于身份认同和心理契约视角研究也认为，员工的组织公平感知会正向影响组织认同（张正堂等，2018）。还有研究整合了社会交换理论和社会身份认同理论来探讨不同类型公平感知和组织认同的关系。例如，基于某跨国银行在韩国总部的员工和美国东北一所公立大学的职业 MBA 学生，以及在职管理专业本科生的跨文化样本的研究表明，程序公平感知正向影响组织认同（Cho & Treadway，2011）。基于中国广东省某高中教师为样本的一项研究也发现程序公平感知正向影响组织认同（Jiang & Law，2013）。以一家全球市场调研公司的英国总部的市场调研人员为样本的一项研究则发现互动公平感知与组织认同也存在正相关（Fuchs & Edwards，2012）。此外，以马来西亚两所高等教育机构的学术人员为样本的一项研究也表明，感知的分配公平和互动公平会通过心理需求满足而提高组织认同（Malhotra et al.，2022）。

组织认同反映了员工如何看待和体验自己与所在组织之间的关系，强调对组织的归属感以及个人与组织融为一体的感知（Mael & Ashforth，1992）。这种强烈的组织成员身份意识会对员工的态度和行为产生广泛的积极影响。如前文所述，道德推脱的第四类策略是减少对有害行为目标的认同，当对行为目标的认同降低时，更可能采用去人性化和责备归因策略来合理化自己的不良行为。员工越轨等有害行为的主要目标就是组织及其成员。对组织认同程度高的员工有动机保护其积极的自我形象，因为其自我形象与组织形象密切关联，他们将自己看作组织的一员，对组织具有强烈的归属感和一体感，显然难以无视自己对组织及其成员所造成的伤害，因而会减少道德推脱动机。相反，当员工对组织的认同程度低时，就为去人性化和责备归因策略提供了条件，从而更可能将其对组织及成员所造成的伤害进行合理化，并漠视这些伤害，甚至认为其受到伤害是咎由自取。由此可见，员工的公平感知会通过组织认同而减少道德推脱。

综上可知，在组织情境中，不公平感知会增加员工使用道德推脱策略的倾向。反之，员工的公平感知则会抑制员工启用道德推脱策略。由此得到如下假设：

H4-2：公平感知对道德推脱具有负向影响。

较多研究支持了这种观点：如果员工认为惩罚是公平的，他们会表现出更高的满意度，工作表现也更好（Cohen，2015；Roll et al.，2020），因此公平感知在惩罚和员工态度和行为之间可能充当着重要的中介变量。基于上文的论述推理可知，领导的权变惩罚正向影响员工的公平感知（H4-1a），领导的非权变惩罚负向影响员工的公平感知（H4-1b），而公平感知对道德推脱具有负向影响（H4-2）。根据以上逻辑推演可知，权变惩罚会通过增加公平感知而抑制道德推脱，而非权变惩罚则通过减少公平感知而增加道德推脱。由此提出以下假设：

H4-3a：公平感知在权变惩罚与道德推脱之间起到中介作用。

H4-3b：公平感知在非权变惩罚与道德推脱之间起到中介作用。

4.3.4　道德推脱对员工越轨行为的影响

越轨行为往往是不道德的，因为这种行为违反了社会的核心价值观、行为准则、法律或普遍认可的恰当行为的标准（Donaldson & Dunfee，1994）。道德推脱理论是用来阐释个体怎样通过认知重构过程，允许自己脱离其内在的道德标准，从而在不感到痛苦和愧疚的情况下做出不当行为（Bandura，1999）。班杜拉（Bandura，1990）基于社会认知理论，开创性地构建了道德推脱理论，提出道德推脱的概念以及系统性的推脱策略。社会认知理论认为，在个人、环境和行为之间动态交互作用的复杂社会环境中所发生的学习过程有助于形成个体对自然和个人生活行使控制的能力。这种控制能力被称为能动性，即个体作为一个能动者，有能力通过自己的行为有意向地产生一定的影响，其实质是要通过对自己的某些限制来规范自身行为（Bandura，2001）。这些限制也称为自我惩罚，其能够给予人们自我满足感和价值感，并阻止自己从事不当行为，从而起到自律效果（Bandura，1990）。但是，这种自我调节行为的能力只有在被激活时才能发挥作用，一旦当这一自律机制不起作用时，处于失活状态，个人就会允许自己从事不当行为（Bandura，1999）。

组织行为学研究发现，工作场所的特征为员工提供了大量道德推脱的机会（Moore et al.，2012）。首先，工作场所的道德推脱与社会惰性有关，尤其是当个人是一个较大团队中的成员时（Alnuaimi et al.，2010）。在现代组织中，工作任务的完成常常依赖团队合作甚至跨团队之间的合作，这就意味着个人可以通过责任分散策略进行道德推脱。其次，大多数现代组织都是建立在等级制结构基础上，这就意味着个人转移责任的可能性很大，例如，将个人的越轨行为归咎于上司的指示或组织制度不合理（Moore et al.，2012）。最后，组织成员身份或资格划分了内群体和外群体的边界，这也就允许员工采用道德辩护策略来保护自己所在的组织（即内群体），并在认知上将自己的越轨行为对外群体的影响进行最小化。例如，员工会对自己的越轨行为给外部公众造成的伤害进行道德辩解，称其是为了维护组织利益。可见，工作场所诸多特征本身就便于员工为自己的越轨行为开脱。

一系列研究均表明，道德推脱会导致社会环境中许多不同形式的越轨行为，包括非人道行为（例如，沦为暴力和战争的工具）以及富有同情心的正常人所不应当表现出的暴行（Bandura，1999）。后期学者的实证研究也发现了类似的结果。教育学领域研究表明，儿童的道德推脱会增加其攻击性和校园欺凌（Gini et al.，2014）。针对一般成年人的社会学研究也表明，道德推脱会导致成年人作出不道德的行为决策（Kish-Gephart et al.，2010），例如，支持战争和恐怖主义，而尽管他们本来具有积极正面的性格（例如，善良、体谅和关心他人等）（McAlister et al.，2006）。在工作场所越轨行为研究中，道德推脱已经被证明比其他个体差异（例如，道德认同、马基雅维利主义和性格罪恶感等）更能够预测自我报告和他人评价的越轨行为（Moore et al.，2012）。研究表明，道德推脱会导致员工的社会破坏行为（Duffy et al.，2012），对个体越轨行为具有正向预测作用（Fida et al.，2015），并会同时增加员工的组织偏差（对组织造成伤害的行为）和人际偏差（对其他员工造成伤害的行为）（Huang et al.，2017）。一项关于组织情景中道德推脱的综述性研究表明，很多基于不同理论视角的实证研究均证实了道德推脱是解释工作场所各种类型越轨行为（例如，不道德决策与行为、社会阻抑、破坏行为、欺骗行为、不道德的会计实践、反生产行为、指向组织的越轨、违反信息安全政策等）的重要预测变量（Newman et al.，2019）。由此本书提出以下假设：

H4-4：道德推脱对越轨行为具有正向影响。

受到不公平对待的人首先会想到要报复不公平的制造者（Stallen et al.，2018）。但是当员工受到领导的不公平对待时，针对领导的报复可能会将自己置于不利境地。在组织的权威层级结构下，领导往往是组织资源的掌控者，拥有对资源的分配权，员工报复领导会对自己在组织中的资源获取以及个人发展造成严重制约。因此，遇到领导的不公平对待时，实施针对组织整体或组织内的其他成员的越轨行为相对来说是比较安全的选择。有学者探讨了组织公平感知与网络闲散（即从事与工作无关的上网活动，属于一种特殊的与网络有关的工作场所越轨行为）之间的关系，发现"隐喻账本"充当了组织公平与网络闲散之间的中介变量（Lim，2002）。而"隐喻账本"是一种中和技术，其功能是用过去的良好行为来合理化或中和现在的不良行为（Lim，2002）。中和技术的实质是认为自己过去的良好表现为自己积累了一定的信用额度，自己现在的不良行为只是对这个信用额度的一种透支，或者说自己实施不良行为是以往良好行为记录所赋予的一种权利。因此"隐喻账本"中和技术在本质上属于道德推脱，即个人通过道德辩护和委婉标签策略来重塑对自己不良行为的认知。因此，以往研究为网络闲散这种越轨行为奠定的实证框架（即：公平感知－"隐喻账本"－网络闲散）为本书中的领导惩罚－公平感知－道德推脱－越轨行为的序列作用的核心过程提供了基础性支持和依据。

综上所述，领导的权变惩罚正向影响员工的公平感知（H4－1a），领导的非权变惩罚负向影响员工的公平感知（H4－1b），而公平感知负向影响道德推脱（H4－2），道德推脱进一步正向影响越轨行为（H4－4）。根据以上的逻辑关系可知：领导的权变与非权变惩罚均依次以公平感知和道德推脱为中介而对员工越轨行为产生间接影响。当员工受到领导惩罚时，他们将受到惩罚事件相关信息的启发而形成整体上的公平感知，而公平感知又会作用于员工道德的自我调节机制，从而影响道德推脱，并最终传导至越轨行为。领导惩罚包括权变惩罚和非权变惩罚。具体来说，当领导对员工实施权变惩罚时，由于这种惩罚符合公平原则，具有一致性、合理性以及可解释性与可预测性，与员工预期的应得惩罚较为一致和匹配，因此会增加员工的公平感知，进而减少道德推脱，最终会抑制越轨行为。相反，非权变惩罚则违背了公平原则，缺乏一致性与合理性，难以解释和预测，往往与员工预期的惩罚产生失配，从而降低公平感知，进而触发道德推脱，最终激发越轨行为。基于上述讨论，得到以下的序列中介假设：

H4－5a：公平感知和道德推脱在权变惩罚与越轨行为之间存在序列中介作用，即权变惩罚依次通过公平感知和道德推脱而间接影响越轨行为。

H4－5b：公平感知和道德推脱在非权变惩罚与越轨行为之间存在序列中介作用，即非权变惩罚依次通过公平感知和道德推脱而间接影响越轨行为。

4.4 道德认同与伦理氛围的调节效应

4.4.1 道德认同的调节效应

在现实组织情境中，当受到不公正对待时，不同员工的反应不尽相同，不少员工倾向于采取"以眼还眼，以牙还牙"的报复策略，但是有的员工会采取"以德报怨"的策略，仍然秉持道德标准和恪守组织规范。因此，员工的公平感知与道德推脱之间的负向关系会因员工的道德心理特征而变化。道德认同是一种人格特质，指的是一个人的自我概念在多大程度上强烈植根于道德特征（Aquino & Reed，2002）。而道德自我是一个人的自我概念的核心内容，不道德的行为会引起与道德自我不一致的感觉，因此，道德认同的动机力量来自于保持自我概念一致性的心理需求（Blasi，1984）。

道德认同会影响道德自我调节的动机（Blasi，1984；Bandura，1999）。社会认知理论提供了一个关于道德行为的能动观点，即个体能动地运作道德的自我调节机制，包括内部道德标准指导下的自我监督、自我评价和自我制裁（或称为自我惩罚）（Bandura，1986）。作为社会认知理论的延伸，道德推脱理论认为，这些自我调节机制会因为选择性关闭而失效，使个体即使在从事道德上不被接受（不符合道德标准）的行为，也能保持对自我的正面或积极看法，从而毫无愧疚地实施不道德行为（Bandura，1999；Choi，2008；Escalas & Bettman，2005）。虽然个体会采用道德推脱策略，通过一组相互关联的情境触发的认知过程其将违反道德规范的行为进行合理化。但是具有高度道德认同的个体已经将道德关注融入核心自我概念中，维护道德自我的心理需求会引发强烈的道德自我调节动机，从而可以有效地避免道德的自我调节机制失效（Hardy，2005）。相关研究表明，道德认同有利于减少道德推脱（Detert，2008），是道德关注和道德行为的强大动机（Reed & Aquino，2003；Reynolds & Ceranic，2007），也是基于中和策略从事不当行为的重要抑制剂（Aquino & Becker，2005）。例如，与道德认同较低的员工相比，道德认同较高的员工更不容易因为受到客户的人际不公正对待而从事破坏活动（Skarlicki et al.，2016）。还有研究发现，组织公平与道德认同存在交互作用，共同影响员工反生产工作行为：当员工道德认同低时，组织公平感知与反生产工作行为的负向关系更为显著；反之，员工道德认同高时，组织公平感知对反生产工作行为的影响较弱（Wu et al.，2014）。

本书认为，道德认同能够缓解不公平感知（或者说公平感知的下降）所引起的道德推脱。首先，道德认同程度高的员工有强烈的动机去维持道德自我，使得道德的自我调节机制难以放松和失效（Blasi，1984；Lee et al.，2016）。其次，道德认同能够通过增加对个体从事不良行为的心理愧疚的预期体验，从而发挥强大的动机力量，成为降低道德推脱的一个潜在保障因素（Shields et al.，2015）。再者，道德认同还能增强道德情感以及减少反社会行为（Kavussanu et al.，2015）。具有强烈道德认同的员工往往更为看重诚实、正直、同情、善良等优良的道德特质，并表现出更多的道德关注（Aquino & Reed，2002），那么也就更关心个人行为对他人（包括领导、同事、整个组织甚至外部公众）的影响，因而不太可能通过道德辩护或扭曲不良行为后果等策略来进行认知重构而形成道德推脱。此外，道德认同程度高的个体往往拥有一个由自己和自己所关心和认同的很多其他人所共同组成的更为广泛的人际圈子和利益群体（Aquino et al.，2007）。实施不良行为不可避免地会对其人际圈或利益群体中的成员造成伤害。道德认同高的个体对这些圈内成员往往具有较高的认同，因此不太可能通过贬低这些成员而形成道德推脱。

最后，需要强调的是，道德认同程度高的个体在道德决策中较少依赖认知资源。与道德认同程度低的人相比，道德认同程度高的个体恪守更加严格的内在道德标准，在作出道德相关决策时较少依赖认知资源。当道德认同较低时，自我调节资源的耗竭正向预测不道德行为，而当道德认同较高时则缺乏这种预测力（Gino et al.，2011）。例如，相关研究表明，具有高度道德认同的人能够不假思索或者说自动意识到作弊的不道德性，较少涉及认知上的权衡或心理计量，从而不会被作弊的机会所诱惑，而道德认同水平低的人则会利用受控的认知过程来权衡考量是否要实施不诚实的行为，因此容易被作弊的机会所诱惑（Greene & Paxton，2009；Zheng et al.，2019）。根据以上论述，道德认同程度高的个体在面对道德决策时往往更为直接而快速地作出道德决策而不是基于认知权衡与判断来作出道德决策，因此在道德决策过程中较少涉及对公平的认知判断。相比之下，道德认同程度低的个体在面对道德决策时更多地依赖认知权衡与判断，其对公平与否的认知判断会促进其将潜在的不道德行为合理化，从而形成道德推脱。

综上可知，道德认同能减弱公平感知对道德推脱的影响，即当员工道德认同程度高时，即使感到自己受到不公平对待，也较少启用道德推脱策略。从广义上来说，道德认同包括象征性道德认同和内在道德认同（Aquino & Reed，2002）。道德认同的象征维度是指一个人追求通过外在或表面的行为来反映其道德自我的程度。道德认同的内在维度则揭示了个人自我概念中的核心道德特质，并被一致认为是代表了道德认同中能够促使一个人有道德地行事的力量（Aquino & Becker，2005）。内在道德认同意味着个体的道德行为是出于内在的道德信念，而象征性道德认同意味着个体是为了得到他人认可而表现出道德行为，涉及对个人道德形象的印象管理（林少龙和纪婉萍，2020）。象征性道德认同通常与亲社会行为而不是抵制不道德行为的动机联系在一起，尤其是当个人能够通过其道德行为而得到公众认可或奖励时（Winterich et al.，2013；Hertz & Krettenauer，2016）。较多研究已经证实了内在的道德认同和道德推脱之间存在很强的负相关（Aquino et al.，2007；Detert，2008；McFerran et al.，2010）。相比之下，象征性道德认同用来预测个体行为的一致性较差（Jennings et al.，2015），而内在道德认同更加有助于道德的自我调节，从而抵制各种不道德行为的诱惑（Gino et al.，2011；Mayer et al.，2012）。本书中不存在对外公开展示道德形象的问题，因此这里所指的道德认同是狭义上的道德认同，即内在的道德认同。基于上述推理与阐释，本书提出以下假设：

H4 - 6：道德认同对公平感知与道德推脱的关系具有调节效应。在道德认同水平高的情况下，公平感知对道德推脱的影响较弱。

根据前文的论述可知，公平感知在权变惩罚和道德推脱之间起到中介作用（H4 - 3a），道德认同对公平感知与道德推脱的关系具有调节效应（H4 - 6）。根据这一逻辑关系可知，道德认同能够调节公平感知在权变惩罚与道德推脱之间的中介作用。具体而言，权变惩罚对道德推脱的负面影响通过公平感知的传导而实现，即权变惩罚先影响公平感知，公平感知进而影响道德推脱。当员工的道德认同程度高时，公平感知对道德推脱的影响较弱，导致由权变惩罚所引起的公平感知的变化传导至道德推脱的作用较弱。因此，高水平的道德认同会减弱公平感知在权变惩罚与道德推脱之间的中介作用。此外，权变惩罚是根据员工实际表现实施的，具有明确的依据或标准（Bennett，

1998；Salin & Hoel，2020）。对于道德认同程度高的员工来说，权变惩罚所反映的行为标准（即哪些行为不被允许）更符合其心理预期，因此与其内在道德规范标准更为匹配，从而更加强化其内在道德标准。以往研究表明，具有高度道德认同的个体，在道德决策中较少依赖认知资源，而是依据内在道德规范标准，更为直接地作出道德决策，不是经过认知判断后作出道德决策（Greene & Paxton，2009；林少龙和纪婉萍，2020）。综上所述，本书认为道德认同程度高的员工受到权变惩罚后更可能不经过对公平的认知判断（即公平感知），而是依据其内在道德标准直接对道德推脱产生抑制效果，从而使得公平感知在权变惩罚与道德推脱之间的中介作用减弱。由此提出以下假设：

H4-7a：道德认同对公平感知在权变惩罚与道德推脱之间的中介作用具有调节效应。在道德认同水平高的情况下，该中介作用较弱。

同理，根据前文推理可知，公平感知在非权变惩罚和道德推脱之间起到中介作用（H4-3b），而且道德认同对公平感知和道德推脱的关系具有调节效应（H4-6）。根据这个逻辑关系可知，道德认同能够调节公平感知在非权变惩罚与道德推脱之间的中介作用。具体来说，非权变惩罚对道德推脱的正向影响是经由公平感知的传导而实现。当员工的道德认同程度高时，公平感知对道德推脱的影响较弱，导致由非权变惩罚产生的公平感知变化传导至道德推脱的影响也较弱。因此，高水平的道德认同也会减弱公平感知在非权变惩罚与道德推脱之间的中介作用。此外，道德认同程度高的个体通常依赖其内在道德规范标准，更为直接而不是基于认知判断来作出道德决策（Gino et al.，2011）。非权变惩罚的实施是按照领导者的个人规则，具有很大的随意性（Bennett，1998；Salin & Hoel，2020），独立于旨在规定"正确"行为的标准或模式，会混淆员工对道德规范与标准的理解（Brett et al.，2005）。道德认同高的员工原本恪守其较高的内在道德规范标准，但是非权变惩罚会动摇其内在道德信念，导致其内在道德规范标准降低甚至丧失，从而更容易直接触发道德推脱而不经过对公平的认知判断（即公平感知）。相反，对于道德认同水平低的员工来说，其内在道德规范标准原本就低，非权变惩罚对其道德信念及道德标准的影响微弱，那么对道德推脱的直接触发作用也不会明显增强，因此公平感知在非权变惩罚与道德推脱之间的间接作用也就不会明显减弱。综合上述分析，本书提出与 H4 - 7a 相对应的假设：

H4 - 7b：道德认同对公平感知在非权变惩罚与道德推脱之间的中介作用具有调节效应。在道德认同水平高的情况下，该中介作用较弱。

根据 H4 - 7a 可知，在道德认同水平高的情况下，公平感知在权变惩罚和道德推脱的之间的中介机制较弱。而 H4 - 5a 表明，权变惩罚先后依次经由公平感知和道德推脱的中介传导作用而影响道德推脱。这就意味着，对于道德认同水平高的员工来说，权变惩罚所引起的公平感知变化传导至道德推脱的间接影响较弱，该间接影响进一步传递到越轨行为的影响也就相应减弱。综合以上的逻辑关系可知，当道德认同水平高时，公平感知和道德推脱在权变惩罚与越轨行为之间的序列中介作用会减弱。因此，本书进一步提出如下假设：

H4 - 8a：道德认同对公平感知和道德推脱在权变惩罚与越轨行为之间的序列中介作用具有调节效应。在道德认同水平高的情况下，该序列中介作用较弱。

同理，根据前文推理可知，道德认同越高，公平感知在非权变惩罚与道德推脱之间的中介作用越弱（H4 - 7b），而且非权变惩罚依次通过公平感知和道德推脱而影响越轨行为（H4 - 5b）。根据以上的逻辑关系可知，当员工道德认同水平高时，非权变惩罚引起的公平感知下降传导至道德推脱的间接影响较弱，从而进一步由道德推脱传递到越轨行为的间接影响也随之减弱。综合以上的逻辑可知，当道德认同水平高的情况下，公平感知和道德推脱在非权变惩罚与越轨行为之间的序列中介作用也会减弱。由此得到与假设 4 - 8a 对应的如下假设：

H4 - 8b：道德认同对公平感知和道德推脱在非权变惩罚与越轨行为之间的序列中介作用具有调节效应。在道德认同水平高的情况下，该序列中介作用较弱。

4.4.2 伦理氛围的调节效应

在组织行为学研究领域，伦理氛围是指对具有伦理内容的典型组织实践和程序的普遍感知（Victor & Cullen，1988）。伦理氛围作为一种心理机制发挥作用。通过这种心理机制，道德问题被感知并付诸行动，以及提供对哪些行为值得重视和可以被接受的理解，从而有助于个人确定适当的行为方式（Mayer et al.，2010；Stewart et al.，2011）。因此，在高度的伦理氛围中，人们更倾向于遵守伦理准则并以符合伦理的方式行事。相比之下，在低度的伦理氛围中，伦理实践不太受到重视。研究表明，伦理氛围通常与积极结果（例如，组织承诺、工作满意度、组织认同、个人－组织匹配和职业承诺）存在正相关，而与消极结果（例如，离职意愿、不道德行为）存在负相关（Newman et al.，2017）。在强烈的伦理氛围中，员工会因为合乎道德的行为而受到奖励，同时也会因违反道德标准而受到谴责或惩罚（Schwepker Jr & Hartline，2005；Stewart et al.，2011；Treviño & Nelson，2013）。如果人们由于某种行为而受到外部惩罚，他们就不再愿意按照自己原来的想法而继续实施这种行为（McCleskey，2014；Barnett & Vaicys，2000）。因此，伦理氛围会影响员工的道德判断和行为意向。在伦理氛围强烈的情况下，员工会认为组织在员工道德要求方面是严格的，这反映在组织正式的道德政策和行为准则上，即当任何员工违背道德标准时，组织将对其实施严格的干预或惩罚措施。另外，除了维护道德的正式规则和程序之外，组织中的伦理氛围还通过非正式方式来强化道德行为和制约不道德行为（Schwepker Jr & Hartline，2005；Tenbrunsel et al.，2003）。例如，在强烈的伦理氛围下，同事和主管会强烈谴责不道德行为，并冷落那些行为恶劣的人（Haidt，2001；Haidt，2007）。综合上述两方面的论述可知，在高水平的伦理氛围之下，员工更可能因为越轨行为而受到组织的正式惩罚和非正式的惩罚，例如，失去奖励和晋升机会以及受到组织中其他成员的排斥等，从而大大制约自己在职场中的可得资源。

资源在人类的适应性行为以及所获的福祉中承担着基础性角色，其包括各种重要的条件、实物、能源以及个体特征等，可以用来实现重要的目标（Diener & Fujita，1995）。对组织员工而言，有价值的资源包括薪酬、职位、自尊及人际关系等多种形式。根据资源保存理论，个体存在获取、保护以及增加资源的动机。个体的资源具有损失螺旋效应和增值螺旋效应，缺乏资源的人更容易陷入损失螺旋。为了减缓资源损耗的压力，员工总是努力控制所处的环境以减少资源损耗以及从各种途径来补充资源（Hobfoll，1989）。社会资本作为蕴含在社会关系网络中的资源，具有重要的利用价值，因此个体会通过构建社会关系网络来获取有利资源（林南，2005）。员工在组织内的社会资本反映其在组织内的社会关系网络中嵌入的支持资源，包括情感性和工具性支持资源，例如，实际帮助、信息、建议和关照（Hobfoll et al.，1990；Parker et al.，2013）。虽然员工可能通过越轨行为获得一些个人收益，但是却存在潜在的损失风险，例如，遭受惩罚、排斥甚至报复。根据行为经济学前景理论，个体的价值函数存在不对称性，损失已得收益的负效用比获得等量收益的正效用更大，这就导致个体对损失比等量的收益更为敏感（Kahneman & Tversky，1979），因此人们对资源损失比资源获取更为重视，对资源的保护总是居于首位（Hobfoll & Jackson，1991）。当组织中的伦理氛围浓厚时，越轨行为更容易招致道德谴责和严厉处罚，导致员工在组织内的社会资本和支持性资源被迅速损耗，从而对其在组织中的地位和职业发展造成严重的负面影响。在对损失和收益的心理权衡之下，员工即使存在道德推脱倾向，出于资源保存的策略动机，也往往将遵守组织规范作为理性选择。因此高度的伦理氛围能够制约道德推脱向越轨行为的转化。由此提出以下假设：

H4-9：伦理氛围对道德推脱与越轨行为的关系具有调节效应。在伦理氛围水平高的情况下，道德推脱对越轨行为的影响较弱。

根据前文的论述可知，权变惩罚依次通过公平感知和道德推脱而影响越轨行为（H4-5a），而伦理氛围对道德推脱与越轨行为的关系具有弱化调节效用（H4-9）。这一逻辑关系表明，伦理氛围会调节公平感知和道德推脱在权变惩罚与越轨行为之间的序列中介作用。具体来说，当伦理氛围水平越高的时候，道德推脱对越轨行为的影响越小，那么权变惩罚通过增加公平感知而引起的道德推脱下降对越轨行为的抑制作用也相应减小，从而在整体上导致公平感知和道德推脱在权变惩罚与越轨行为之间的序列中介传导机制减弱。因此进一步提出以下假设：

H4-10a：伦理氛围对公平感知和道德推脱在权变惩罚与越轨行为之间的序列中介作用具有调节效应。在伦理氛围水平高的情况下，该序列中介作用较弱。

同理，当伦理氛围水平高的时候，非权变惩罚经由公平感知下降而引起的道德推脱增加对越轨行为的激发作用也随之减小，从而导致公平感知和道德推脱在非权变惩罚与越轨行为之间的序列中介传导机制也会减弱。与 H4 – 10a 相对应，本书提出以下假设：

H4 – 10b：伦理氛围对公平感知和道德推脱在非权变惩罚与越轨行为之间的序列中介作用具有调节效应。在伦理氛围水平高的情况下，该序列中介作用较弱。

4.5　本章小结

本章首先阐述了公平启发理论和道德推脱理论的核心思想和具体内涵。在此基础上整合这两个重要理论，深入详细地论证了公平感知和道德推脱在领导权变惩罚或非权变惩罚与员工越轨行为之间的中介效应，道德认同在公平感知与道德推脱之间的调节效应、伦理氛围在道德推脱与越轨行为之间的调节效应，以及有调节的中介效应与有调节的序列中介效应。基于上述理论推导，本章一共提出了 16 个研究理论假设以待验证。理论假设归纳如表 4 – 2 所示。

表 4 – 2　　　　　　　　　　　　本章的理论假设汇总

假设	内容
H4 – 1a	权变惩罚对公平感知具有正向影响
H4 – 1b	非权变惩罚对公平感知具有负向影响
H4 – 2	公平感知对道德推脱具有负向影响
H4 – 3a	公平感知在权变惩罚与道德推脱之间起到中介作用
H4 – 3b	公平感知在非权变惩罚与道德推脱之间起到中介作用
H4 – 4	道德推脱对越轨行为具有正向影响

续表

假设	内容
H4–5a	公平感知和道德推脱在权变惩罚与越轨行为之间存在序列中介作用，即权变惩罚依次通过公平感知和道德推脱而间接影响越轨行为
H4–5b	公平感知和道德推脱在非权变惩罚与越轨行为之间存在序列中介作用，即非权变惩罚依次通过公平感知和道德推脱而间接影响越轨行为
H4–6	道德认同对公平感知与道德推脱的关系具有调节效应。在道德认同水平高的情况下，公平感知对道德推脱的影响较弱
H4–7a	道德认同对公平感知在权变惩罚与道德推脱之间的中介作用具有调节效应。在道德认同水平高的情况下，该中介作用较弱
H4–7b	道德认同对公平感知在非权变惩罚与道德推脱之间的中介作用具有调节效应。在道德认同水平高的情况下，该中介作用较弱
H4–8a	道德认同对公平感知和道德推脱在权变惩罚与越轨行为之间的序列中介作用具有调节效应。在道德认同水平高的情况下，该序列中介作用较弱
H4–8b	道德认同对公平感知和道德推脱在非权变惩罚与越轨行为之间的序列中介作用具有调节效应。在道德认同水平高的情况下，该序列中介作用较弱
H4–9	伦理氛围对道德推脱与越轨行为的关系具有调节效应。在伦理氛围水平高的情况下，道德推脱对越轨行为的影响较弱
H4–10a	伦理氛围对公平感知和道德推脱在权变惩罚与越轨行为之间的序列中介作用具有调节效应。在伦理氛围水平高的情况下，该序列中介作用较弱
H4–10b	伦理氛围对公平感知和道德推脱在非权变惩罚与越轨行为之间的序列中介作用具有调节效应。在伦理氛围水平高的情况下，该序列中介作用较弱

| 第 5 章 |

领导惩罚对员工越轨行为影响
机制的实证检验

本章采用问卷方法对领导惩罚影响员工越轨
行为的中介与调节效应进行实证检验，主要包括
三个方面：问卷研究设计（程序和样本）、数据
分析以及假设检验。采用的主要统计软件为 STA-
TA 16 和加载于 SPSS Statistics 26 中的 Hayes 等开
发的 PROCESS v3. 5 程序插件。STATA 16 用于描
述统计与相关分析、量表信度分析、验证性因子
分析以及 OLS 层级回归。Process v3. 5 程序则用来
对中介效应和有调节的中介效应进行 Bootstrap 分
析。其中的中介效应包括只含有单个中介变量的简
单中介效应和含有两个中介变量的序列中介效应。

5.1　问卷研究设计

问卷研究设计包括调研实施的程序、研究样

本的选择以及变量测量工具的选择。为了减轻可能的同源方差问题，除了事后统计控制以外，本书在问卷设计中采取了多种事前过程控制方法。

5.1.1 问卷实施程序与样本

在职场现实环境中，领导者对下属往往存在不同程度的非权变惩罚。通常来说，与员工行为表现相挂钩的权变惩罚被认为是合理的，并得到积极的肯定，而非权变惩罚往往被认为是领导不够尽职或素质较差的表现。领导者往往更希望别人认为自己对下属的惩罚属于权变惩罚，而不是非权变惩罚。考虑到社会称许性的影响，领导对员工的权变惩罚与非权变惩罚显然不适合通过领导来对每个员工进行评价，因此现有文献均由员工来评价领导的权变惩罚与非权变惩罚。公平感知、道德推脱、道德认同均属于个体心理变量，伦理氛围则是员工主观感知的一种组织氛围，因此现有文献均采用员工汇报的方式来搜集以上这些变量数据。

员工越轨行为的测量方式主要有两种：一是采用主管评价的方式；二是采用员工自我汇报的方式。部分学者考虑到社会称许性问题，认为员工自我汇报会刻意隐瞒自己的越轨行为，因此建议采用主管评价方式。但是，目前较多研究采用员工自我汇报越轨行为的方式（Berry et al.，2007；Yam et al.，2018）。这是由于越轨行为往往比较隐蔽，很难通过他人的观察来进行全面客观的评价，主管往往只能看到员工的显性越轨行为，而对大量的隐性越轨行为则难以或者根本无法观察。尤其在中国文化情境下，上下级权力距离较大，员工一般不敢或不愿公然挑战上司的权威，表现出明显的越轨行为，而是以隐蔽的形式从事越轨行为，因此采用主管评价方式会导致对越轨行为的评价变得狭隘而不全面。本次研究采用员工自我评价的方式来测量越轨行为，并在问卷开头醒目位置告知员工采用匿名方式作答，并承诺问卷内容只用于整体分析，不会对员工带来负面影响，从而有利于他们放心如实回答，减轻社会称许性偏差。

针对潜在的同源方差问题，除了在事后的数据分析中进行统计评价之外，在事前的问卷设计阶段也采取多种措施来控制可能的同源方差。首先，采用心理隔离法，在问卷中适当引入反向题，以免员工因为一致性动机而不如实回答，同时也便于甄别和剔除出于一致性动机而马虎作答的问卷。其次，问卷中不显示题项的研究目的和意义，以免员工故意给出自认为研究者所需要的答案，或者因担心暴露自己的无知而不敢真实回答。最后，采用无关记号因子测试法，在问卷中加入与本书理论模型的七个变量在理论上均不相关的变量作为标签变量，通过偏相关法来检验同源方差。加入的标签变量题目示例为："我从事现在的工作主要是为了得到工资收入"，该变量反映物质性外在动机。

此外，在因果关系模型检验中，原因变量应该发生在结果变量之前。为了提高因果关系的说服力，需要把自变量、中介变量和因变量在先后不同的时间点进行测量，这已经成为当前组织行为学问卷研究的主流做法。因此本书分三个阶段搜集问卷数据。第一阶段搜集权变惩罚、非权变惩罚和道德认同变量数据；第二阶段搜集公平感知和道德推脱变量数据；第三阶段搜集伦理氛围、越轨行为和标签变量数据。三次数据搜集时间大约相距两周。三次问卷均要求参加者汇报人口学特征变量和常用手机号的最末四位数以便匹配问卷。并在每次问卷相应位置明确承诺，全部完成三次问卷后，将根据这四位数随机抽奖，中奖者将获得精美礼品，以此提醒参与者填写完整。对于少数手机号未填的问卷，通过人口学特征变量以及笔迹对照匹配进行确认以减少数据缺失。

数据收集时间为 2018 年 7 ~ 9 月。通过同学和亲友的社会关系，邀请江苏省 9 家中等规模制造企业员工参与问卷调研。截至 2018 年 9 月底完成所有问卷回收工作。第一次发放的问卷数 530 份，剔除胡乱填写、填写不完全以及与上一次问卷无法匹配的无效问卷后，回收的有效问卷数为 510 份，有效回收率为 96%。第二次发放问卷数 510 份（面向第一次回收的有效问卷的填写者），获得与第一次问卷匹配的有效问卷 474 份，有效回收率为 93%。第三次发放问卷数 474 份（面向前两次匹配问卷的填写者），获得与前两次问卷匹配的有效问卷 413 份，有效回收率为 87%。问卷研究样本量为测量题项的 5 ~ 10 倍为宜。本书所用数据属于员工个体层次数据，测量题项共有 41 个，获得实际样本数为 413 份，符合问卷研究的样本量要求。总的来看，三个阶段的总体有效回收率为78%。样本分布特征信息如表5-1所示。

表 5 -1　　　　　　　　　　样本分布特征信息

人口统计学变量	样本分布	样本数（个）	百分比（%）
性别	男性	268	64.89
	女性	145	35.11
年龄（岁）	年龄 < 25	31	7.51
	25 ≤ 年龄 < 30	96	23.24
	30 ≤ 年龄 < 35	202	48.91
	年龄 ≥ 35	84	20.34
教育	大专及以下	152	36.80
	本科	254	61.50
	硕士及以上	7	1.69
工龄（年）	工龄 < 1	135	32.69
	1 ≤ 工龄 < 3	239	57.87
	3 ≤ 工龄 < 5	24	5.81
	工龄 ≥ 5	15	3.63

5.1.2　变量测量

本书对7个核心变量的测量均采用应用较为广泛的英文成熟量表，并且这些量表已被国内学者使用，具有很好的测量效果。为了确保英文量表在中国文化情境下的等价性，避免曲解量表题项的原意，由一名具有双语背景的管理学专业博士将英文量表翻译为中文量表，再由另一名具有双语背景的管理学专业博士将该中文量表回译为英文量表，在比较英文原版量表和回译后量表后确定最终中文量表。并采用中文问卷进行了小规模预测试，以检查语义表达是否易于理解。最后根据企业具体情境和员工访谈结果对中文量表少数题项进行字面上的微量修改，从而保证测量的内容效度。除了特别说明之外，研究变量的测量均采用李克特（Likert）五级量表（1表示非常不同意，

5 表示非常同意）。

（1）自变量包括领导权变惩罚（contingent punishment，cp）和非权变惩罚（noncontingent punishment，ncp）。领导惩罚的测量共采用 9 个题项（Podsakoff et al.，1984）。其中，5 个题项测量权变惩罚，如表 5 - 2 所示。典型条目如："如果我的工作达不到标准，我的主管会责罚我"。4 个题项测量非权变惩罚，如表 5 - 3 所示。典型条目如："我经常不知什么原因就被主管责罚"。

表 5 - 2　　　　　　　　　　　权变惩罚量表

编码	测量题目
cp1	如果我的工作表现低于我的能力水平，我的主管会表现出不满
cp2	当我的工作低于可接受的标准时，主管会表现出不悦
cp3	当我表现糟糕时，我的主管会向我指明
cp4	如果我的工作达不到标准，我的主管会责罚我
cp5	当我的工作没有达到标准时，我的主管会向我指出

表 5 - 3　　　　　　　　　　　非权变惩罚量表

编码	测量题目
ncp1	我的主管经常让我对自己无法控制的工作结果负责
ncp2	我的主管经常无缘无故对我的工作不满
ncp3	即使我的表现很好，我的主管也会批评我的工作
ncp4	我经常不知什么原因就被主管责罚

（2）中介变量包括公平感知（perceived justice，pj）和道德推脱（moral disengagement，md）。公平感知测量的是员工对组织中的总体公平的感知，共有 6 个题项（Ambrose & Schminke，2009），如表 5 - 4 所示。其中 3 个题项测量的是个人在组织中所受公平对待的切身体验，典型条目如："总的来看，我得到了组织的公平对待"。另外 3 个题项是总体上对组织公平的判断，典型条目如："该组织中的行事方式素来不公平（反向题）"。

表 5 - 4 公平感知量表

编码	测量题目
pj1	总的来看，我得到了组织的公平对待
pj2	总的来说，我能够指望这个组织公平对待我
pj3	总的来说，我在这里得到的待遇是公平的
pj4	该组织中的行事方式素来不公平（反向题）
pj5	大多数情况下，该组织能公平对待员工
pj6	在该组织中，员工经常受到不公平对待（反向题）

道德推脱的测量采用 8 个题项简洁版量表（Moore et al.，2012），如表 5 - 5 所示。典型条目如："如果人们只是做了一个权威人物让他们做的有问题的事情，那么他们不应该承担责任"。

表 5 - 5 道德推脱量表

编码	测量题目
md1	为了保护你在乎的人，传播谣言是没有关系的
md2	如果只是借用一下某个东西，可以不经过物主的允许而拿走它
md3	考虑到人们常常极力伪装自己，因此稍微夸大自己的资历也不算什么罪过
md4	如果人们只是做了一个权威人物让他们做的错事，就不应承担责任
md5	如果一个人犯了技术上的错误，而其他人也这么做，就不该责怪这人
md6	将不是你自己的想法归功于自己不是什么大事
md7	对那些感觉不到受伤害的人就该粗暴对待
md8	被欺负的人通常是自作自受

（3）因变量为越轨行为（deviant behavior，db）。本书中的越轨行为是指工作场所员工越轨行为，采用 8 个题项测量（Thau et al.，2007），该量表是结合一个 19 个题项越轨行为量表（Bennett & Robinson，2000）和一个 14 个题项越轨行为量表（Aquino et al.，1999）改编而来，如表 5 - 6 所示。典型条目如："未经许可将工作单位的财产归为己有"。量表采用李克特（Likert）五级

量表，从"从不"到"总是"，分别用数字"1"到"5"代表，分数越高则表示越轨行为发生得越为频繁。

表 5 – 6   越轨行为量表

编码	测量题目
db1	在工作中咒骂他人
db2	公开指责他人
db3	在工作中取笑他人
db4	未经许可将工作单位的财产归为己有
db5	没有生病却请病假
db6	工作中的休息时间超过规定允许的时间
db7	未经允许的情况下迟到
db8	刻意无视上级指示

（4）调节变量包括：道德认同（moral identity，mi）和伦理氛围（ethical climate，ec）。本书的道德认同不涉及对外展示道德形象或道德行为被公开的问题，而是强调个体的内在道德倾向，因此采用内在道德认同量表，共包括 5 个题项（Aquino & Reed，2002），如表 5 – 7 所示。典型条目如："成为具有这些特征的人会让我感觉很好"。

表 5 – 7   道德认同量表

编码	测量题目
mi1	成为具有这些特征的人会让我感觉很好
mi2	成为具有这些特征的人对我很重要
mi3	成为具有这些特征的人使我感到羞耻（反向题）
mi4	具有这些特征对我来说并不重要（反向题）
mi5	我强烈希望具有这些特征

说明：表中描述一个人的特征（9 个特征）：体贴、富有同情心、公平、友好、慷慨、乐于助人、勤奋、诚实、善良。具有这些特征的人可能是你或其他人。请在脑海中想象具有这些特征的人，并依次回答表中问题。

参照相关文献，采用 5 个题项测量伦理氛围（Mulki et al.，2009；El Akremi et al.，2018），如表 5－8 所示。题项来自目前应用较为普及的 7 题项伦理氛围量表（Schwepker，2001），删除了原始量表中载荷较低的两个题项。伦理氛围量表衡量的是员工对所在公司道德实践、道德准则规范的执行以及对公司管理层与道德相关的管理行为的感知。典型条目如："我所在公司严格执行有关道德行为的政策"。

表 5－8　　　　　　　　　伦理氛围量表

编码	测量题目
ec1	我所在公司有正式的书面道德守则
ec2	我所在公司严格执行道德守则
ec3	我所在公司有关于道德行为的政策
ec4	我所在公司严格执行有关道德行为的政策
ec5	我所在公司的最高管理者已经明确表示不会容忍不道德行为

（5）控制变量包括性别、年龄、教育和工龄。参照以往关于工作场所越轨行为研究做法，选择这 4 个人口学特征变量纳入实证模型进行控制（Hershcovis et al.，2007；Qin et al.，2020）。以往研究表明，这些人口学特征变量可能与工作场所越轨行为有一定关系（Berry et al.，2007）。例如，男性和女性在道德敏感度及道德导向方面可能存在差异（Ambrose & Schminke，1999）。有学者发现，相比于男性来说，女性较少从事越轨行为（Gonzalez-Mulé et al.，2013；Samnani et al.，2014）。随着年龄增长，员工越轨行为可能减少（Aquino & Douglas，2003）。教育程度高的人往往具有较高水平的道德判断（Rest & Thoma，1985），因此，教育水平可能影响越轨行为。但是在中国文化情境下，这些人口学特征因素是否影响员工越轨行为还不明确（Qin et al.，2020），本章研究则将这些因素纳入回归模型进行控制。

5.2 问卷数据分析

本章数据分析主要包括：变量测量的聚敛效度（convergent validity）分析和信度（reliabity）分析、区分效度（discriminant validity）分析、同源方差检验、变量描述统计和相关分析。其中，聚敛效度和区分效度的分析采用验证性因子分析方法。同源方差检验采用单因子检验法和基于标签变量的偏相关分析法。量表信度分析包括组合信度和克隆巴赫 α 系数（Cronbach's alpha）分析。

5.2.1 变量测量的聚敛效度和信度

聚敛效度反映同一变量（或称构念）不同测量题项（即不同观测变量）是否反映同一个潜变量。参照主流做法，采用验证性因子分析（CFA）分别检验研究框架中 7 个关键变量的聚敛效度。CFA 分析路径结果分别如图 5-1~图 5-7 所示。

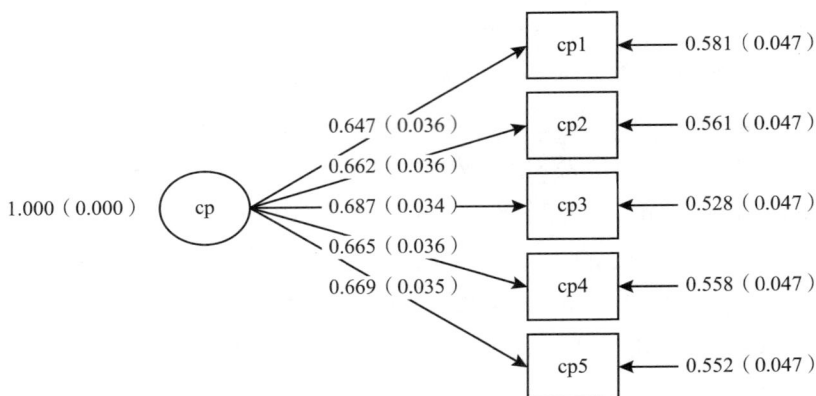

图 5-1 权变惩罚的验证性因子分析路径

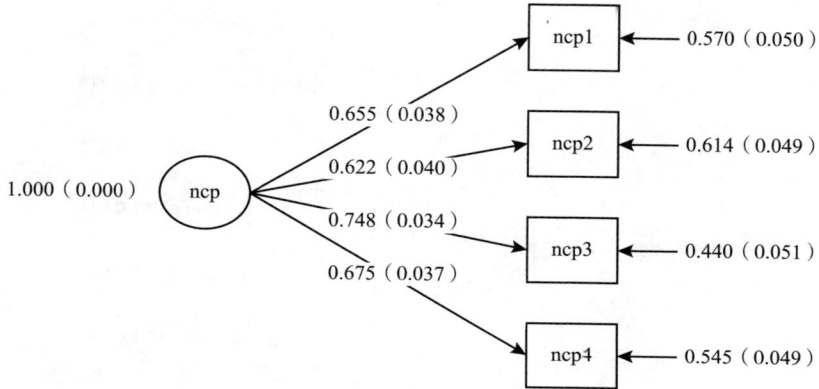

图 5 - 2   非权变惩罚的验证性因子分析路径

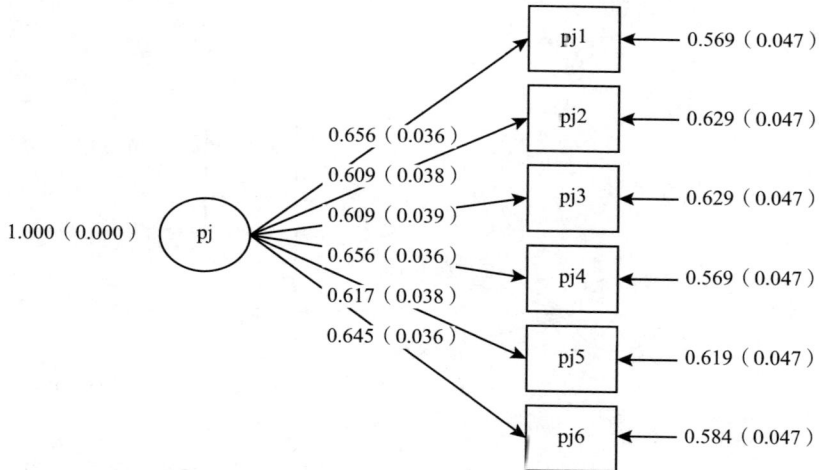

图 5 - 3   公平感知的验证性因子分析路径

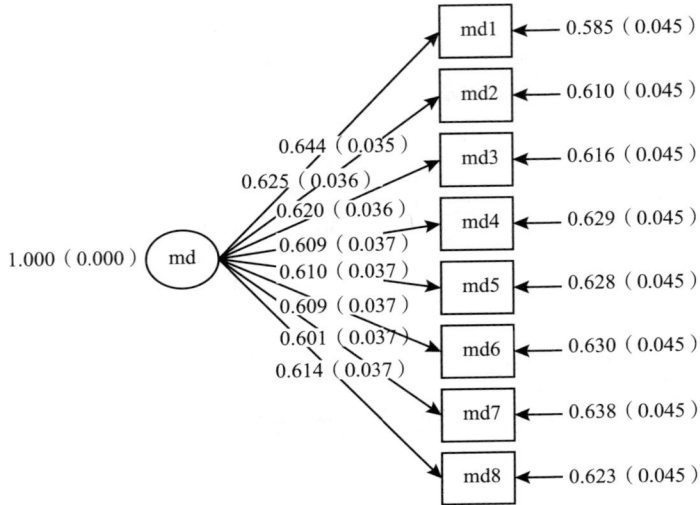

图 5 – 4　道德推脱的验证性因子分析路径

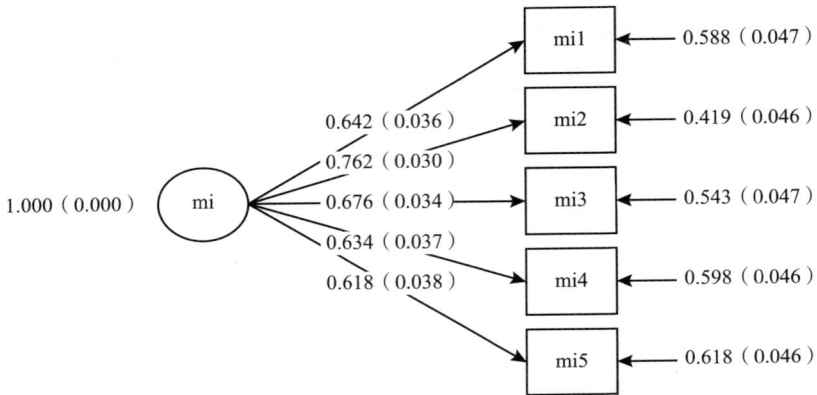

图 5 – 5　道德认同的验证性因子分析路径

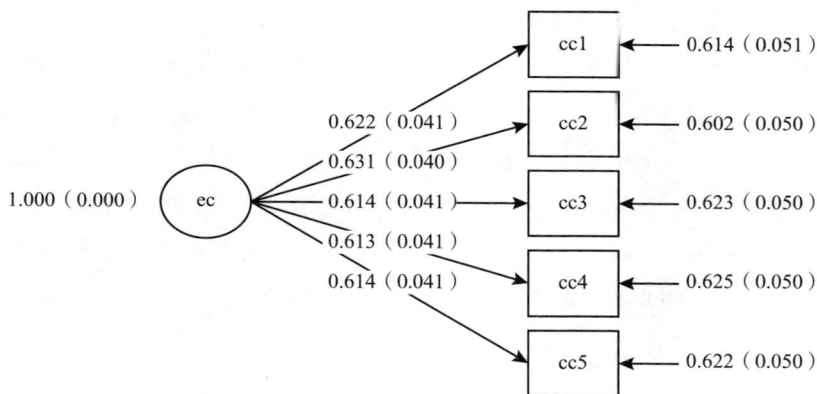

图 5 - 6 伦理氛围的验证性因子分析路径

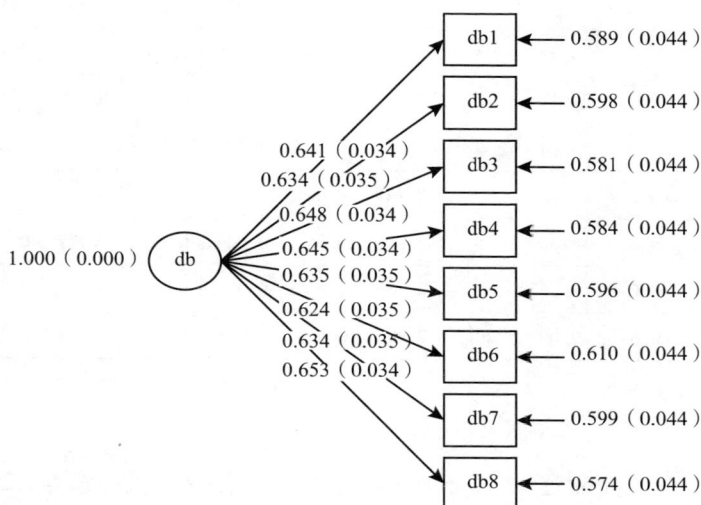

图 5 - 7 越轨行为的验证性因子分析路径

因子载荷除了反映测量误差影响以外，还体现了题项反映潜变量内涵的程度。足够大的因子载荷代表测量题项聚敛效度良好（Hair et al.，2019）。标准化因子载荷达到 0.55 以上即可认为良好，达到 0.63 以上可认为非常好，达到 0.71 以上可认为优秀（Tabachnica & Fidell，2007）。根据图 5 - 1 ~

图5-7所示，7个核心变量的各个题项标准化因子载荷均达到0.6，并达到0.05显著性水平，因此具有很好的聚敛效度。

总体拟合度指标结果如表5-9所示。从绝对拟合指标看，7个变量的单维CFA模型均拟合良好。近似误差均方根（root mean square error of approximation，RMSEA）小于0.1表示好的拟合（Steiger，1990）。7个单维CFA模型的RMSEA指标均小于0.07，符合学术界常用标准（0.08）。标准化残差均方根（standardized root mean square residual，SRMR）指标的一般标准是0.08（Hu & Bentler，1998）。本书7个单维模型的RMSEA均小于0.05，符合这一常用标准。

表5-9 变量测量的聚敛效度

变量	标准化载荷	χ^2	df	χ^2/df	RMSEA	SRMR	CFI	TLI	AVE	CR
权变惩罚	>0.6	13.325	5	2.665	0.064	0.026	0.985	0.970	0.444	0.800
非权变惩罚	>0.6	4.883	2	2.442	0.059	0.019	0.993	0.978	0.458	0.771
公平感知	>0.6	25.745	9	2.861	0.067	0.035	0.973	0.954	0.400	0.800
道德推脱	>0.6	54.027	20	2.701	0.064	0.038	0.961	0.945	0.380	0.831
道德认同	>0.6	11.384	5	2.277	0.056	0.024	0.989	0.977	0.447	0.801
伦理氛围	>0.6	13.667	5	2.733	0.065	0.030	0.979	0.959	0.383	0.756
越轨行为	>0.6	59.602	20	2.980	0.069	0.038	0.960	0.944	0.409	0.847

说明：$n=413$。

此外，χ^2/df不超过5时，模型拟合度即可被接受（侯杰泰等，2004）[368]。一般认为，χ^2/df小于3时，模型拟合良好。本书中的各变量验证性因子分析的χ^2/df均达到这一标准。从相对拟合指标看，TLI（即tucker-lewis index）和CFI（comparative fit index）均大于0.9的常用标准。因此，根据以上的相对拟合指标和绝对拟合指标可知，本书各变量测量题项均较好地反映了相应构念。

平均变异萃取值（average variance extracted，AVE）是变量各测量题项载荷平方的平均值，反映了潜变量被一组观测变量有效估计的聚敛程度指标。对应于前面所述的因子载荷 0.55 的良好标准，0.63 的非常好标准，0.71 的优秀标准，则相应的 AVE 的良好标准、非常好标准和优秀标准分别为 0.3、0.4 和 0.5。本书各变量的 AVE 值均达到良好标准，并且除了道德推脱和伦理氛围以外，其他变量的 AVE 均已达到 0.4（非常好标准），说明各变量测量的聚敛效果较为理想。

信度系数反映了测量题项真实分数的变异与变量总变异量的比值，反映了一个测量分数是否具有信度。组合信度（composite reliability，CR）系数反映了测量变量的变异量能够被潜变量解释的百分比。组合信度达到 0.5 时，测量工具在反映真实分数时即可获得基本的稳定性（Raine-Eudy，2000）。本书中 7 个变量（权变惩罚、非权变惩罚、公平感知、道德推脱、越轨行为、道德认同和伦理氛围）的 CR 值均大于 0.7，实现了较为稳定的测量。此外，根据各个题项的测量值分别计算相应变量的内部一致性信度系数克隆巴赫系数（Cronbach's α）。计算结果表明，以上 7 个变量的 Cronbach's α 系数均达到了 0.7 的常用标准。因此总体来看，本书中每个变量的各测量题项具有较高的稳定性和一致性。具体检验结果分析如下：

（1）权变惩罚量表的信度检验。权变惩罚量表信度检验如表 5-10 所示。根据信度检验结果，权变惩罚量表的 Cronbach's α 系数为 0.798，大于 0.7 的常用标准。而且每个项目的修正的项目总相关系数值都大于 0.4，每个项目的项目删除后的 Cronbach's α 系数都小于量表的 Cronbach's α 系数值 0.798。此外，根据表 5-10 的检验结果可计算出权变惩罚量表的组合信度（CR）系数为 0.800，大于 0.7 的常用标准。因此，权变惩罚量表具有非常高的信度。

表 5-10　　　　　　　　　权变惩罚量表的信度分析

变量和条目	修正的项目总相关系数	项目删除后的 Cronbach's α	Cronbach's α
权变惩罚	—	—	0.798
cp1	0.567	0.763	—

变量和条目	修正的项目总相关系数	项目删除后的 Cronbach's α	Cronbach's α
cp2	0.581	0.759	—
cp3	0.596	0.754	—
cp4	0.577	0.760	—
cp5	0.585	0.760	—

（2）非权变惩罚量表的信度检验。非权变惩罚量表信度检验如表 5 - 11 所示。根据信度检验检验结果，非权变惩罚量表的 Cronbach's α 系数为 0.765，大于 0.7 的标准。每个项目的修正的项目总相关系数值都大于 0.4。每个项目的项目删除后的 Cronbach's α 系数都小于量表的 Cronbach's α 系数值 0.765。根据表 5 - 10 可知，非权变惩罚量表的组合信度系数（CR）为 0.771，大于 0.7 的常用标准。因此，非权变惩罚量表具有很高的信度。

表 5 - 11   非权变惩罚量表的信度分析

变量和条目	修正的项目总相关系数	项目删除后的 Cronbach's α	Cronbach's α
非权变惩罚	—	—	0.765
ncp1	0.563	0.713	—
ncp2	0.540	0.726	—
ncp3	0.613	0.685	—
ncp4	0.562	0.715	—

（3）公平感知量表的信度检验。公平感知量表的信度检验如表 5 - 12 所示。根据信度检验检验结果，公平感知量表的 Cronbach's α 系数为 0.799，大于 0.7 的标准。每个项目的修正的项目总相关系数值都大于 0.4。每个项目的项目删除后的 Cronbach's α 系数都小于量表的 Cronbach's α 系数值 0.799。根据表 5 - 10 可知，公平感知量表的组合信度系数（CR）为 0.800，大于 0.7 的常用标准。因此，公平感知量表具有非常高的信度。

表 5 - 12 公平感知量表的信度分析

变量和条目	修正的项目总相关系数	项目删除后的 Cronbach's α	Cronbach's α
公平感知	—	—	0.799
pj1	0.576	0.764	—
pj2	0.536	0.772	—
pj3	0.534	0.773	—
pj4	0.574	0.764	—
pj5	0.540	0.772	—
pj6	0.566	0.766	—

（4）道德推脱量表的信度检验。道德推脱量表的信度检验如表 5 - 13 所示。根据信度检验结果，道德推脱量表的 Cronbach's α 系数为 0.829，大于 0.7 的标准。每个项目的修正的项目总相关系数值都大于 0.4。每个项目的项目删除后的 Cronbach's α 系数都小于量表的 Cronbach's α 系数值 0.829。根据表 5 - 10 可知，道德推脱量表的组合信度系数（CR）为 0.831，大于 0.7 的常用标准。因此，道德推脱量表具有非常高的信度。

表 5 - 13 道德推脱量表的信度分析

变量和条目	修正的项目总相关系数	项目删除后的 Cronbach's α	Cronbach's α
道德推脱	—	—	0.829
md1	0.577	0.806	—
md2	0.559	0.808	—
md3	0.561	0.808	—
md4	0.553	0.809	—
md5	0.551	0.810	—
md6	0.548	0.810	—
md7	0.537	0.811	—
md8	0.551	0.809	—

（5）越轨行为量表的信度检验。越轨行为量表信度检验如表 5 - 14 所示。根据信度检验检验结果，越轨行为量表的 Cronbach's α 系数为 0.846，大于 0.7 的标准。每个项目的修正的项目总相关系数值都大于 0.4。每个项目的项目删除后的 Cronbach's α 系数小于量表的 Cronbach's α 系数值 0.846。根据表 5 - 10 可知，越轨行为量表的组合信度系数（CR）为 0.847，大于 0.7 的常用标准。因此，越轨行为量表也拥有非常高的信度。

表 5 - 14 越轨行为量表的信度分析

变量和条目	修正的项目总相关系数	项目删除后的 Cronbach's α	Cronbach's α
越轨行为	—	—	0.846
db1	0.584	0.828	—
db2	0.574	0.829	—
db3	0.589	0.827	—
db4	0.587	0.827	—
db5	0.578	0.828	—
db6	0.568	0.830	—
db7	0.578	0.829	—
db8	0.596	0.826	—

（6）道德认同量表的信度检验。道德认同量表的信度检验如表 5 - 15 所示。根据信度检验检验结果，道德认同量表的 Cronbach's α 系数为 0.800，大于 0.7 的标准。每个项目的修正的项目总相关系数值都大于 0.4。每个项目的项目删除后的 Cronbach's α 系数都小于量表的 Cronbach's α 系数值 0.800。根据表 5 - 10 可知，道德认同量表的组合信度系数（CR）为 0.801，大于 0.7 的标准。因此，道德认同量表拥有非常高的信度。

表 5 – 15 道德认同量表的信度分析

变量和条目	修正的项目总相关系数	项目删除后的 Cronbach's α	Cronbach's α
道德认同	—	—	0.800
mi1	0.561	0.768	—
mi2	0.654	0.737	—
mi3	0.588	0.760	—
mi4	0.560	0.768	—
mi5	0.548	0.772	—

（7）伦理氛围量表的信度检验。伦理氛围量表的信度检验如表 5 – 16 所示。根据信度检验检验结果，伦理氛围量表的 Cronbach's α 系数为 0.798，大于 0.7 的标准。每个项目"修正的项目总相关系数"值都大于 0.4。每个项目在项目删除后的 Cronbach's α 系数都小于量表的 Cronbach's α 系数 0.798。根据表 5 – 10 可知，伦理氛围量表的组合信度（CR）系数为 0.756，大于 0.7 的标准。因此，伦理氛围量表拥有很高信度。

表 5 – 16 伦理氛围量表的信度分析

变量和条目	修正的项目总相关系数	项目删除后的 Cronbach's α	Cronbach's α
伦理氛围	—	—	0.798
ec1	0.525	0.712	—
ec2	0.532	0.710	—
ec3	0.519	0.714	—
ec4	0.518	0.714	—
ec5	0.519	0.714	—

5.2.2 变量测量的区分效度

区分效度反映了不同构念之间的显著差异性。本书采用两种方法判断变量之间的区分效度。

（1）平均变异萃取值（AVE）比较法，比较两个潜在变量的 AVE 的平均值是否大于这两个潜在变量的相关系数的平方（Fornell & Larcker，1981）。根据表 5-9 中各变量的 AVE 值可知以及表 5-17 中的相关系数平方值可知，本书研究变量中的任何两个潜变量的 AVE 平均值均大于二者相关系数的平方。因此各变量具有较好的区分度。

表 5-17 潜变量相关系数的平方

项目	权变惩罚	非权变惩罚	公平感知	道德推脱	越轨行为	道德认同
非权变惩罚	0.153					
公平感知	0.085	0.147				
道德推脱	0.052	0.130	0.077			
越轨行为	0.200	0.199	0.131	0.263		
道德认同	0.004	0.023	0.008	0.047	0.037	
伦理氛围	0.126	0.256	0.147	0.254	0.244	0.027

表 5-18 变量测量的区分效度

项目	χ^2	df	χ^2/df	RMSEA	CFI	TLI	SRMR
七因子模型	1052.068	758	1.388	0.031	0.944	0.940	0.047
六因子模型	1360.056	764	1.780	0.044	0.887	0.879	0.055
五因子模型[a]	1485.402	769	1.932	0.048	0.864	0.855	0.057
五因子模型[b]	1524.303	769	1.982	0.049	0.857	0.847	0.059

续表

项目	χ^2	df	χ^2/df	RMSEA	CFI	TLI	SRMR
五因子模型^c	1480.020	769	1.925	0.047	0.865	0.856	0.058
四因子模型	1738.945	773	2.250	0.055	0.817	0.806	0.063
三因子模型	2124.281	776	2.737	0.065	0.744	0.730	0.072
二因子模型	2459.092	778	3.161	0.072	0.681	0.664	0.079
单因子模型	2963.080	779	3.804	0.082	0.586	0.564	0.089

说明：七因子模型：权变惩罚、非权变惩罚、公平感知、道德推脱、越轨行为、伦理氛围、道德认同；六因子模型：权变惩罚、非权变惩罚、公平感知、道德推脱 + 越轨行为、伦理氛围、道德认同；五因子模型 a：权变惩罚、非权变惩罚 + 伦理氛围、公平感知、道德推脱 + 越轨行为、道德认同；五因子模型 b：权变惩罚、非权变惩罚、公平感知、道德推脱 + 越轨行为 + 伦理氛围、道德认同；五因子模型 c：权变惩罚、非权变惩罚 + 道德推脱 + 伦理氛围、公平感知、越轨行为、道德认同；四因子模型：权变惩罚、非权变惩罚 + 道德推脱 + 越轨行为 + 伦理氛围、公平感知、道德认同；三因子模型：权变惩罚、非权变惩罚 + 公平感知 + 道德推脱 + 越轨行为 + 伦理氛围、道德认同；二因子模型：权变惩罚 + 非权变惩罚 + 公平感知 + 道德推脱 + 越轨行为 + 伦理氛围、道德认同；单因子模型：合并所有因子。 + 表示合并因子。$n = 413$。

（2）基于验证性因子分析的竞争模型比较法。本书研究模型共有 7 个关键变量，首先对七因子模型进行验证性因子分析，并将其作为基准模型。然后根据相关性高低将因子逐步合并，首先合并相关性最高的道德推脱和越轨行为，得到六因子模型。由于非权变惩罚和伦理氛围的相关性较高，因此进一步合并这两个变量得到五因子模型 a。伦理氛围与道德推脱及越轨行为均具有较强的相关性，因此将这 3 个变量合并得到五因子模型 b。伦理氛围分别与非权变惩罚及道德推脱具有较强相关性，因此合并这 3 个变量得到五因子模型 c。进一步将非权变惩罚、道德推脱、越轨行为和伦理氛围这 4 个变量合并，得到四因子模型。在此基础上并入公平感知得到三因子模型。继续并入权变惩罚得到二因子模型。最后合并所有因子得到单因子模型。9 个竞争性模型验证性因子分析结果如表 5 - 18 所示。七因子模型各个拟合指标均全面优于其他模型，说明 7 个变量具有较强的区辨力。综合的验证性因子分析结果如图 5 - 8 所示。除了道德推脱（md）的 2 个题项载荷略低（分别为 0.569 和 0.594），其他载荷均达到 0.6。

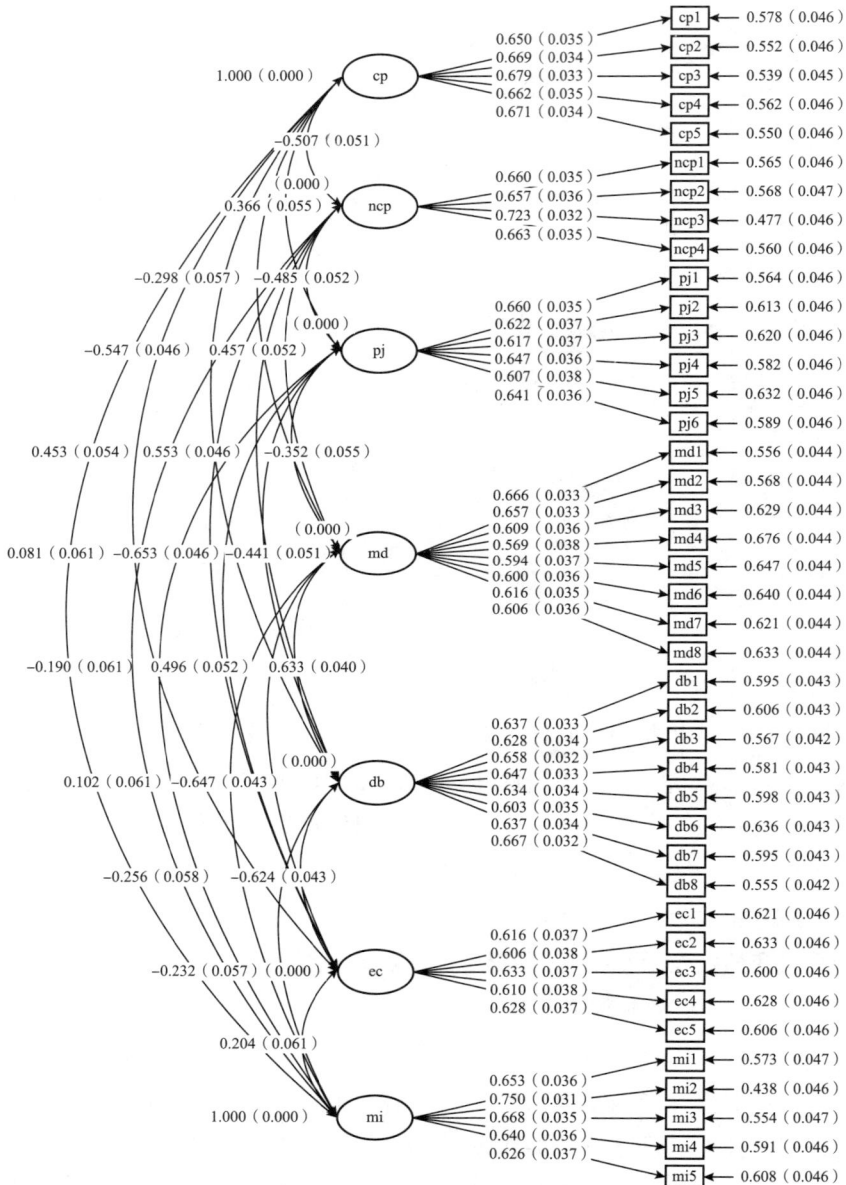

图 5-8　七因子模型的验证性因子分析路径

5.2.3 同源方差检验

对于本书问卷研究可能存在的同源方差问题，除了在数据收集过程中采取匿名问卷、心理隔离法、部分条目使用反向题等事前控制以外（问卷中还加入标签变量以用于事后检验），在数据搜集以后进一步做了事后的统计控制，即同源方差检验。主要采用两种方法：

（1）单因素检验法。采用哈曼（Harman）单因素检验法，将 7 个变量所有的 41 个测量条目全部并入一个变量进行未旋转的探索性因子（EFA）分析。结果发现第一主成分解释的变异量为 23.184%，小于总体变异量（52.771%）的一半。再进一步按照目前的主流做法，对研究变量进行单因子模型的验证性因子分析（CFA）检验，结果发现单因子模型拟合效果很差：χ^2/df 大于 3，RMSEA 和 SRMR 均大于 0.08 的常用标准，而相对拟合指标 CFI 和 TLI 分别为 0.586 和 0.564，远远低于 0.9 的标准。因此，无论是基于 EFA 还是 CFA 的单因素检验法，均表明不能由单个因子来解释本书研究变量数据所有变异，由此认为同源方差问题并不严重。

（2）基于标签变量的偏相关法。参照以往学者的建议做法，选择一个在理论上与研究模型变量不相关的变量作为标签，作为同源方差的代理变量，研究变量与该标签变量的相关性可归结为同源方差问题。将该标签变量作为协变量控制后，研究变量之间的偏相关系数与零阶相关系数的差异则可反映同源方差问题（Lindell & Whitney，2001）。

相关分析表明，标签变量与权变惩罚、非权变惩罚、公平感知、道德推脱、越轨行为、道德认同以及伦理氛围的相关系数分别为 −0.072（p = 0.143）、0.048（p = 0.328），−0.014（p = 0.775）、−0.025（p = 0.619）、−0.009（p = 0.858）、−0.059（p = 0.230）、0.047（p = 0.336），根据 p 值可知，标签变量与理论模型的 7 个核心变量之间均没有显著的相关性。偏相关分析表明，在控制标签变量后，7 个研究变量之间的偏相关系数（如表 5 − 19 所示）与零阶相关系数相比，系数符号、大小及显著性没有发生明显变化。因此，偏相关检验进一步表明本书研究变量的数据同源方差处于可接受的范围。

表 5 – 19 控制标签变量后的偏相关系数

变量	1. 权变惩罚	2. 非权变惩罚	3. 公平感知	4. 道德推脱	5. 越轨行为	6. 道德认同
2. 非权变惩罚	− 0. 389 **					
3. 公平感知	0. 291 **	− 0. 383 **				
4. 道德推脱	− 0. 231 **	0. 362 **	− 0. 279 **			
5. 越轨行为	− 0. 449 **	0. 447 **	− 0. 362 **	0. 513 **		
6. 道德认同	0. 058	− 0. 151 **	0. 087 +	− 0. 218 **	− 0. 194 *	
7. 伦理氛围	0. 360 **	− 0. 510 **	0. 384 **	− 0. 504 **	− 0. 495 **	0. 167 **

说明：$n = 413$；$+ p < 0.1$，$* p < 0.05$，$** p < 0.01$；偏相关分析的自由度为 410。

5.2.4 变量描述统计与相关分析

描述统计与相关分析结果如表 5 – 20 所示。权变惩罚与非权变惩罚负相关（$r = -0.391$，$p < 0.01$）。权变惩罚与公平感知呈正相关（$r = 0.291$，$p < 0.01$），与道德推脱呈负相关（$r = -0.229$，$p < 0.01$），与越轨行为也呈负相关（$r = -0.447$，$p < 0.01$）。非权变惩罚与公平感知呈负相关（$r = -0.383$，$p < 0.01$），与道德推脱呈正相关（$r = 0.361$，$p < 0.01$），与越轨行为也呈正相关（$r = 0.446$，$p < 0.01$）。公平感知与道德推脱呈负相关（$r = -0.278$，$p < 0.01$），与越轨行为也呈负相关（$r = -0.362$，$p < 0.01$）。道德推脱与越轨行为则呈正相关（$r = 0.513$，$p < 0.01$）。因此，双变量皮尔逊相关系数为研究模型中的多级路径假设提供了初步支持。

表 5 – 20 相关分析与描述统计

变量	1. 性别	2. 年龄	3. 教育	4. 工龄	5. cp	6. ncp	7. pj	8. md	9. db	10. mi	11. ec
2	− 0. 024										
3	− 0. 051	− 0. 004									
4	− 0. 062	0. 439 **	− 0. 037								
5	− 0. 050	− 0. 028	− 0. 035	− 0. 040							
6	0. 001	0. 044	− 0. 010	0. 036	− 0. 391 **						

续表

变量	1. 性别	2. 年龄	3. 教育	4. 工龄	5. cp	6. ncp	7. pj	8. md	9. db	10. mi	11. ec
7	0.096	0.019	−0.037	−0.017	0.291 **	−0.383 **					
8	−0.023	0.075	0.071	−0.008	−0.229 **	0.361 **	−0.278 **				
9	0.003	0.029	0.056	0.032	−0.447 **	0.446 **	−0.362 **	0.513 **			
10	0.082 +	−0.015	−0.033	0.037	0.062	−0.153 **	0.087 +	−0.216 **	−0.193 **		
11	0.080	−0.096 +	−0.012	−0.137 **	0.355 **	−0.506 **	0.383 **	−0.504 **	−0.494 **	0.164 **	
M	0.351	31.177	1.649	1.804	2.515	2.225	3.671	2.504	2.309	3.519	3.496
SD	0.478	4.164	0.512	0.702	0.520	0.408	0.463	0.395	0.396	0.434	0.408

说明：$n = 413$；$+ p < 0.1$，$* p < 0.05$，$** p < 0.01$；cp 表示权变惩罚，ncp 表示非权变惩罚，pj 表示公平感知，md 表示道德推脱，db 表示越轨行为，mi 表示道德认同，ec 表示伦理氛围。M 为均值，SD 为标准差。

5.3 中介与调节效应假设检验

在假设检验之前，以越轨行为作为因变量，将控制变量、自变量（权变惩罚、非权变惩罚）、中介变量（公平感知、道德推脱）和调节变量（道德认同、伦理氛围）纳入回归方程进行 OLS 回归后，进行多重共线性分析，发现各变量对应的方差膨胀因子 VIF 值均小于 2，平均 VIF 值等于 1.29，可以认为本书的各个变量之间不存在严重的多重共线性。实证检验将结合 OLS 逐步回归法和 Bootstrap 法。首先检验多级路径假设，包括直接效应、简单中介效应和序列中介效应。其次，检验了道德认同和伦理氛围的调节效应。最后，进一步检验了有调节的中介效应以及有调节的序列中介效应。

5.3.1 多级路径假设检验

多级路径假设检验结果如表 5 − 21 所示。首先采用三步骤层级回归来检验中介效应（Baron & Kenny，1986）。模型 1、模型 4 和模型 7 检验了公平感知在权变惩罚与道德推脱之间的中介效应。模型 1 中，权变惩罚对道德推脱存在负向影响（$\beta = -0.173$，$p < 0.01$）。模型 4 中，权变惩罚对公平感知存在正向影响（$\beta = 0.264$，$p < 0.01$），H4 - 1a 得到支持。模型 7 中同时放入权变惩罚和公平感知，则公平感知对道德推脱的影响显著（$\beta = -0.198$，$p < 0.01$），H4 - 2 得到支持。结合这三个模型结果可知，公平感知在权变惩罚与道德推脱之间的中介效应显著，H4 - 3a 得到支持。

同理，模型 2、模型 5 和模型 8 检验了公平感知在非权变惩罚与道德推脱之间的中介效应。模型 2 中，非权变惩罚对道德推脱存在正向影响（$\beta = 0.348$，$p < 0.01$）。模型 5 中，非权变惩罚对公平感知存在负向影响（$\beta = -0.436$，$p < 0.01$），H4 - 1b 得到支持。模型 8 中同时放入非权变惩罚和公平感知后，则公平感知对道德推脱的影响显著（$\beta = -0.141$，$p < 0.01$），H4 - 2 仍然得到支持。结合模型 2、模型 5 和模型 8 可知，公平感知在非权变惩罚与道德推脱之间的中介效应显著，H4 - 3b 得到支持。

表 5 - 21　　　　　　　多级路径层级回归分析

因变量		道德推脱			公平感知			道德推脱			越轨行为
		模型 1	模型 2	模型 3	模型 4	模型 5	模型 6	模型 7	模型 8	模型 9	模型 10
控制变量	性别	-0.027 (0.040)	-0.018 (0.038)	-0.022 (0.038)	0.106* (0.046)	0.092* (0.044)	0.100* (0.044)	-0.006 (0.039)	-0.005 (0.038)	-0.009 (0.038)	0.009 (0.032)
	年龄	0.009+ (0.005)	0.008 (0.005)	0.008 (0.005)	0.004 (0.006)	0.005 (0.006)	0.005 (0.006)	0.010+ (0.005)	0.009+ (0.005)	0.009+ (0.005)	-0.002 (0.004)
	教育	0.046 (0.037)	0.055 (0.036)	0.052 (0.035)	-0.019 (0.043)	-0.033 (0.041)	-0.026 (0.041)	0.042 (0.036)	0.051 (0.035)	0.048 (0.035)	0.016 (0.029)
	工龄	-0.033 (0.030)	-0.032 (0.029)	-0.034 (0.029)	-0.010 (0.035)	-0.013 (0.033)	-0.009 (0.033)	-0.035 (0.029)	-0.034 (0.029)	-0.035 (0.029)	0.015 (0.024)
自变量	权变惩罚	-0.173** (0.037)		-0.078* (0.038)	0.264** (0.042)		0.153** (0.044)	-0.121** (0.037)		-0.058 (0.038)	-0.200** (0.032)
	非权变惩罚		0.348** (0.045)	0.309** (0.048)		-0.436** (0.052)	-0.360** (0.055)		0.287** (0.048)	0.263** (0.050)	0.162** (0.043)

续表

因变量		道德推脱			公平感知			道德推脱			越轨行为
		模型 1	模型 2	模型 3	模型 4	模型 5	模型 6	模型 7	模型 8	模型 9	模型 10
中介变量	公平感知							−0.198** (0.042)	−0.141** (0.042)	−0.129** (0.043)	−0.103** (0.036)
	道德推脱										0.360** (0.042)
常数项		2.657** (0.186)	1.454** (0.178)	1.747** (0.227)	2.891** (0.214)	4.524** (0.206)	3.951** (0.260)	3.231** (0.218)	2.090** (0.260)	2.258** (0.281)	1.934** (0.253)
R^2		0.065	0.142	0.151	0.099	0.159	0.184	0.113	0.165	0.170	0.422
Adj-R^2		0.053	0.132	0.138	0.088	0.149	0.172	0.100	0.153	0.155	0.410
F		5.62	13.47	12.03	8.91	15.43	15.28	8.64	13.35	11.82	36.84

说明：$n = 413$；$+p < 0.1$，$*p < 0.05$，$**p < 0.01$；括号内是标准误。

对于多自变量的中介模型，需要联合检验中介效应，即同时纳入多个自变量，并考虑自变量之间的交互作用对中介变量和因变量的影响。含有两个自变量的二元中介效应检验采用以下三个步骤（X_1 和 X_2 是自变量，Y 是因变量，M 是中介变量）：

$$Y = c_1 X_1 + c_2 X_2 + c_3 X_1 X_2 + e_1 \tag{5-1}$$

$$M = a_1 X_1 + a_2 X_2 + a_3 X_1 X_2 + e_2 \tag{5-2}$$

$$Y = c_1' X_1 + c_2' X_2 + c_3' X_1 X_2 + bM + \epsilon_3 \tag{5-3}$$

由于自变量权变惩罚和非权变惩罚的乘积项对因变量道德推脱和中介变量公平感知均不存在显著影响（这里考虑的中介路径为：两种惩罚—公平感知—道德推脱），因此可以简化为以下三个步骤：

$$Y = c_1 X_1 + c_2 X_2 + e_1 \tag{5-4}$$

$$M = a_1 X_1 + a_2 X_2 + e_2 \tag{5-5}$$

$$Y = c_1' X_1 + c_2' X_2 + bM + e_3 \tag{5-6}$$

可以看出，包含 2 个自变量的中介效应联合检验实质为：在检验与其中一个自变量有关的中介效应时，三个步骤回归分析均控制了另一个自变量的影响。

二元中介效应联合检验结果如模型 3、模型 6 和模型 9 所示。模型 3 中，权变惩罚对道德推脱存在负向影响（$\beta = -0.078$，$p < 0.05$），非权变惩罚对道德推脱存在正向影响（$\beta = 0.309$，$p < 0.01$）。模型 6 中，权变惩罚和非权变惩罚分别对公平感知存在正向（$\beta = 0.153$，$p < 0.01$）和负向（$\beta = -0.360$，$p < 0.01$）影响。中介效应的联合检验结果表明，H4 – 1a 和 H4 – 1b 仍然得到支持。模型 9 中同时纳入两个自变量（权变惩罚与非权变惩罚）和中介变量公平感知，则公平感知对道德推脱存在负向影响（$\beta = -0.129$，$p < 0.01$），H4 – 2 仍然得到支持。结合模型 3、模型 6 和模型 9 可知，在控制了非权变惩罚后，公平感知在权变惩罚和道德推脱之间的中介效应显著。同样，在控制了权变惩罚后，公平感知在非权变惩罚和道德推脱之间的中介效应也显著。因此中介效应的联合检验仍然支持了 H4 – 3a 和 H4 – 3b。

此外，模型 10 中，在控制了权变惩罚、非权变惩罚和公平感知的情况下，道德推脱对越轨行为的正向影响显著（$\beta = 0.360$，$p < 0.01$），H4 – 4 也得到了支持。最后，基于二元中介效应的联合检验结果，图 5 – 9 和图 5 – 10 分别汇总了非标准化系数和标准化系数的多级路径分析结果。在非标准化系数和标准化系数的路径图中，系数的大小略有变化，但是显著性是一致的。

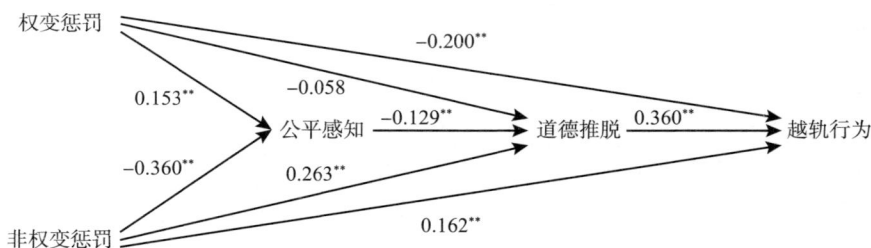

图 5 – 9　多级路径分析的非标准化系数

说明：＊＊ p < 0.01。

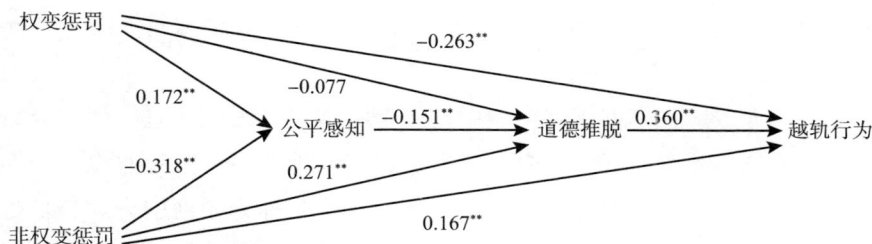

图 5 - 10　多级路径分析的标准化系数

说明：＊＊ p ＜ 0. 01。

参照现有文献关于中介效应检验的主流做法，进一步基于 Bootstrap 检验法（Preacher & Hayes，2004；Zhao et al. ，2010），采用 PROCESS v3. 5 程序插件检验间接效应（该程序可以处理 92 种多元统计应用模型，简单中介效应对应于其中的第 4 个模型）。检验结果如表 5 - 22 所示。

表 5 - 22　　　　　　　惩罚对道德推脱影响路径的 Bootstrap 分析

作用路径	影响路径		Effect	SE	LLCI	ULCI
cp→md	直接效应	cp→md	− 0. 058	0. 038	− 0. 133	0. 017
	间接效应	cp→pj→md	− 0. 020 ＊＊	0. 010	− 0. 043	− 0. 004
ncp→md	直接效应	ncp→md	0. 263 ＊＊	0. 050	0. 164	0. 361
	间接效应	ncp→pj→md	0. 047 ＊＊	0. 018	0. 014	0. 086

说明：$n = 413$；＊ p ＜ 0. 05，＊＊ p ＜ 0. 01；cp 表示权变惩罚，ncp 表示非权变惩罚，pj 表示公平感知，md 表示道德推脱；95％置信度；基于偏差矫正百分位法，抽样 10000 次。

权变惩罚通过公平感知而对道德推脱产生的间接效应显著，95％ 置信区间 ［ − 0. 043， − 0. 004］不包含 0，效应值为 − 0. 02。由于控制了公平感知后，权变惩罚对道德推脱的直接效应变得不显著，95％ 置信区间 ［ − 0. 133， 0. 017］包含 0，因此，公平感知在权变惩罚与道德推脱之间起到完全中介效应。同理，非权变惩罚通过公平感知而对道德推脱产生的间接作用效应也显著，95％ 置信区间 ［0. 014， 0. 086］不包含 0，效应值为 0. 047。由于控制公平感知后，非权变惩罚对道德推脱的直接效应仍然显著，95％ 置信区间 ［0. 164， 0. 361］不包含 0，因此，公平感知在非权变惩罚与道德推脱之间

起到了部分中介效应。由此可知，Bootstrap 检验结果也支持了 H4 – 3a 和
H4 – 3b。

序列中介效应在本书研究模型中处于核心地位，因此在对序列中介效应
检验之前先概要介绍一下序列中介模型的基本原理。当研究者假设一个模型
中的两个或两个以上的中介变量相互影响时，这被称为序列中介。与平行中
介不同，序列中介意味着作为中介角色地位的变量本身就处于一种层级因果
关系中。序列中介对于研究精细的中介因果链十分必要，并且通常被应用于
组织行为和管理领域。

图 5 – 11 描述了一个具有一个自变量、一个因变量，2 个中介变量的序
列中介模型的例子。

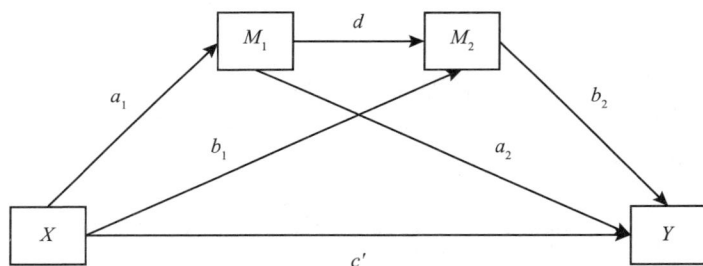

图 5 – 11　双中介序列中介模型

图 5 – 11 中，双中介序列中介模型需要估计以下三个回归方程：

$$M_1 = a_0 + a_1 X + \varepsilon_1 \qquad (5 - 7)$$
$$M_2 = b_0 + dM_1 + b_1 X + \varepsilon_2 \qquad (5 - 8)$$
$$Y = c_0 + c'X + b_2 M_2 + a_2 M_1 + \varepsilon_3 \qquad (5 - 9)$$

在这些方程中，X 代表预测变量，M_1 代表第一个中介变量，M_2 代表第
二个中介变量，Y 代表结果变量。在式（5 – 7）中，a_1 是 M_1 对 X 的回归系
数。在式（5 – 8）中，d 是 M_2 对 M_1 的回归系数，b_1 是 M_2 对 X 的回归系数。
在式（5 – 9）中，a_2 是 Y 对 M_1 的回归系数，b_2 是 Y 对 M_2 的回归系数，c' 是
Y 对 X 的回归系数。三个方程中的截距分别是 a_0、b_0 和 c_0，残差分别为 ε_1、
ε_2 和 ε_3。

与平行中介类似，序列中介模型中的间接效应被分解为几个特定的间接效应。在 2 个中介的例子中，可以区分 3 种特定的间接效应，这 3 条间接路径是通过追踪从 X 到 Y，并经过至少 1 个 M（M_1 或 M_2）的所有可能方式而得到。中介效应由通过中介链中的每段路径系数的乘积来估计。首先，长路径（$X \rightarrow M_1 \rightarrow M_2 \rightarrow Y$）中介涉及 2 个中介，$X$ 通过 M_1 和 M_2 这 2 个序列中介对 Y 的间接效应为 $a_1 db_2$。长路径中介代表了 2 个中介的因具链，因此是序列中介假设的基础。其次，两个短路径中介均只涉及 1 个中介变量。在短路径（$X \rightarrow M_1 \rightarrow Y$）中，$X$ 通过 M_1 对 Y 的间接效应为 $a_1 a_2$。在另一条短路径（$X \rightarrow M_2 \rightarrow Y$）中，$X$ 通过 M_2 对 Y 的间接效应为 $b_1 b_2$。如果长路径中介是显著的，则可以认为存在序列中介。如果长路径中介不显著，这表明其他 2 种形式的短路径中介中的一种有可能显著：如果 2 个短路径中介都显著，这表明是平行中介；如果只有 1 个短路径中介显著，表明是简单中介。在序列中介中，所有间接效应的总和构成总间接效应。总间接效应表明长路径中介和所有短路径中介共同解释 X 对 Y 的影响程度。目前在检验中介效应的方法中，Bootstrap 方法效果最好。因此在本书中，使用 Bootstrap 方法来检验序列中介效应。

进一步利用 PROCESS v3.5 程序插件（采用程序中的第 6 个应用模型）检验两个中介变量构成的序列中介效应。结果如表 5 - 23 所示。权变惩罚对越轨行为的直接效应显著，95% 置信区间［- 0.260，- 0.137］不包含 0，效应值为 - 0.200。权变惩罚对越轨行为的总的间接效应显著，95% 置信区间［- 0.079，- 0.012］不包含 0，效应值为 - 0.044。总间接效应共包括三个部分。其中，权变惩罚通过公平感知对越轨行为产生的间接效应值为 - 0.016，95% 置信区间［- 0.034，- 0.003］不包含 0，效应值为 - 0.016。权变惩罚通过道德推脱对越轨行为产生的间接效应值为 - 0.021，但不显著，95% 置信区间［- 0.054，0.008］包含 0。权变惩罚依次通过公平感知和道德推脱对越轨行为的间接效应显著，95% 置信区间［- 0.016，- 0.001］不包含 0，效应值为 - 0.007，则 H4 - 5a（公平感知和道德推脱在权变惩罚与越轨行为之间的序列中介效应）得到支持。

表 5 - 23　　　　　　　　惩罚对越轨行为影响路径的 **Bootstrap** 分析

作用路径	影响路径		Effect	SE	LLCI	ULCI
cp→db	直接效应	cp→db	-0.200	0.032	-0.260	-0.137
	间接效应	总间接效应	-0.044	0.017	-0.079	-0.012
		cp→pj→db（短路径）	-0.016	0.008	-0.034	-0.003
		cp→md→db（短路径）	-0.021	0.016	-0.054	0.008
		cp→pj→md→db（序列中介）	-0.007	0.004	-0.016	-0.001
ncp→db	直接效应	ncp→db	0.162	0.043	0.077	0.248
	间接效应	总间接效应	0.149	0.028	0.097	0.205
		ncp→pj→db（短路径）	0.037	0.015	0.011	0.070
		ncp→md→db（短路径）	0.095	0.025	0.047	0.147
		ncp→pj→md→db（序列中介）	0.017	0.007	0.005	0.031

说明：$n = 413$；cp 表示权变惩罚，ncp 表示非权变惩罚，pj 表示公平感知，db 表示越轨行为。LLCI 表示置信区间下限，ULCI 表示置信区间上限；95% 置信度；基于偏差矫正百分位法，抽样 10000 次。

　　类似地，非权变惩罚对员工越轨行为存在显著的直接效应，95% 的置信区间 [0.077，0.248] 不包含 0，效应值为 0.162。非权变惩罚对越轨行为的总的间接效应显著，95% 置信区间 [0.097，0.205] 不包含 0，效应值为 0.149。其中，非权变惩罚经由公平感知而对越轨行为产生的间接效应为 0.037，95% 的置信区间 [0.011，0.070] 不包含 0。非权变惩罚经由道德推脱而对越轨行为的间接效应为 0.095，95% 置信区间 [0.047，0.147] 不包含 0。非权变惩罚依次通过公平感知和道德推脱对越轨行为的间接效应（即公平感知和道德推脱在非权变惩罚与越轨行为之间的序列中介效应）也显著，95% 置信区间 [0.005，0.031] 不包含 0，效应值为 0.017，H4 - 5b（公平感知和道德推脱在非权变惩罚与越轨行为之间的序列中介效应）也得到了支持。

5.3.2　调节效应检验

　　本书采用逐步回归法分别检验道德认同对公平感知与道德推脱之间关系

的调节效应以及伦理氛围在道德推脱与越轨行为之间的调节效应。检验结果如表 5 - 24 所示。在模型 1 中放入控制变量和公平感知，在模型 2 中加入调节变量道德认同。两个模型中的公平感知对道德推脱的影响均显著（p < 0.001），且为负向影响。在模型 3 中纳入公平感知和道德认同的乘积项，则该乘积项系数显著（$\beta = 0.228$，p < 0.01），且其符号与公平感知的系数符号相反，表明道德认同减弱了公平感知对道德推脱的影响，H4 - 6（道德认同对公平感知与道德推脱的关系具有弱化调节效应）得到支持。

表 5 - 24　　　　　　　　　　　　调节效应分析

变量	道德推脱			越轨行为		
	模型 1	模型 2	模型 3	模型 4	模型 5	模型 6
性别	0.005 (0.039)	0.017 (0.039)	0.012 (0.039)	0.015 (0.035)	0.031 (0.034)	0.026 (0.033)
年龄	0.010 * (0.005)	0.009 + (0.005)	0.010 * (0.005)	− 0.003 (0.005)	− 0.003 (0.004)	− 0.003 (0.004)
教育	0.046 (0.037)	0.042 (0.036)	0.042 (0.036)	0.017 (0.033)	0.023 (0.031)	0.019 (0.031)
工龄	− 0.032 (0.030)	− 0.026 (0.029)	− 0.030 (0.029)	0.029 (0.027)	0.004 (0.026)	0.002 (0.025)
公平感知	− 0.239 ** (0.041)	− 0.226 ** (0.040)	− 0.223 ** (0.040)			
道德认同		− 0.173 ** (0.043)	− 0.170 ** (0.042)			
公平感知 × 道德认同			0.228 ** (0.087)			
道德推脱				0.516 ** (0.043)	0.353 ** (0.047)	0.309 ** (0.049)
伦理氛围					− 0.312 ** (0.046)	− 0.312 ** (0.046)

续表

变量	道德推脱			越轨行为		
	模型 1	模型 2	模型 3	模型 4	模型 5	模型 6
道德推脱 × 伦理氛围						-0.295 ** (0.102)
常数项	3.050 ** (0.213)	3.624 ** (0.253)	3.594 ** (0.251)	1.025 ** (0.168)	2.548 ** (0.276)	2.637 ** (0.275)
R^2	0.090	0.126	0.140	0.266	0.341	0.354
Adj-R^2	0.079	0.113	0.126	0.257	0.331	0.343
F	8.08 **	9.73 **	9.45 **	29.52 **	34.96 **	31.71 **

说明：$n = 413$；+ $p < 0.1$，* $p < 0.05$，** $p < 0.01$；括号内是标准误。

类似地，在模型 4 中放入控制变量和道德推脱，在模型 5 中加入调节变量伦理氛围。两个模型中的道德推脱对越轨行为均存在显著正向影响（$p < 0.001$）。在模型 6 中进一步放入道德认同和伦理氛围的乘积项，该乘积项的回归系数显著（$\beta = -0.295$，$p < 0.01$），且其符号与道德推脱的系数符号相反，表明伦理氛围会减弱道德推脱与越轨行为的关系，假设 4 - 9（伦理氛围对道德推脱与越轨行为的关系具有弱化调节效应）得到支持。

进一步根据调节变量的高低对样本进行分组，分组依据为：第一，大于均值或小于均值（均值为 M）；第二，大于均值加一个标准差（M + 1SD）或小于均值减一个标准差（M - 1SD）。表 5 - 25 列出了调节效应的简单分组回归结果。当道德认同大于均值时，公平感知对道德推脱存在显著负向影响（$\beta = -0.116$，$p < 0.05$）；当道德认同小于均值时，公平感知对道德推脱的负向影响更为显著（$\beta = -0.348$，$p < 0.01$），且系数绝对值更大。当道德认同大于 M + 1SD 时，公平感知对道德推脱的影响不显著；当道德认同小于 M - 1SD 时，公平感知对道德推脱的负向影响显著（$\beta = -0.291$，$p < 0.01$）。可见假设 4 - 6 得到进一步支持。同样，当伦理氛围大于均值时，道德推脱对越轨行为存在显著的正向影响（$\beta = 0.157$，$p < 0.05$）；当伦理氛围小于均值时，道德推脱对越轨行为的正向影响更显著（$\beta = 0.471$，$p < 0.01$），且系数

值更大。当伦理氛围小于 M－1SD 时，道德推脱对员工越轨行为具有显著正向影响（$\beta = 0.534$，$p < 0.01$）；当伦理氛围大于 M＋1SD 时，道德推脱与越轨行为的关系不显著（$\beta = -0.133$，$p > 0.05$）。因此假设 4－9 得到进一步支持。

表 5－25 　　　　　　　　　调节效应的简单分组回归分析

变量	因变量：道德推脱				因变量：越轨行为			
	按调节变量分组：道德认同				按调节变量分组：伦理氛围			
	>M	<M	>M+1SD	<M－1SD	>M	<M	>M+1SD	<M－1SD
性别	-0.012 (0.051)	0.016 (0.060)	0.026 (0.069)	0.005 (0.046)	0.067[+] (0.038)	-0.035 (0.056)	0.075[+] (0.041)	0.002 (0.043)
年龄	0.008 (0.007)	0.013[+] (0.008)	0.010 (0.008)	0.010[+] (0.006)	0.004 (0.005)	-0.009 (0.007)	0.001 (0.005)	-0.005 (0.006)
教育	-0.019 (0.049)	0.085 (0.054)	-0.032 (0.069)	0.066 (0.041)	-0.049 (0.036)	0.080 (0.051)	-0.078[+] (0.041)	0.041 (0.039)
工龄	-0.034 (0.037)	-0.029 (0.048)	-0.070 (0.057)	-0.025 (0.034)	0.017 (0.029)	0.001 (0.042)	-0.011 (0.035)	0.024 (0.031)
公平感知	-0.116* (0.053)	-0.348** (0.060)	-0.025 (0.072)	-0.291** (0.047)				
道德推脱					0.157* (0.068)	0.471** (0.065)	-0.133 (0.078)	0.534** (0.050)
常数项	2.717** (0.280)	3.348** (0.316)	2.335** (0.377)	3.231** (0.244)	1.668** (0.221)	1.375** (0.264)	2.465** (0.246)	1.059** (0.201)
R^2	0.033	0.175	0.035	0.121	0.056	0.229	0.108	0.276
Adj-R^2	0.007	0.153	-0.027	0.107	0.032	0.210	0.057	0.265
F	1.33	7.82**	0.57	8.86**	2.37*	11.89**	2.12 +	23.89**

说明：$n = 413$；$+ p < 0.1$，$* p < 0.05$，$** p < 0.01$；括号内是标准误；M 表示均值，SD 表示标准差。

采用 Split-Plot 方法画出调节效应示意图，从而直观清晰地显示调节交互模式。根据图 5－12 的 2 条回归直线的斜率关系可知，对于道德认同水平低的员工来说，公平感知对道德推脱的正向影响更强。根据图 5 – 13 中 2 条回归直线的斜率关系可知，当伦理氛围低时，道德推脱对越轨行为存在正向影响。当伦理氛围高时，道德推脱与越轨行为表现为负向关系，但是简单分组回归结果显示该负向影响并不显著，即当伦理氛围高时，道德推脱对越轨行为没有显著影响。因此，简单分组回归和调节交互图进一步支持了 H4 – 6 和 H4 – 9。

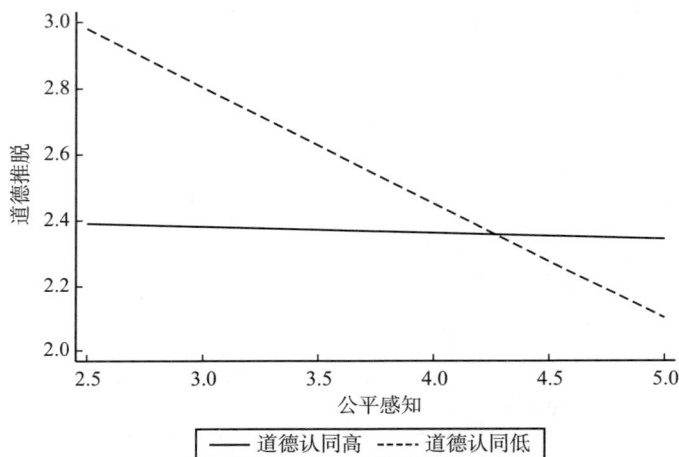

图 5 – 12　道德认同的调节效应

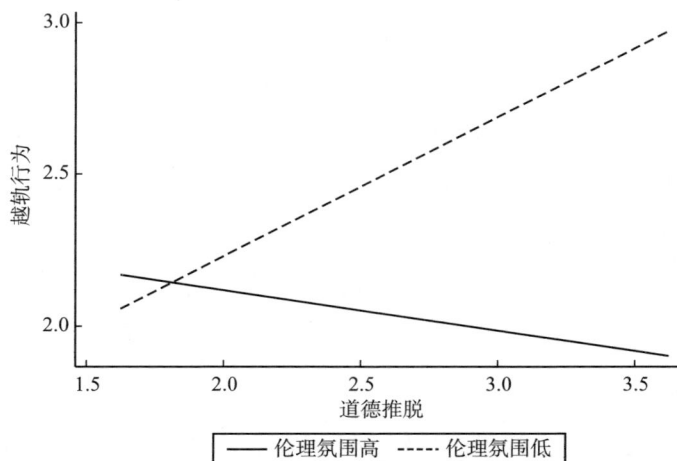

图 5 – 13　伦理氛围的调节效应

5.3.3 有调节的中介与序列中介效应检验

本书采用 PROCESS v3.5 程序插件通过 Bootstrap 法来检验有调节的中介效应以及有调节的序列中介效应。研究 H4 - 7a 和 H4 - 7b 中，道德认同均调节中介效应的第二阶段，该检验对应于 PROCESS v3.5 程序的第 14 个应用模型。采用均值减一个标准差、均值和均值加一个标准差分别表示低度道德认同、中度道德认同和高度道德认同。检验结果如表 5 - 26 所示。

在调节变量道德认同的低、中、高三个不同的水平下，公平感知在权变惩罚和道德推脱之间的中介效应值分别为 - 0.078、- 0.045 和 - 0.022。在低度道德认同和中度道德认同的情况下，95% 的置信区间 [- 0.131，- 0.037] 和 [- 0.075，- 0.020] 均不包括 0，中介效应显著。而在高度道德认同的情况下，95% 置信区间 [- 0.056，0.008] 包括 0，说明此时的中介效应不显著。根据不同水平的道德认同下，公平感知在权变惩罚和道德推脱之间中介效应的效应值及显著性可知，道德认同减弱了公平感知在权变惩罚和道德推脱之间的中介效应。道德认同越高，该中介效应越弱。有调节的中介效应指数 (0.056) 显著，95% 置信区间 [0.005，0.116] 不包括 0，因此 H4 - 7a（道德认同对公平感知在权变惩罚与道德推脱之间的中介作用具有弱化调节效应）得到支持。

表 5 - 26　　　　　　　　　被道德认同调节的中介效应

中介路径	道德认同水平	Effect	SE	LLCI	ULCI	有调节的中介效应指数			
						Index	SE	LLCI	ULCI
cp→pj→md 道德认同调节中介路径的第二阶段	M - 1SD	- 0.078	0.024	- 0.131	- 0.037	0.056	0.028	0.005	0.116
	M	- 0.045	0.014	- 0.075	- 0.020				
	M + 1SD	- 0.022	0.016	- 0.056	0.008				
ncp→pj→md 道德认同调节中介路径的第二阶段	M - 1SD	0.080	0.031	0.025	0.148	- 0.066	0.040	- 0.152	0.006
	M	0.041	0.017	0.010	0.078				
	M + 1SD	0.014	0.022	- 0.030	0.056				

说明：$n = 413$；cp 表示权变惩罚，ncp 表示非权变惩罚，pj 表示公平感知，md 表示道德推脱；95% 置信度；基于偏差矫正百分位法，抽样 10000 次。

　　同理，在道德认同低、中、高这三个不同的水平下，公平感知在非权变惩罚和道德推脱之间的中介效应值依次为 0.080、0.041 和 0.014，可见道德认同水平越高，中介效应值越低。而且低、中、高三水平道德认同所对应的 95% 置信区间依次为 [0.025，0.148]、[0.010，0.078] 和 [−0.030，0.056]。由此可见，在中低度的道德认同下，公平感知在非权变惩罚与道德推脱之间的中介效应是显著的。而在高度的道德认同下，公平感知在非权变惩罚与道德推脱之间的中介效应不显著。因此，道德认同减弱了公平感知在非权变惩罚和道德推脱之间的中介效应，从而支持了 H4 −7b（道德认同对公平感知在非权变惩罚与道德推脱之间的中介作用具有弱化调节效应）。但是，有调节的中介效应指数（−0.066）显著性略偏弱，95% 置信区间 [−0.152，0.006] 包括 0。根据以上检验结果可知，在低中度与高度的道德认同下，公平感知在非权变惩罚和道德推脱之间中介效应的差异是显著的。有调节的中介效应指数不显著的原因可能在于，在低度与中度的道德认同下，公平感知在非权变惩罚和道德推脱之间中介效应差异的统计显著性偏弱。总体来看，H4 −7b 部分得到支持。

　　根据调节变量所调节的中介效应的不同阶段，PROCESS v3.5 程序插件对有调节的序列中介效应采用不同的应用模型来检验。在 H4 −8a 和 H4 −8b 中，道德认同调节的是序列中介的第二阶段，采用 PROCESS v3.5 程序插件的第 91 个应用模型来检验。被道德认同调节的序列中介效应检验结果如表 5 −27 所示。检验结果显示，在道德认同的低、中、高三水平下，公平感知和道德推脱在权变惩罚和越轨行为之间序列中介效应值分别为 −0.031、−0.018 和 −0.009，其绝对值依次变小。在道德认同的低、中水平下，95% 置信区间分别为 [−0.053，−0.014] 和 [−0.031，−0.008]，均不包括 0，说明此时序列中介效应显著。在高水平的道德认同下，95% 置信区间 [−0.023，0.004] 包括 0，说明此时的序列中介效应不显著。比较道德认同在低、中、高这三个不同水平下的序列中介效应值的大小及其显著性可知，道德认同减弱了公平感知和道德推脱在权变惩罚与越轨行为之间的序列中介效应。有调节的序列中介效应指数（0.023）显著，95% 置信区间 [0.002，0.046] 不包括 0。因此 H4 −8a（道德认同对公平感

知和道德推脱在权变惩罚与越轨行为之间的序列中介作用具有弱化调节效
应）得到支持。

表 5 - 27 被道德认同调节的序列中介效应

作用路径	道德认同水平	Effect	SE	LLCI	ULCI	有调节的序列中介效应指数			
						Index	SE	LLCI	ULCI
cp→pj→md→db 道德认同调节序列中介路径的第二阶段	M - 1SD	- 0.031	0.010	- 0.053	- 0.014	0.023	0.011	0.002	0.046
	M	- 0.018	0.006	- 0.031	- 0.008				
	M + 1SD	- 0.009	0.007	- 0.023	0.004				
ncp→pj→md→db 道德认同调节序列中介路径的第二阶段	M - 1SD	0.039	0.014	0.014	0.070	- 0.031	0.015	- 0.072	0.002
	M	0.020	0.008	0.006	0.037				
	M + 1SD	0.008	0.010	- 0.013	0.028				

说明：$n = 413$；cp 表示权变惩罚，ncp 表示非权变惩罚，pj 表示公平感知，md 表示道德推脱，db 表示越轨行为；95% 置信度；基于偏差矫正百分位法，抽样 10000 次。

　　类似地，在道德认同的低、中、高三个不同的水平下，公平感知和道德推脱在非权变惩罚和越轨行为之间序列中介效应值分别为 0.039、0.020 和 0.008，且依次变小。在道德认同的低、中水平下，95% 置信区间 ［0.014，0.070］ 和 ［0.006，0.037］ 不包括 0，说明此时的序列中介效应显著。而在高水平的道德认同下，95% 置信区间 ［- 0.013，0.028］ 包括 0，说明此时的序列中介效应不显著。可见，在道德认同水平高时，公平感知和道德推脱在非权变惩罚与越轨行为之间的序列中介效应较弱。因此，H4 - 8b（道德认同对公平感知和道德推脱在非权变惩罚与越轨行为之间的序列中介作用具有弱化调节效应）得到支持。有调节的序列中介效应指数（- 0.031）的显著性略偏弱，95% 置信区间 ［- 0.072，0.002］ 包括 0。根据以上检验结果可知，在低中度道德认同与高度道德认同下，公平感知和道德推脱在非权变惩罚和道德推脱之间序列中介效应的差异是显著的。有调节的中介效应指数不显著的原因可能在于，在低度和中度的道德认同下，以上序列中介效应差异的显著性偏弱。总体来看，H4 - 8b 部分得到支持。

在 H4 - 10a 和 H4 - 10b 中，伦理氛围调节了序列中介的第三阶段，因此相应地采用 PROCESS v3.5 程序插件的第 87 个应用模型来检验。被伦理氛围调节的序列中介效应检验结果如表 5 - 28 所示。检验结果表明，在伦理氛围的低、中、高三个不同的水平下，公平感知和道德推脱在权变惩罚和越轨行为之间序列中介效应均显著，95% 置信区间均不包括 0。但是，序列中介效应值大小存在差异，依次分别为 - 0.008、- 0.005、- 0.003，而且有调节的序列中介效应指数（0.005）显著，95% 置信区间 [0.0002，0.014] 不包括 0。因此，伦理氛围减弱了公平感知和道德推脱在权变惩罚和越轨行为之间的序列中介效应，H4 - 10a（伦理氛围对公平感知和道德推脱在权变惩罚与越轨行为之间的序列中介作用具有弱化调节效应）得到支持。

表 5 - 28   被伦理氛围调节的序列中介效应

作用路径	伦理氛围水平	Effect	SE	LLCI	ULCI	有调节的序列中介效应指数			
						Index	SE	LLCI	ULCI
cp→pj→md→db 伦理氛围调节序列中介路径的第三阶段	M - 1SD	- 0.008	0.004	- 0.018	- 0.001	0.005	0.004	0.0002	0.014
	M	- 0.005	0.003	- 0.012	- 0.001				
	M + 1SD	- 0.003	0.003	- 0.009	- 0.001				
ncp→pj→md→db 伦理氛围调节序列中介路径的第三阶段	M - 1SD	0.019	0.008	0.006	0.036	- 0.012	0.007	- 0.028	- 0.001
	M	0.011	0.005	0.003	0.024				
	M + 1SD	0.007	0.005	- 0.001	0.019				

说明：$n = 413$；cp 表示权变惩罚，ncp 表示非权变惩罚，pj 表示公平感知，md 表示道德推脱，db 表示越轨行为；95% 置信度；基于偏差矫正百分位法，抽样 10000 次。

类似地，在伦理氛围从低到高三个不同水平下，公平感知和道德推脱在非权变惩罚和越轨行为之间的序列中介效应值分别为 0.019、0.011、0.007。在中、低水平伦理氛围下的序列中介效应显著，95% 置信区间不包括 0。而在高水平伦理氛围下，95% 置信区间包括 0，说明序列中介效应不显著。有调节的序列中介效应指数（- 0.012）显著，95% 置信区间 [- 0.028，- 0.001]

不包括 0。由此可知，伦理氛围减弱了公平感知和道德推脱在非权变惩罚和越轨行为之间的序列中介效应，H4－10b（伦理氛围对公平感知和道德推脱在非权变惩罚与越轨行为之间的序列中介作用具有弱化调节效应）也得到支持。

综合以上的假设检验结果，汇总本书的实证结果如表 5－29 所示。在本书的 16 个假设中，除了 2 个假设（H4－7b 和 H4－8b），其他 14 个假设均得到数据的完全支持。H4－7b 的检验结果表明，有调节的中介效应指数不显著，但是在不同水平的道德认同下，公平感知在非权变惩罚与道德推脱之间的中介效应值的大小存在明显差异，H4－7b 部分得到支持。H4－8b 的检验结果也表明，虽然有调节的中介效应指数不显著，但是在不同水平的道德认同下，2 个中介变量（公平感知和道德推脱）在非权变惩罚与越轨行为之间的序列中介效应值的大小存在明显差异，因此 H4－8b 也部分得到支持。总体来看，本书理论框架及相关假设较好地得到了数据支持。

表 5－29　　　　　　　　　　本书的实证结果汇总

假设	内容	实证结果
H4－1a	权变惩罚对公平感知具有正向影响	支持
H4－1b	非权变惩罚对公平感知具有负向影响	支持
H4－2	公平感知对道德推脱具有负向影响	支持
H4－3a	公平感知在权变惩罚与道德推脱之间起到中介作用	支持
H4－3b	公平感知在非权变惩罚与道德推脱之间起到中介作用	支持
H4－4	道德推脱对越轨行为具有正向影响	支持
H4－5a	公平感知和道德推脱在权变惩罚与越轨行为之间存在序列中介作用，即权变惩罚依次通过公平感知和道德推脱而间接影响越轨行为	支持
H4－5b	公平感知和道德推脱在非权变惩罚与越轨行为之间存在序列中介作用，即非权变惩罚依次通过公平感知和道德推脱而间接影响越轨行为	支持
H4－6	道德认同对公平感知与道德推脱的关系具有调节效应。在道德认同水平高的情况下，公平感知对道德推脱的影响较弱	支持

假设	内容	实证结果
H4－7a	道德认同对公平感知在权变惩罚与道德推脱之间的中介作用具有调节效应。在道德认同水平高的情况下，该中介作用较弱	支持
H4－7b	道德认同对公平感知在非权变惩罚与道德推脱之间的中介作用具有调节效应。在道德认同水平高的情况下，该中介作用较弱	部分支持
H4－8a	道德认同对公平感知和道德推脱在权变惩罚与越轨行为之间的序列中介作用具有调节效应。在道德认同水平高的情况下，该序列中介作用较弱	支持
H4－8b	道德认同对公平感知和道德推脱在非权变惩罚与越轨行为之间的序列中介作用具有调节效应。在道德认同水平高的情况下，该序列中介作用较弱	部分支持
H4－9	伦理氛围对道德推脱与越轨行为的关系具有调节效应。在伦理氛围水平高的情况下，道德推脱对越轨行为的影响较弱	支持
H4－10a	伦理氛围对公平感知和道德推脱在权变惩罚与越轨行为之间的序列中介作用具有调节效应。在伦理氛围水平高的情况下，该序列中介作用较弱	支持
H4－10b	伦理氛围对公平感知和道德推脱在非权变惩罚与越轨行为之间的序列中介作用具有调节效应。在伦理氛围水平高的情况下，该序列中介作用较弱	支持

5.4　本章小结

　　本章首先对调研实施程序、研究样本选择以及变量测量工具进行了详细介绍，同时对本书问卷设计中采取的多种减轻可能的同源方差问题的事前控制和检验同源方差问题的事后控制方法进行了说明。其次，对研究变量测量量表进行了信度和效度的检验，并采用基于未旋转的探索性因子分析的单因素法、基于验证性因子分析的单因素法，以及基于标签变量的偏相关法进行了同源方差检验，发现同源方差问题处于可接受的程度，不会对统计检验结果造成威胁。最后，结合使用 OLS 逐步回归法和 Bootstrap 法对第 4 章提出的

16 个理论假设进行了统计检验。其中，简单中介效应假设、序列中介效应假设、有调节的中介效应假设以及有调节的序列中介效应假设均采用基于偏差矫正百分位法和抽样 10000 次的 Bootstrap 法进行检验。总体来看，研究假设得到了问卷数据的支持。

|第6章|
结论与讨论

本章将基于前面第 3 章、第 4 章以及第 5 章的理论分析和实证数据检验结果，总结主要的研究结论，简要梳理"领导惩罚 – 员工公平感知 – 员工道德推脱 – 员工越轨行为"这四者之间的序列影响关系，以及员工道德认同和组织伦理氛围在这一序列中介过程中的角色，并提炼理论推导过程中的主要逻辑依据。在此基础上，进一步讨论本书研究的理论贡献，具体指出组织和管理者在员工管理实践中如何审慎运用惩罚以发挥惩罚的积极效应，避免惩罚的消极效应。最后指出本书研究不足之处，同时提出对未来研究的展望。

6.1 研究结论

本书基于行为博弈视角进行演化博弈分析，得出权变惩罚抑制员工越轨与非权变惩罚促进员工越轨的核心基本假设，并采用情景实验加以验证。在此基础上，整合公平启发理论和道德推脱理论对领导的两种惩罚影响员工越轨行为的复杂中介与调节机制进行理论推导和假设提炼，并采用企业员工问卷数据对有关假设进行实证检验。通过以上研究得到几个方面结论：

（1）领导惩罚依次通过公平感知和道德推脱而影响员工越轨行为。这一结论建立在几个子结论的逻辑基础之上。根据惩罚类型以及作用阶段的不同，具体分为以下几个子结论：

第一，领导惩罚影响员工的公平感知。具体包括：权变惩罚正向影响公平感知；非权变惩罚负向影响公平感知。产生该结果的原因在于，员工通常认为实施惩罚的理由应该出于报应（即罪有应得）。在报应观下，不当行为的严重性和惩罚的严厉性应该相称，二者达到匹配时的惩罚则被认为是公平的。人们通常从伤害程度、犯罪意图以及是否存在情有可原的情况来确定惩罚严厉程度。员工也会据此对自己应该受到的惩罚形成预期，并通过和实际惩罚比较来作出公平判断。这种判断受到惩罚的一致性（所受惩罚和以往犯有类似错误者所受惩罚是否一致）、合理性（综合过失特征、组织环境、个人特征等因素决定合理的惩罚强度）与解释性（对惩罚原因作出充分解释）的影响。这些特征有利于弥合实际惩罚与员工预期惩罚的缺口，因此符合这些特征的惩罚更可能被员工判断为是公平的。权变惩罚是根据员工表现而权变实施的，具有一致性与合理性，易于解释惩罚理由。而非权变惩罚是与过失不相称的过度或无故处罚，缺乏一致性与合理性，无法提供充分的解释。根据公平启发理论，员工在进行公平判断时，不会理性区分结果公平、程序公平和互动公平，而是通过惩罚事件中不完全信息的启发而快速形成对组织的整体公平感知。因此，在权变惩罚事件信息启发下，员工会感到组织总体上对自己是公平的。相反，在非权变惩罚事件信息启发下，员工会觉得自己总体上遭到了组织的不公平对待。

第二，公平感知负向影响道德推脱。产生这一现象的原因主要在于：当受到不公平对待时，人们更可能启用道德推脱策略。首先，当个体感知到不公平时，独立自我概念更加突出，变得更加自私，缺乏对他人的道德关注，因此更可能引发去人性化和责备归因等道德推脱，漠视他人所受到的伤害。

其次，受到不公平对待的人还会认为自己遭受了太多痛苦，容易产生认知失调。减少这种认知失调的一种途径是在认知上重新安排思维方式，将自己伤害他人的行为合理化（因为别人也这样对待自己），从而容易触发道德辩护、委婉标签、有利比较等道德推脱策略。再其次，受到不公正对待的个体会认为自己也是受害者，有权忽视他人福祉，因此更加关注个人利益，更可能启用责任转移或扩散以及掩盖或歪曲行为后果等道德推脱策略将自己对他人的伤害模糊化，显得伤害性变小。此外，在组织情境下，员工公平感知还会通过合法性感知而影响道德推脱。当感知到不公平后，员工对组织权威及其所维护的制度规范的合法性感知降低，并导致外部规范与内在道德标准不一致，使道德的自我调节机制失活，因此更容易启用道德推脱策略。最后，大量研究证实了公平感知与组织认同的正向关系。道德推脱的一类重要策略是减少对有害行为目标的认同。而员工有害行为指向的目标就是组织及其成员，因此公平感知下降引起的组织认同减少更容易触发去人性化和责备归因等推脱策略。

第三，领导惩罚以公平感知为中介而影响员工道德推脱。具体包括：领导权变惩罚以公平感知为中介而负向影响员工道德推脱；领导非权变惩罚以公平感知为中介而正向影响员工道德推脱。这两个简单中介效应的结论建立在前面的子结论基础之上。本书研究证实，无论权变惩罚还是非权变惩罚都会通过公平感知的桥梁作用而影响员工的道德推脱倾向。但是从本书问卷研究的实证分析结果可以看出，相对于权变惩罚来说，个体对非权变惩罚的反应更为敏感。从直接效应来看，非权变惩罚对道德推脱的影响力度要远远大于权变惩罚对道德推脱的影响力度。从间接效应来看，由于非权变惩罚比权变惩罚对公平感知的影响力度更大，最终导致这两个简单中介效应的效应值存在很大差异，公平感知在非权变惩罚和道德推脱之间的中介作用远大于公平感知在权变惩罚和道德推脱之间的中介作用。可见，非权变惩罚更容易通过降低公平感知和增加道德推脱而引发更多的越轨行为，而权变惩罚通过提升公平感知和减少道德推脱而对越轨行为产生的抑制作用则相对较弱。

第四，道德推脱正向影响越轨行为。主要原因在于：越轨行为往往是不道德的，违反了普遍认可的恰当行为的标准。而个体作为一个能动者能够有意识地对自己施加限制来规范自身行为，避免越轨行为，从而起到自律效果。但是，这种道德的自我调节机制只有在被激活时才起作用。道德推脱意味着个体通过认知重构，允许自己脱离内在的道德标准，可以没有痛苦和愧疚地做出越轨行为，导致道德自律失效。而且现代组织一般建立在等级制结构基础上，虽然目前组织结构存在扁平化发展趋势，但是员工仍然需要服从上级。这就使存在道德推脱倾向的员工有机会将自己的越轨行为后果责任推卸给自己的上级或组织内其他权威人物，从而增加越轨行为。而且工作任务的完成常常依赖团队合作甚至跨团队合作，这意味着员工在道德推脱动机之下便于将个人越轨行为后果进行责任转移或分散，因此也就容易产生越轨行为。此外，组织成员身份划分了内群体和外群体的边界，即使员工越轨行为伤害了外群体的利益，也便于进行道德辩护，即认为自己是为了保护内群体的利益而越轨。可见，工作场所的这些特征为员工越轨行为提供了便于推脱的条件。因此，当员工存在道德推脱的动机倾向时，也就很容易从事越轨行为。

基于以上的子结论所构成的逻辑基础可以得到综合性结论：领导的权变惩罚和非权变惩罚均通过公平感知和道德推脱的序列中介作用而影响员工越轨行为，但是这两种惩罚对越轨行为的影响是相反的：权变惩罚负向影响越轨行为，而非权变惩罚正向影响越轨行为。以上结论均得到了问卷数据的完全支持。

（2）领导惩罚对员工越轨行为的影响受到员工道德认同的调节作用。具体包括两个方面的结论：

第一，道德认同调节了公平感知对道德推脱的影响。产生这一现象的原因主要在于：具有高度道德认同的个体会将道德关注融入核心自我概念中，维护道德自我的心理需求能够促进道德的自我调节机制有效运行。道德认同程度高的员工有强烈动机去维持道德自我，并增加对从事不良行为的心理愧疚的预期体验，从而可以避免道德的自我调节机制失效。这些员工往往更注重各种优良的道德特质，更关心个人行为对他人的影响，而且拥有更为广泛的人际圈，归属于更为广泛的利益群体，因此不太可能采用道德推脱策略将自己对他人的伤害进行合理化。此外，道德认同程度高的个体在道德决策中也较少依赖认知资源，他们往往自动自发地遵守内在道德标准，而不是在经过认知判断或心理权衡之后作出道德决策。本书研究模型中的道德认同特指内在的道德认同。内在道德认同意味着个体的道德行为是出于内在的道德信念，而不是为了通过表面上的道德行为来维持外在道德形象。因此，内在道德认同高的员工会将遵守道德标准作为一种无须思考的自觉行动，即使其感到自己受到不公平对待，也不会通过认知重构来启用道德推脱策略。

第二，被道德认同调节的中介效应。本书研究模型的中介效应包括简单中介效应和序列中介效应。一方面，道德认同调节了公平感知在领导惩罚与员工道德推脱之间的简单中介作用。包括两个子结论：一是公平感知在权变惩罚与道德推脱之间的中介作用受道德认同的调节；二是公平感知在非权变惩罚与道德推脱之间的中介作用受道德认同的调节（该结论得到部分支持）。另一方面，道德认同调节了公平感知和道德推脱在领导惩罚与员工越轨行为之间的序列中介作用。也包括两个子结论：一是公平感知和道德推脱在领导权变惩罚与员工越轨行为之间的序列中介作用受到道德认同的调节；二是公平感知和道德推脱在领导非权变惩罚与员工越轨行为之间的序列中介作用受到道德认同的调节（该结论得到部分支持）。

通过对实证分析的结果比较可知，与权变惩罚相比，道德认同对非权变惩罚经由公平感知的简单中介路径以及经由公平感知和道德推脱的序列中介路径的调节效应均相对较弱。相反，权变惩罚通过增加公平感知而对道德推脱和越轨行为的抑制作用更容易受到道德认同水平的影响。对于道德认同水平高的员工，权变惩罚更可能经由公平感知而减少道德推脱和越轨行为。而对于道德认同水平低的员工，当受到权变惩罚后，更可能出于威慑或功利主义的原因从理性的角度而避免从事越轨行为，而不是由于公平心理以及道德认知的提升而减少越轨行为。

（3）领导惩罚对员工越轨行为的影响受到组织伦理氛围的调节。具体包括两个方面的结论：

第一，伦理氛围调节了道德推脱对越轨行为的影响。伦理氛围反映了员工对具有伦理内容的典型组织实践和程序的普遍感知，能够促使员工遵守伦理准则，并以符合伦理道德的方式行事。在强烈的伦理氛围中，员工会因为合乎道德的行为而受到奖励，也会因违反道德标准而受到组织的正式惩罚（例如，经济上的惩罚、降职等）或者非正式惩罚（遭到他人的冷落、谴责或排斥），从而耗损自己在职场中的可得资源以及影响自己在职场的社会地位。根据资源保存理论，为了减缓资源损耗压力，员工总是努力减少资源损耗以及补充资源。组织内社会关系网络嵌入了大量的情感性和工具性支持资源。虽然越轨行为可能使员工得到一些个人利益，但却存在遭受惩罚、排斥甚至报复等损失风险。根据行为经济学前景理论，由于损失已得收益的负效用比获得等量收益的正效用更大，因此个体对损失比收益更为敏感，导致对资源损失比资源获取更为重视。当组织的伦理氛围浓厚时，员工越轨行为更容易招致道德谴责和严厉处罚，导致自己在组织内的社会支持资源被严重损耗，从而大大制约个人职业发展。因此，伦理氛围对存在道德推脱的员工构成了一种无形的约束。由于受到伦理氛围的制约，员工即使存在道德推脱倾向，也会将遵守组织的制度和规范作为理性选择，从而减少越轨行为。

第二，伦理氛围调节了公平感知和道德推脱在领导惩罚与员工越轨行为之间的序列中介作用。根据惩罚类型不同，具体分为两个子结论：一是公平感知和道德推脱在权变惩罚与员工越轨行为之间的序列中介作用受到伦理氛围的调节；二是公平感知和道德推脱在非权变惩罚与员工越轨行为之间的序列中介作用受到伦理氛围的调节。这两个子结论得到了数据的完全支持。对伦理氛围的高、中、低三个不同水平下的中介效应值和显著性的比较结果均支持了以上两个子结论。总体来看，本书的调节效应分析结果表明，相比于个体的道德认同来说，组织的伦理氛围在领导惩罚对员工越轨行为的影响过程中所起到的边界约束效应相对较强。

6.2 主要理论贡献

（1）本书的研究丰富了惩罚对员工行为影响效应的研究文献。在组织行为学领域，传统激励理论将激励分为正激励和负激励，其中，正激励主要指奖励，负激励主要指惩罚。绝大多数的员工激励研究集中关注各种奖励手段及其实施效应，而对惩罚的研究相对较少。少数研究探讨了惩罚对员工感知、态度、绩效的影响，但是关于惩罚对员工行为（尤其消极行为）的影响研究较为匮乏，尤其缺乏不同类型的惩罚影响员工行为的比较研究。理论界学者和实践界人士均认为惩罚的实施旨在消除员工越轨行为。但是在现实工作场所中，惩罚对员工越轨行为究竟存在怎样的影响却并不清楚，未能得到应有的关注。本书探讨领导惩罚对员工越轨行为的影响机制，可在一定程度上弥补惩罚与员工消极行为之间关系研究的匮乏，丰富了领导惩罚对员工行为的影响效应研究。

（2）本书进一步深化了惩罚效应发生的心理中介机制研究。以往的研究主要基于威慑理论、强化理论、社会学习理论以及前景理论来探讨惩罚的效应。但是，员工未必因为惩罚的威慑、强化作用以及通过社会学习而减少越轨行为。例如，在组织或领导者的惩罚力度加大的同时，员工越轨行为却屡禁不止。人事经济学基于前景理论，仅仅关注惩罚性薪酬合同（与奖励性薪酬合同相比）对个体行为的影响，将惩罚的范畴局限于经济惩罚，而且忽视了其中的心理中介机制。少数研究从传统的组织公平理论视角探讨了惩罚对员工满意度、组织认同和工作投入的影响机制。但是这些单一的理论难以充分揭示惩罚对不良行为的内在心理机制。在现实组织中，员工往往会受到领导惩罚事件的相关信息的启发而产生对整体公平的认知判断。而不公平感知会导致员工的道德认知水平下降，产生道德推脱动机倾向，从而表现出更多的越轨行为，并感到心安理得，从而导致毫无道德愧疚感。有鉴于此，本书整合公正启发理论和道德推脱理论，探讨领导的不同类型惩罚对员工越轨行为的影响路径，证实了公平感知和道德推脱是在惩罚影响越轨过程中的两个重要的序列中介变量，从而深刻揭示了领导惩罚影响员工越轨的公平与道德认知机制，为惩罚效应研究提供了新的视角，在一定程度上丰富和扩展了组织惩罚理论框架。

（3）本书进一步完善了惩罚效应的边界约束机制研究。如前所述，领导的惩罚会通过员工的公平感知和道德推脱而影响其越轨行为的发生。本书还认为这种影响的发生过程会受到员工个体特征和组织情境因素的权变调节或边界制约。从个体层次来说，心理特征不同的员工对惩罚产生的反应不同。

道德认同程度高的员工即使感知到组织对自己的不公平对待，也仍然会维持较高的道德认知水平，从而不会表现出道德推脱；反之，道德认同程度低的员工则容易产生道德推脱。从组织层次来说，在伦理氛围浓厚的组织情境中，即使员工存在道德推脱动机倾向，但是由于受到组织伦理氛围的现实制约和向善引导，其可能不会表现出越轨行为；反之，伦理氛围淡薄的组织情境中，具有道德推脱动机倾向的员工更可能因为缺少外部约束而产生越轨行为。因此，本书基于伦理道德视角，结合个体层次和组织层次极为重要的道德因素，深化了领导惩罚影响效应的边界约束机制研究。

（4）本书从惩罚角度丰富了员工越轨行为的前因研究。领导行为对员工越轨的影响是组织行为研究领域近几年的研究热点。学者们探讨了各种领导风格特征对员工越轨的影响，积累了丰富的研究成果。相关研究探讨了多种消极领导（例如，破坏性领导、剥削型领导、领导虚伪、自利型领导、领导拒谏以及其他有害行为等）对员工越轨行为的正向影响，以及多种积极领导（例如，伦理型领导、自我牺牲型领导、领导正直、授权型领导、领导教练行为、双元领导、精神型领导、真实型领导等）对员工越轨行为的负向影响。学者们还发现某些积极领导（例如，领导谦卑、宽容、幽默、亲社会违规）对员工越轨具有正向影响。学者们集中关注了领导威权和辱虐管理对员工越轨行为的影响，总体上认为领导威权对员工越轨行为存在负向影响，辱虐管理对员工越轨行为存在正向影响，但是个别研究认为，这两种领导行为风格均对员工越轨存在曲线影响。此外，还有研究发现差序式领导（这种领导风格在中国的组织情境中较为典型，而且通常学者们并不将其归为积极领导或消极领导）对员工越轨行为存在正向影响。总体来看，以往研究从领导风格特征视角探讨了影响员工越轨的领导因素，但是却忽视了从惩罚控制视角探讨影响员工越轨的领导因素。而在组织现实情境中，惩罚往往作为一种重要的传统控制手段被用来矫正员工的不良行为表现。但是学术界长期以来却忽视了这种司空见惯的管理控制手段对抑制员工越轨行为的实际效果。本书研究发现了惩罚对员工越轨的双面影响：当惩罚被领导者恰当实施（即权变惩罚）时可以有效地抑制员工越轨，而当惩罚被领导者不恰当地实施时（非权变惩罚）则会激发员工越轨行为。因此，本书从惩罚视角丰富了员工越轨行为的领导因素研究。

6.3 审慎应用惩罚的实践启示

本书研究结论对企业及其管理者发挥惩罚的积极效应和避免惩罚的消极效应，从而减少或消除工作场所越轨行为以提高管理效率和避免危机事故以保障企业高质量稳步发展具有重要的实践启示，具体如下：

（1）管理者要坚持权变惩罚原则以及避免非权变惩罚。惩罚本身是一把"双刃剑"，实施得当可以带来积极后果，实施不当则会引起消极后果，关键在于领导者是否以权变合理方式，根据员工的实际行为表现来实施惩罚。权变惩罚能够减少越轨行为。这与强化理论和威慑理论的观点较为一致。但是不仅如此，权变惩罚还能够提高员工的公平感知和减少道德推脱，从而有利于带来各种积极的心理和行为后果。相反，非权变惩罚却会使得强化和威慑失效，反而会激发员工越轨行为，并降低员工公平感知和增加道德推脱动机，从而可能带来各种消极的心理和行为后果。因此，管理者在惩罚实施过程中要注意，不能一味依赖威慑性的过度惩罚，惩罚应该与员工所犯错误相称，对犯有类似错误的员工应该实施严厉程度一致的惩罚，并综合过失特征、组织环境、个人特征等因素综合权变地决定合理的惩罚。

（2）组织需要完善行为规范条例和惩罚制度。组织中缺乏明确、成文的行为规范和惩罚制度不仅会导致员工行为缺乏指导和约束，也会导致领导在实施惩罚时缺乏有力、可信的依据，并可能出现任意滥用惩罚的现象。因此，组织要完善行为规范条例，制定透明、公开的惩罚程序，从而不仅可以有效地约束员工越轨行为，还可以约束客观存在的领导非权变惩罚，同时也为管理者在惩罚时提供充分的依据。但是无论从客观还是从主观角度来说，非权变惩罚总是难以完全避免，因此需要加以辅助措施来缓解领导非权变惩罚的负面后果。根据公平启发理论，任何类型的不公平事件都可能启发员工的不公平感知，程序公平、结果公平和互动公平存在互补性。因此管理者在惩罚实施过程中要以礼貌和尊重的态度对待员工，从而减轻非权变惩罚对员工公平感知的破坏。同时，组织还要完善员工申述机制，及时响应和处理惩罚实施引起的劳资纠纷，例如，建立和法庭类似的听证会制度，在作出任何惩罚决定之前，让员工有机会陈述自己的立场，并基于双方的陈述和事实依据作出令员工信服的、合理的惩罚决定，从而不仅可以纠正客观存在的非权变惩罚，也可以澄清员工错误感知的非权变惩罚。

（3）管理者要提高惩罚实施过程中的情绪控制能力和沟通技能。惩罚的权变性和非权变性与员工的主观感知密切相关。由于个体在归因过程中普遍存在自利服务偏差，一般倾向于将成功归于自己，而将失败归于外部因素。同理，员工也会将自身的错误及引起的后果归因于同事、领导、客户、供应商或组织制度等外部环境因素，从而可能将领导施加的合理惩罚感知为非权变惩罚。管理者首先要控制自己的负面情绪（如愤怒），避免因自己情绪失控而无故惩罚或过度惩罚员工。同时，管理者还需要提升沟通技能，在实施惩罚的过程中愿意花费一定的时间主动与员工进行耐心而有效的沟通，并善于换位思考和使用移情技能，关注员工对惩罚事件的看法和情绪反应，充分解释惩罚的理由和依据，以坦诚和关怀之心提出反馈建议和表达自己的期许。通过以上做法使得员工深刻认识到自己的行为表现存在的问题，并心悦诚服地接受惩罚，并力图在今后避免再次犯错。这些做法可以极大地避免员工将合理的权变惩罚错误地感知为非权变惩罚，从而导致员工产生消极心理和行为。不仅如此，即使在惩罚事件发生后通过有效的沟通进行及时弥补，也有利于将员工已经产生的非权变惩罚感知转变为权变惩罚感知，从而避免产生消极后果。此外，组织要加强内部沟通网络建设，完善沟通渠道，促进畅通和开放的沟通，并通过管理者培训计划来提升其沟通技能，从而有利于受罚员工充分理解和接受权变惩罚，减少错误感知的非权变惩罚。

（4）组织要建立公平、透明的绩效考核与资源分配程序。本书研究表明，提高员工的公平感知是抑制其道德推脱和越轨行为的重要途径。首先，组织和管理者要制定明确的绩效标准，并将考核标准清晰地传递给员工，确保其正确理解。其次，要采用多维度、多渠道的考核方式，并且要重视员工绩效表现评估的面谈，以恰当的形式将考核结果及时反馈给员工，使得员工对自身表现存在客观而清晰的认识。最后，除了绩效考核的公平性之外，组织在对各部门及员工的工作资源分配程序上也要遵循公平分配的原则。此外，领导者需要意识到自己在绩效考核与资源分配中的重要角色，要克制偏私倾向，在绩效表现考核评估和资源分配过程中公平地对待下属。以上的管理实践有助于营造组织的公平氛围，从而增强员工的整体公平感知，最终减少其道德推脱和越轨行为。

（5）组织要加强员工的伦理道德培训与组织的伦理道德实践。本书研究表明，道德推脱是引起越轨行为的直接前因，而道德认同能够减轻公平感知下降导致的道德推脱。但是，组织管理中要做到绝对的公平是不可能的，不同的员工、不同的管理者对公平的理解都会存在一定的差异。因此，不公平感知难以完全消除，这就导致员工往往不可避免存在一定的道德推脱动机。针对这一现实情况，组织需要制定工作场所道德培训计划，加强对员工和管理者的伦理道德培训，强化其内在的道德标准和增强内在道德信念，从而改变其扭曲的道德认知以及提高道德认同水平，最终可以有效抑制道德推脱动机的产生。由于道德认同作为一种自我概念具有一定的稳定性或可变性，因此除了通过伦理道德培训来提高道德认同之外，组织还可以在招聘和晋升中通过测试和考察进行筛选和甄别，聘用、开发、留任和提拔那些道德认同内化程度高、重视伦理道德的员工。本书研究还发现，伦理氛围对道德推脱引起的越轨行为具有显著制约作用。而伦理氛围是组织成员对组织或部门内的道德政策、实践和程序的整体印象。根据吸引－选择－流失理论，在伦理氛围水平高的情况下，员工对工作中道德行为的构成能够达成更多共识，组织就更能够留住内在道德认同程度高的员工，并吸引道德认同程度高的应聘者进入组织，从而在整体上提高员工的总体道德认同水平，最终又进一步促进组织的伦理氛围水平，以此形成良性循环。因此，组织要充分重视具有道德内涵的各种规则、政策、价值观和行为，加强组织的各种伦理道德实践（例如，提供安全高质量的产品和服务、遵守绿色环保标准、参与慈善与公益活动等践行企业社会责任的行为）以增强组织伦理氛围，从而有效抑制员工道德推脱动机向越轨行为的实际转化。

6.4 研究不足与展望

本书的研究主要存在以下几点不足之处有待完善：

（1）本书的问卷研究通过自我汇报测量越轨行为可能存在统计偏差。测量越轨行为的两种主要方式（员工自我汇报或主管评价）都存在弊端。自我报告可能导致社会称许性偏差，问卷填写者对题项的反应倾向会影响数据可靠性，因为他们会根据社会可接受性而不是真实感受来回答。由于越轨行为被普遍认为是不受欢迎的行为以及出于个人职业发展考虑，员工往往刻意隐瞒，不愿或者有所保留地汇报自己的越轨行为。采用主管汇报可以有效避免社会称许性偏差问题。但是，由于上司在很大程度上能够决定对下属的奖惩和晋升，因此员工在上司面前往往进行印象管理，不敢表现出明显的越轨行为，导致主管只能看到员工的一些显性越轨行为，无法观察到大量隐性越轨行为，因此依靠主管评价员工越轨行为会导致评价不全面。目前，较多研究采用员工自我汇报越轨行为的方式，本书的研究也从员工搜集越轨行为数据。为了减轻同源方差问题，尝试引入多种控制技术，包括：问卷设计阶段的事前控制（采用匿名问卷、引入反向题、分阶段搜集数据、引入标签变量等）和数据分析阶段的事后统计控制（偏相关检验、单因素检验）。本书的统计检验表明，问卷数据的同源方差问题处于可接受的范围，不会对主要研究结果造成威胁，但是不可避免仍然会存在一定程度偏差。

研究展望：消除同源方差的推荐程序是从不同来源或使用不同方法获得预测变量和结果变量的数据。今后的研究可以采用同事评价的方式测量员工越轨行为，例如，邀请同一工作团队的多个同事评价员工越轨行为。这种测量方法不仅可以减轻社会称许性问题和同源方差问题，更加全面地反映越轨行为，因为同事之间工作互动较为频繁，因此员工的隐性越轨行为更容易被同事发现。此外，还可以考虑设计基于某项真实任务的实验，通过实验观察或借助实验设备来获得客观的越轨行为数据。

（2）本书未考虑领导惩罚对不同类型越轨行为的影响差异。本书中对员工越轨行为的概念界定与测量均是基于整体考虑，没有考虑惩罚对不同类型的越轨行为的影响可能存在的差异。越轨行为包括组织越轨行为（损害组织利益）和人际越轨行为（伤害组织中的成员）。由于组织的人格主体较为虚拟，而组织成员的人格主体非常明确，因此员工更可能漠视自己给组织带来的直接损害，而比较在意自己给具体的组织成员所带来的直接伤害。因此，领导惩罚对这两类越轨行为的影响可能存在差异。此外，本书对越轨行为的概念界定是将越轨行为完全作为消极行为看待，认为越轨行为只会造成危害性后果。但是新近研究发现，员工的某些越轨行为可能存在积极效应。这些越轨行为虽然违背组织规范，但是对组织或社会却是有利的，而本书所研究的越轨行为局限于狭义上的破坏性越轨。

研究展望： 今后的研究可以进一步拓展研究空间，考虑探讨以下问题：第一，惩罚对组织越轨行为和人际越轨行为的影响效应和影响机制是否存在差异？第二，惩罚对建设性越轨行为和破坏性越轨行为的影响效应和影响机制是否存在差异？针对以上问题的研究有助于深入洞察惩罚对越轨行为的复杂影响及其内在机制。

（3）本书仅从道德角度考虑领导惩罚影响员工越轨行为的边界条件。由于越轨行为（本书关注的是破坏性越轨）往往违背道德准则，因此本书的研究选择道德认同和伦理氛围作为边界条件，探讨其在领导惩罚影响员工越轨行为过程中的边界约束效应。结果表明，这两个变量对权变惩罚和非权变惩罚影响越轨的过程均存在显著调节效应，而且伦理氛围相比于道德认同来说，在领导惩罚影响员工越轨过程中的调节效应更强。但是，可能还存在其他权变调节因素（例如，员工人格、领导风格、上下级关系等）影响这一作用过程。此外，本书将伦理氛围定位为纠正道德推脱负面效应的一种应对机制。根据组织控制范式，伦理氛围被视为一种非正式控制，而惩罚制度规定与执行则属于正式控制。这两类不同的控制系统对道德推脱负面后果的约束作用是否存在差异尚不得而知。

研究展望： 今后的研究可以进一步探讨员工人格特征（例如，马基雅维利主义、外控性等）的调节效应，这些人格特征是否会增强员工受到不公平对待后的道德推脱动机倾向。其次，还可以考察领导风格特征（例如，服务型领导、自我牺牲型领导）以及领导－成员交换关系的调节效应，这些因素可能会影响员工对领导非权变惩罚行为的宽容程度，进而影响其对公平的判断。此外，还有必要探讨组织的正式控制系统（例如，明晰的行为准则、严格的惩罚制度等）是否对领导惩罚与员工公平感知的关系以及道德推脱与越轨行为的关系存在边界制约效应，以及正式控制和非正式控制的调节效应是否存在差异。

调 研 问 卷

【问 卷 说 明】

1. 本书问卷内容是一次较大规模问卷的一部分，以下问卷中已经剔除了与本书研究无关的题目。

2. 分三次搜集问卷，相隔时间约为两周。

3. 每次问卷均要求汇报人口统计特征变量和常用手机号的末四位数以便匹配问卷。

4. 问卷中插入少数空行，目的是用于甄别和剔除胡乱填写的问卷。

职场生活状况调查问卷（一）

亲爱的员工：

您好！感谢您积极参与本次调研活动。本次调研需要您填写三次问卷，每次填写时间相隔两周。问卷采用匿名形式，所填信息对外保密，并且仅在整体上用于学术研究。请您放心地按照自己的真实感受来填写。以下是第一次问卷。

1. 您的性别：□男　　□女

2. 您的学历：□大专及以下　　□本科　　□硕士研究生及以上

3. 您在目前公司工作年限：约　　　年（请填整数。小于半年忽略不计，大于半年小于1年就算1年，例如，2年5个月就填2年，2年6个月就填3年）

4. 您的出生年月：　　　年　　　月

5. 您常用手机号的最后四位数：

＊全部完成三次问卷后将根据这四位数随机抽奖（设一、二、三等奖）以赠送奖品。

一、请根据您的实际情况和真实感受，在右侧合适的数字上打√，每个题项只能选择一个答案，请不要漏选或多选。

题项	非常不同意	基本不同意	不知道	基本同意	非常同意
1. 如果我的工作表现低于我的能力水平，我的主管会表现出不满	1	2	3	4	5
2. 当我的工作低于可接受的标准时，主管会表现出不悦	1	2	3	4	5
3. 当我表现糟糕时，我的上司会向我指明	1	2	3	4	5
4. 如果我的工作达不到标准，我的上司会责罚我	1	2	3	4	5
5. 当我的工作没有达到标准时，我的主管会向我指出	1	2	3	4	5
6. 我的上司经常让我对自己无法控制的工作结果负责	1	2	3	4	5
7. 我的主管经常无缘无故对我的工作不满	1	2	3	4	5
8. 即使我的表现很好，我的上司也会批评我的工作	1	2	3	4	5
9. 我经常不知什么原因就被上司责罚	1	2	3	4	5

二、以下是描述一个人的九个特征：体贴，富有同情心，公平，友好，慷慨，乐于助人，勤奋，诚实，善良。具有这些特征的人可能是你或其他人。请在脑海中想象具有这些特征的人，并回答以下问题。

题项	非常不同意	基本不同意	不知道	基本同意	非常同意
1. 成为具有这些特征的人会让我感觉很好	1	2	3	4	5
2. 成为具有这些特征的人对我很重要	1	2	3	4	5
3. 成为具有这些特征的人使我感到羞耻	1	2	3	4	5
4. 具有这些特征对我来说并不重要	1	2	3	4	5
5. 我强烈希望具有这些特征	1	2	3	4	5

职场生活状况调查问卷（二）

亲爱的员工：

您好！这是本次系列调研的第二次问卷。问卷仍然采用匿名形式，所填信息对外保密，仅用于学术研究。请您放心按照自己真实感受来填写。谢谢！

1. 您的性别：□男　□女

2. 您的学历：□大专及以下　□本科　□硕士研究生及以上

3. 您在目前公司工作年限：约　　年（请填整数。小于半年忽略不计，大于半年小于1年就算1年，例如，2年5个月就填2年，2年6个月就填3年）

4. 您的出生年月：　　年　　月

5. 您常用手机号的最后四位数：

＊全部完成三次问卷后将根据这四位数随机抽奖（设一、二、三等奖）以赠送奖品。

请根据您的实际情况和真实感受，在右侧合适的数字上打√，每个题项只能选择一个答案，请不要漏选或多选。

题项	非常不同意	基本不同意	不知道	基本同意	非常同意
1. 总的来看，我得到了组织的公平对待	1	2	3	4	5
2. 总的来说，我能够指望这个组织公平对待我	1	2	3	4	5
3. 总的来说，我在这里得到的待遇是公平的	1	2	3	4	5
4. 该组织中的行事方式素来不公平	1	2	3	4	5
5. 大多数情况下，该组织能公平对待员工	1	2	3	4	5
6. 在该组织中，员工经常受到不公平对待	1	2	3	4	5
7. 为了保护你在乎的人，传播谣言是没有关系的	1	2	3	4	5
8. 如果只是借用一下某个东西，可以不经过物主的允许而拿走它	1	2	3	4	5

续表

题项	非常不同意	基本不同意	不知道	基本同意	非常同意
9. 考虑到人们常常极力伪装自己，因此稍微夸大自己的资历也不算什么罪过	1	2	3	4	5
10. 如果人们只是做了一个权威人物让他们做的错事，就不应承担责任	1	2	3	4	5
11. 如果一个人犯了技术上的错误，而其他人也这么做，就不该责怪这人	1	2	3	4	5
12. 将不是你自己的想法归功于自己不是什么大事	1	2	3	4	5
13. 对那些感觉不到受伤害的人就该粗暴对待	1	2	3	4	5
14. 被欺负的人通常是自作自受	1	2	3	4	5

职场生活状况调查问卷（三）

亲爱的员工：

　　您好！这是本次系列调研的第三次也是最后一次问卷。依然采用匿名形式，所填信息对外保密，仅用于学术研究。请您放心按照真实感受来填写。谢谢！

　　1. 您的性别是：□男　□女

　　2. 您的学历：□大专及以下　□本科　□硕士研究生及以上

　　3. 您在目前公司工作年限：约　　　年（请填整数。小于半年忽略不计，大于半年小于 1 年就算 1 年，例如，2 年 5 个月就填 2 年，2 年 6 个月就填 3 年）

　　4. 您的出生年月：　　　年　　　月

　　5. 您常用手机号的最后四位数：

　　＊全部完成三次问卷后将根据这四位数随机抽奖（设一、二、三等奖）以赠送奖品。

　　一、请根据您的实际情况和真实感受，在右侧合适的数字上打√，每个题项只能选择一个答案，请不要漏选或多选。

题项	非常不同意	基本不同意	不知道	基本同意	非常同意
1. 我所在公司有正式的书面道德守则	1	2	3	4	5
2. 我所在公司严格执行道德守则	1	2	3	4	5
3. 我所在公司有关于道德行为的政策	1	2	3	4	5
4. 我所在公司严格执行有关道德行为的政策	1	2	3	4	5
5. 我所在公司的最高管理者已经明确表示不会容忍不道德行为	1	2	3	4	5
6. 我从事现在的工作是因为这份工作能让我维持一个不错的生活质量	1	2	3	4	5
7. 我从事现在的工作是因为这份工作能让我挣不少钱	1	2	3	4	5
8. 我从事现在的工作主要是为了得到工资收入	1	2	3	4	5

二、请您根据实际情况，评价自己过去一年中在工作场所发生以下行为的频繁程度。在右侧合适的数字上打√，每个题项只能选择一个答案，请不要漏选或多选。

题项	从来没有	偶尔会有	不知道	经常会有	每天都有
1. 在工作中咒骂他人	1	2	3	4	5
2. 公开指责他人	1	2	3	4	5
3. 在工作中取笑他人	1	2	3	4	5
4. 未经许可将工作单位的财产归为己有	1	2	3	4	5
5. 没有生病却请病假	1	2	3	4	5
6. 工作中的休息时间超过规定允许的时间	1	2	3	4	5
7. 在未经允许的情况下迟到	1	2	3	4	5
8. 刻意无视上级指示	1	2	3	4	5

三次问卷填写全部结束，再次感谢您的参与！

参 考 文 献

[1] 艾丽，赵宝福，刘孟潇. 领导非权变惩罚对安全偏离行为的影响：消极情绪和道德推脱的链式中介作用 [J]. 安全与环境学报，2021，21 (2)：656–662.

[2] 陈思静，朱玥. 惩罚的另一张面孔：惩罚的负面作用及破坏性惩罚 [J]. 心理科学，2020，43 (4)：911–917.

[3] 陈文晶，时勘. 中国管理者交易型领导的结构与测量 [J]. 管理学报，2014，11 (10)：1453–1459，1513.

[4] 程垦，林英晖. 责任型领导与组织惩罚对亲组织非伦理行为的影响 [J]. 管理科学，2020，33 (6)：100–111.

[5] 丁明智，张浩. 领导非权变惩罚对员工安全操作行为的影响：情绪枯竭和心理韧性的作用 [J]. 华南师范大学学报（社会科学版），2018 (3)：57–64.

[6] 杜鹏程，潘梦，宋锟泰，等. 领导非权变惩罚行为对员工适应性绩效的影响研究 [J]. 管理学报，2023，20 (5)：684–694.

[7] 高日光，孙健敏. 破坏性领导对员工工作场所越轨行为的影响 [J]. 理论探讨，2009 (5)：156–158.

[8] 关涛，晏佳敏. "一碗水端不平"：领导者宽容差序、职场妒忌及其后果研究 [J]. 商业经济与管理，2021 (11)：34–46.

[9] 郭桂梅，段兴民. 不同领导行为对员工创造性差异化影响的实证研究

[J]. 管理科学, 2008 (1): 49 – 57.

[10] 赫根汉, 奥尔森. 学习理论导论: 第 7 版 [M]. 上海: 上海教育出版社, 2010.

[11] 侯杰泰, 温忠麟, 成子娟. 结构方程模型及其应用 [M]. 北京: 教育科学出版社, 2004.

[12] 黄英忠. 曹国雄. 黄同圳, 等. 人力资源管理 [M]. 台北: 华泰文化事业公司, 2002.

[13] 李乃文, 张文文, 牛莉霞. 领导非权变惩罚对矿工不安全行为的影响研究 [J]. 中国安全科学学报, 2019, 29 (12): 1 – 6.

[14] 李茹, 何光远, 赵曙明. 威权型领导是否会引发员工的越轨行为? 来自心理契约违背和个体自尊的解释 [J]. 商业经济与管理, 2022 (6): 29 – 39.

[15] 李绍龙, 龙立荣, 贺伟. 高管团队薪酬差异与企业绩效关系研究: 行业特征的跨层调节作用 [J]. 南开管理评论, 2012, 15 (4): 55 – 65.

[16] 李英武, 张雪儿, 钟舒婕. 威权领导对员工反生产工作行为的影响: 下属负性情绪和传统性的作用 [J]. 经济与管理研究, 2021, 42 (5): 122 – 132.

[17] 李秀娟, 魏峰. 打开领导有效性的黑箱: 领导行为和领导下属关系研究 [J]. 管理世界, 2006 (9): 87 – 93, 128.

[18] 林南. 从个人走向社会: 一个社会资本的视角 [M]. 上海: 上海人民出版社, 2005.

[19] 林少龙, 纪婉萍. 消费者的品牌认同、善因认同与内在道德认同如何促进善因营销的成功 [J]. 南开管理评论, 2020, 23 (4): 25 – 36.

[20] 刘冰, 齐蕾, 徐璐. 棍棒之下出 "孝子" 吗: 员工职场偏差行为研究 [J]. 南开管理评论, 2017, 20 (3): 182 – 192.

[21] 刘文彬, 唐超, 唐杰. 差序式领导对员工反生产行为的影响机制: 基于多理论视角的探索性研究 [J]. 运筹与管理, 2020, 29 (11): 223 – 231.

[22] 刘效广, 王志浩. 情与理对立视角下管理者亲社会违规对员工行为的

影响机理：一项跨层次追踪研究 [J]. 心理科学进展，2018，26（2）：191-203.

[23] 石冠峰，郑雄，唐杰. 领导幽默对员工人际越轨行为的影响机制 [J]. 首都经济贸易大学学报，2021，23（4）：77-86.

[24] 石磊. 道德型领导与员工越轨行为关系的实证研究——一个中介调节作用机制 [J]. 预测，2016，35（2）：23-28.

[25] 孙旭，严鸣，储小平. 基于情绪中介机制的辱虐管理与偏差行为 [J]. 管理科学，2014，27（5）：69-79.

[26] 王斌强，张银燕，杨玲. 金钱惩罚促进 Stroop 任务中的行为表现 [J]. 心理科学，2019，42（6）：1389-1395.

[27] 王德胜，韩杰，李婷婷. 真实型领导如何抑制员工反生产行为？——领导-成员交换的中介作用与自我效能感的调节作用 [J]. 经济与管理研究，2020，41（7）：134-144.

[28] 王石磊，彭正龙，高源. 中国式领导情境下的80后员工越轨行为研究 [J]. 管理评论，2013，25（8）：142-150.

[29] 王晓红，徐峰. 协同创新团队交易型领导力与动态能力关系实证研究：调节定向的中介作用 [J]. 科技进步与对策，2018，35（22）：138-144.

[30] 韦慧民，农梅兰. 领导者攻击型幽默对员工偏差行为的影响 [J]. 中国人力资源开发，2020，37（1）：68-83.

[31] 吴松，翁清雄，张越. 领导拒谏如何影响下属？基于情感事件理论视角 [J]. 管理评论，2023，35（2）：216-227.

[32] 吴新辉，萧鸣政. 基层领导干部领导行为有效性及其作用机制 [J]. 经济与管理研究，2015，36（4）：77-86.

[33] 许红华，张萍. 领导非权变惩罚对员工工作投入的影响：组织公平感知的作用 [J]. 领导科学，2021（4）：76-79.

[34] 许勤，席猛，赵曙明. 辱虐管理与员工反生产行为的曲线关系研究 [J]. 经济管理，2015（6）：143-153.

[35] 张军伟，张亚军，尹长琴，等. 宽恕的代价：领导宽恕、员工道德推脱

与工作场所越轨行为的关系研究 [J]. 管理评论，2023，35（2）：228 –
236.

[36] 张纬良. 力资源管理 [M]. 台北：双叶书廊有限公司，2003.

[37] 张永军，赵国祥. 伦理型领导对员工反生产行为的影响机制：多层次
视角 [J]. 心理科学进展，2015，23（6）：926 – 936.

[38] 张正堂，刁婧文，丁明智. 领导者非权变惩罚行为、组织政治知觉与
员工额外努力意愿的关系：情感信任的调节效应 [J]. 华南师范大学学
报（社会科学版），2017（2）：100 – 108，192.

[39] 张正堂，丁明智. 领导非权变惩罚对员工沉默行为的影响机制研究
[J]. 南京大学学报（哲学·人文科学·社会科学），2018，55（2）：
46 – 55，158 – 159.

[40] 张正堂，李倩. 组织惩罚行为的决策动因与实施效应：研究综述 [J].
经济管理，2014，36（4）：180 – 190.

[41] 张正堂，刘宁，丁明智. 领导非权变惩罚行为对员工组织认同影响的
实证研究 [J]. 管理世界，2018，34（1）：127 – 138，192.

[42] 章鹏，张琪涵，李士一，等. 预期惩罚调节认知控制权衡：来自行为
和 fNIRS 的证据 [J]. 心理科学，2020，43（3）：534 – 541.

[43] 周芳芳，陆露，张亚军，等. 自利型领导对员工越轨行为的影响：基
于认知和情感的双路径研究 [J]. 管理评论，2021，33（7）：237 –
248.

[44] 周如意，龙立荣，贺伟. 自我牺牲型领导与员工反生产行为：领导认
同与心理权利的作用 [J]. 预测，2016，35（3）：1 – 7.

[45] 周志友. 德胜员工守则：全新升级版 [M]. 北京：机械工业出版社，
2013.

[46] Abraham R. Organizational cynicism：Bases and consequences [J]. Genet-
ic，Social，and General Psychology Monographs，2000，126（3）：269 –
293.

[47] Adams J S. Inequity in social exchange [J]. Advances in Experimental Social
Psychology，1965，2（4）：267 – 299.

［48］ Ahmad J, Athar M R, Azam R I, et al. A resource perspective on abusive supervision and extra-role behaviors: The role of subordinates' psychological capital ［J］. Journal of Leadership & Organizational Studies, 2019, 26 (1): 73 – 86.

［49］ Almeida J G, Hartog D N D, De Hoogh A H B, et al. Harmful leader behaviors: Toward an increased understanding of how different forms of unethical leader behavior can harm subordinates ［J］. Journal of Business Ethics, 2022, 180 (1): 215 – 244.

［50］ Alnuaimi O A, Robert L P, Maruping L M. Team size, dispersion, and social loafing in technology-supported teams: A perspective on the theory of moral disengagement ［J］. Journal of Management Information Systems, 2010, 27 (1): 203 – 230.

［51］ Ambrose M L, Schminke M. Sex differences in business ethics: The importance of perceptions ［J］. Journal of Managerial Issues, 1999: 454 – 474.

［52］ Ambrose M L, Schminke M. The role of overall justice judgments in organizational justice research: A test of mediation ［J］. Journal of Applied Psychology, 2009, 94 (2): 491 – 500.

［53］ Aquino K, Becker T E. Lying in negotiations: How individual and situational factors influence the use of neutralization strategies ［J］. Journal of Organizational Behavior, 2005, 26 (6): 661 – 679.

［54］ Aquino K, Douglas S. Identity threat and antisocial behavior in organizations: The moderating effects of individual differences, aggressive modeling, and hierarchical status ［J］. Organizational Behavior and Human Decision Processes, 2003, 90 (1): 195 – 208.

［55］ Aquino K, Lewis M U, Bradfield M. Justice constructs, negative affectivity, and employee deviance: A proposed model and empirical test ［J］. Journal of Organizational Behavior, 1999, 20 (7): 1073 – 1091.

［56］ Aquino K, Reed II A, Thau S, et al. A grotesque and dark beauty: How moral identity and mechanisms of moral disengagement influence cognitive and emotional reactions to war [J]. Journal of Experimental Social Psychology, 2007, 43 (3): 385 – 392.

[57] Aquino K, Reed II A. The self-importance of moral identity [J]. Journal of Personality and Social Psychology, 2002, 83 (6): 1423 – 1440.

[58] Aquino K, Tripp T M, Bies R J. How employees respond to personal offense: The effects of blame attribution, victim status, and offender status on revenge and reconciliation in the workplace [J]. Journal of Applied Psychology, 2001, 86 (1): 52 – 59.

[59] Arvey R D, Ivancevich J M. Punishment in organizations: A review, propositions, and research suggestions [J]. Academy of Management Review, 1980, 5 (1): 123 – 132.

[60] Ashforth B E, Anand V. The normalization of corruption in organizations [J]. Research in Organizational Behavior, 2003, 25: 1 – 52.

[61] Ashforth B. Petty tyranny in organizations [J]. Human relations, 1994, 47 (7): 755 – 778.

[62] Atwater L E, Waldman D A, Carey J A, et al. Recipient and observer reactions to discipline: Are managers experiencing wishful thinking? [J]. Journal of Organizational Behavior, 2001, 22 (3): 249 – 270.

[63] Atwater L E, Yammarino F J. Self-other rating agreement: A review and model [J]. Research in Personnel and Human Resources Management, 1997, 15: 121 – 174.

[64] Baer M D, Frank E L, Matta F K, et al. Undertrusted, overtrusted, or just right? The fairness of (in) congruence between trust wanted and trust received [J]. Academy of Management Journal, 2021, 64 (1): 180 – 206.

[65] Ball G A, Trevino L K, Sims H P. Justice and organizational punishment: Attitudinal outcomes of disciplinary events [J]. Social Justice Research, 1993, 6 (1): 39 – 67.

[66] Ball G A, Trevino L K, Sims Jr H P. Just and unjust punishment: Influ-

ences on subordinate performance and citizenship [J]. Academy of Management Journal, 1994, 37 (2): 299 – 322.

[67] Ball G A, Trevino L K, Sims Jr H P. Understanding subordinate reactions to punishment incidents: Perspectives from justice and social affect [J]. The Leadership Quarterly, 1992, 3 (4): 307 – 333.

[68] Bandura A, Barbaranelli C, Caprara G V, et al. Mechanisms of moral disengagement in the exercise of moral agency [J]. Journal of Personality and Social Psychology, 1996, 71 (2): 364 – 373.

[69] Bandura A. Moral disengagement in the perpetration of inhumanities [J]. Personality and Social Psychology Review, 1999, 3 (3): 193 – 209.

[70] Bandura A, Ross D, Ross S A. Vicarious reinforcement and imitative learning [J]. The Journal of Abnormal and Social Psychology, 1963, 67 (6): 601 – 607.

[71] Bandura A. Selective activation and disengagement of moral control [J]. Journal of Social Issues, 1990, 46 (1): 27 – 46.

[72] Bandura A, Simon K M. The role of proximal intentions in self-regulation of refractory behavior [J]. Cognitive Therapy and Research, 1977, 1 (3): 177 – 193.

[73] Bandura A. Social cognitive theory: An agentic perspective [J]. Annual Review of Psychology, 2001, 52 (1): 1 – 26.

[74] Bandura A. Social cognitive theory of moral thought and action [M]//Handbook of Moral Behavior and Development. Psychology Press, 2014.

[75] Bandura A. Social cognitive theory of self-regulation [J]. Organizational Behavior and Human Decision Processes, 1991, 50 (2): 248 – 287.

[76] Bandura A. Social foundations of thought and action: A social cognitive theory [M]. Englewood Cliffs, NJ: Prentice-Hall, 1986.

[77] Barnett T, Vaicys C. The moderating effect of individuals' perceptions of ethical work climate on ethical judgments and behavioral intentions [J]. Journal of Business Ethics, 2000, 27 (4): 351 – 362.

[78] Baron R A, NeumanJ H. Workplace violence and workplace aggression: Evidence on their relative frequency and potential causes [J]. Aggressive Behavior, 1996, 22 (3): 161 – 173.

[79] Baron R M, Kenny D A. The moderator-mediator variable distinction in social psychological research: Conceptual, strategic, and statistical considerations [J]. Journal of Personality and Social Psychology, 1986, 51 (6): 1 – 3.

[80] Barron G, Yechiam E. Private e-mail requests and the diffusion of responsibility [J]. Computers in Human Behavior, 2002, 18 (5): 507 – 520.

[81] Bass B M. Leadership and performance beyond expectations [M]. New York: Free Press, 1985.

[82] Bass B M. Theory of transformational leadership redux [J]. The Leadership Quarterly, 1995, 6 (4), 463 – 478.

[83] Beevers C G, Worthy D A, Gorlick M A, et al. Influence of depression symptomson history-independent reward and punishment processing [J]. Psychiatry Research, 2013, 207 (1 – 2): 53 – 60.

[84] Bennett R J, Robinson S L. Development of a measure of workplace deviance [J]. Journal of Applied Psychology, 2000, 85 (3): 349 – 360.

[85] Bennett R J. Taking the sting out of the whip: Reactions to consistent punishment for unethical behavior [J]. Journal of Experimental Psychology: Applied, 1998, 4 (3): 248 – 262.

[86] Benson M L. Denying the guilty mind: Accounting for involvement in a white-collar crime [J]. Criminology, 1985, 23 (4): 583 – 607.

[87] Berry C M, Ones D S, Sackett P R. Interpersonal deviance, organizational deviance, and their common correlates: A review and meta-analysis [J]. Journal of Applied Psychology, 2007, 92 (2): 410 – 424.

[88] Bies R J. Are procedural justice and interactional justice conceptually distinct? [M]//Greenberg J, Colquitt J A. Handbook of Organizational Justice. Mahwah, NJ: Erlbaum, 2005.

[89] Bies R J, Moag J F. Interactional justice: Communication criteria of fairness [M]//Lewicki R J, Sheppard B H, Bazerman M H. Research on Negotiations in Organizations (Vol. 1). Greenwich, CT: JAI Press, 1986.

[90] Bies R J, Shapiro D L. Interactional fairness judgments: The influence of causal accounts [J]. Social Justice Research, 1987, 1 (2): 199 – 218.

[91] Blasi A. Moral identity: Its role in moral functioning [M]//Kurtines W, Gewirtz J. Morality, Moral Behavior and Moral Development. New York, NY: Wiley, 1984.

[92] Bodla A A, Tang N, Van Dick R, et al. Authoritarian leadership, organizational citizenship behavior, and organizational deviance: Curvilinear relationships [J]. Leadership & Organization Development Journal, 2019, 40 (5): 583 – 599.

[93] Bong M, Clark R E. Comparison between self-concept and self-efficacy in academic motivation research [J]. Educational psychologist, 1999, 34 (3): 139 – 153.

[94] Bonner J M, Wang C S, Greenbaum R L. Punishment contingency and unethical behavior: The role of uncertainty and justice perceptions [J]. Academy of Management Proceedings, 2016 (1): 16910.

[95] Bosse D A, Phillips R A. Agency theory and bounded self-interest [J]. Academy of Management Review, 2014, 41 (2): 276 – 297.

[96] BottomsA E, Tankebe J. Police legitimacy and the authority of the state [M]. Hart Publishing Limited, 2017.

[97] Braun S, Aydin N, Frey D, et al. Leader narcissism predicts malicious envy and supervisor-targeted counterproductive work behavior: Evidence from field and experimental research [J]. Journal of Business Ethics, 2018, 151: 725 – 741.

[98] Brett J F, Atwater L E, Waldman D A. Effective delivery of workplace discipline: Do women have to be more participatory than men? [J]. Group &

Organization Management, 2005, 30 (5): 487 – 513.

[99] Brief A P, Buttram R T, Dukerich J M. Collective corruption in the corporate world: Toward a process model [M]//Turner M E. Groups at work: Theory and Research. Malwah, New Jersey: Lawrence Erlbaum Associates, 2001.

[100] Brown T J. Advantageous comparison and rationalization of earnings management [J]. Journal of Accounting Research, 2014, 52 (4): 849 – 876.

[101] Bulte E, List J A, Van Soest D. Toward an understanding of the welfare effects of nudges: Evidence from a field experiment in the workplace [J]. The Economic Journal, 2020, 130 (632): 2329 – 2353.

[102] Burns J M. Leadership [M]. New York, Harper & Row, 1978.

[103] Butterfield K D, Trevino L K, Ball G A. Punishment from the manager's perspective: A grounded investigation and inductive model [J]. Academy of Management Journal, 1996, 39 (6): 1479 – 1512.

[104] Butterfield K D, Trevino L K, Wade K J, et al. Organizational punishment from the manager's perspective: An exploratory study [J]. Journal of Managerial Issues, 2005, 17 (3): 363 – 382.

[105] Carlsmith K M, Darley J M, Robinson P H. Why do we punish? Deterrence and just deserts as motives for punishment [J]. Journal of Personality and Social Psychology, 2002, 83 (2): 284 – 299.

[106] Carlsmith K M. On justifying punishment: The discrepancy between words and actions [J]. Social Justice Research, 2008, 21 (2): 119 – 137.

[107] Carlsmith K M. The roles of retribution and utility in determining punishment [J]. Journal of Experimental Social Psychology, 2006, 42 (4): 437 – 451.

[108] Cavender G, Miller K W. Corporate crime as trouble: Reporting on the corporate scandals of 2002 [J]. Deviant Behavior, 2013, 34 (11): 916 – 931.

[109] Chen F X, Zhang X, Laustsen L, Cheng J T. Harsh but expedient: Domi-

nant leaders increase group cooperation via threat of punishment [J]. Psychological science, 2021, 32 (12): 2005 – 2022.

[110] Chen M, Chen C C, Sheldon O J. Relaxing moral reasoning to win: How organizational identification relates to unethical pro-organizational behavior [J]. Journalof Applied Psychology, 2016, 101 (8): 1082 – 1096.

[111] Cheung M F Y, Law M C C. Relationships of organizational justice and organizational identification: The mediating effects of perceived organizational support in Hong Kong [J]. Asia Pacific Business Review, 2008, 14 (2): 213 – 231.

[112] Choi J. Event justice perceptions and employees' reactions: Perceptions of social entity justice as a moderator [J]. Journal of Applied Psychology, 2008, 93 (3): 513 – 528.

[113] Cho J, Treadway D C. Organizational identification and perceived organizational support as mediators of the procedural justice-citizenship behaviour relationship: A cross-cultural constructive replication [J]. European Journal of Work and Organizational Psychology, 2011, 20 (5): 631 – 653.

[114] Ciampa V, Sirowatka M, Schuh S C, et al. Ambivalent identification as a moderator of the link between organizational identification and counterproductive work behaviors [J]. Journal of Business Ethics, 2021, 169 (1): 119 – 134.

[115] Cohan J A. "I didn't know" and "I was only doing my job": Has corporate governance careened out of control? A case study of enron's information myopia [J]. Journal of Business Ethics, 2002, 40 (3): 275 – 299.

[116] Cohen A. Fairness in the workplace: A global perspective [M]. Basingstoke: Palgrave Macmillan, 2015.

[117] Cohen-Charash Y, Spector P E. The role of justice in organizations: A meta-analysis [J]. Organizational Behavior and Human Decision Processes, 2001, 86 (2): 278 – 321.

[118] Cole N D. The effects of differences in explanations, employee attributions,

type of infraction, and discipline severity on perceived fairness of employee discipline [J]. Canadian Journal of Administrative Sciences, 2008, 25 (2): 107 – 120.

[119] Colquitt J A, Conlon D E, Wesson M J, et al. Justice at the millennium: A meta-analytic review of 25 years of organizational justice research [J]. Journal of Applied Psychology, 2001, 86 (3): 425 – 445.

[120] Colquitt J A. Does the justice of the oneinteract with the justice of the many? Reactions to procedural justice in teams [J]. Journal of Applied Psychology, 2004, 89 (4): 633 – 646.

[121] Crockett M J, Kurth-Nelson Z, Siegel J Z, et al. Harm to others outweighs harm to self in moral decision making [J]. Proceedings of the National Academy of Sciences, 2014, 111 (48): 17320 – 17325.

[122] Cropanzano R, Bowen D E, Gilliland S W. The management of organizational justice [J]. Academy of Management Perspectives, 2007, 21 (4): 34 – 48.

[123] Cropanzano R, Prehar C A, Chen P Y. Using social exchange theory to distinguish procedural from interactional justice [J]. Group & Organization Management, 2002, 27 (3): 324 – 351.

[124] Cropanzano R, Rupp D E, Mohler C J, et al. Three roads to organizational justice [J]. Research in Personnel & Human Resources Management, 2001, 20: 1 – 113.

[125] De Cremer D, Tyler T R. The effects of trust in authority and procedural fairness on cooperation [J]. Journal of Applied Psychology, 2007, 92 (3): 639 – 649.

[126] De Kwaadsteniet E W, Kiyonari T, Molenmaker W E, et al. Do people prefer leaders who enforce norms? Reputational effects of reward and punishment decisions in noisy social dilemmas [J]. Journal of Experimental Social Psychology, 2019, 84: 103800.

[127] Deng H, Leung K. Contingent punishment as a double-edged sword: A du-

al-pathway model from a sense-making perspective [J]. Personnel Psychology, 2014, 67 (4): 951 - 980.

[128] Detert J R, Treviño L K, Sweitzer V L. Moral disengagement in ethical decision making: a study of antecedents and outcomes [J]. Journal of Applied Psychology, 2008, 93 (2): 374 - 391.

[129] Diekmann K A. 'Implicit justifications' and self-serving group allocations [J]. Journal of Organizational Behavior, 1997, 18 (1): 3 - 16.

[130] Diener E, Fujita F. Resources, personal strivings, and subjective well-being: A nomothetic and idiographic approach [J]. Journal of Personality and Social Psychology, 1995, 68 (5): 926 - 935.

[131] Dionne S D, Yammarino F J, Atwater L E, et al. Neutralizing substitutes for leadership theory: Leadership effects and common-source bias [J]. Journal of Applied Psychology, 2002, 87 (3): 454 - 464.

[132] Donaldson T, Dunfee T W. Toward a unified conception of business ethics: Integrative social contracts theory [J]. Academy of Management Review, 1994, 19 (2): 252 - 284.

[133] Dorris B. Report to the Nations 2018 global study on occupational fraud and abuseassociation of certified fraud examiners foreword president and CEO, association of certified fraud examiners [R]. 2018, 2222608.

[134] Duffy M K, Scott K L, Shaw J D, et al. A social context model of envy and social undermining [J]. Academy of Management Journal, 2012, 55 (3): 643 - 666.

[135] Einarsen S, Aasland M S, Skogstad A. Destructive leadership behaviour: A definition and conceptual model [J]. The Leadership Quarterly, 2007, 18 (3): 207 - 216.

[136] Eisenhardt K M. Agency theory: An assessment and review [J]. Academy of Management Review, 1989, 14 (1): 57 - 74.

[137] Eisenhardt K M. Control: Organizational and economic approaches [J]. Management Science, 1985, 31 (2): 134 - 149.

[138] Ekanayake S. Agency theory, national culture and management control systems [J]. Journal of American Academy of Business, 2004, 4 (1/2): 49 – 54.

[139] El Akremi A, Gond J P, Swaen V, et al. How do employees perceive corporate responsibility? Development and validation of a multidimensional corporate stakeholder responsibility scale [J]. Journal of Management, 2018, 44 (2): 619 – 657.

[140] Ellard J H, Skarlicki D P. A third-party observer's reactions to employee mistreatment [M]//Gilliland S W, Steiner D D, Skarlicki D P. Emerging Perspectives on Managing Organizational Justice. Greenwich, CT: Information Age Publishing, 2002.

[141] Erkutlu H, Chafra J. Leader psychopathy and organizational deviance: The mediating role of psychological safety and the moderating role of moral disengagement [J]. International Journal of Workplace Health Management, 2019, 12 (4): 197 – 213.

[142] Erkutlu H, Chafra J. Leader's integrity and interpersonal deviance: The mediating role of moral efficacy and the moderating role of moral identity [J]. International Journal of Emerging Markets, 2020, 15 (3): 611 – 627.

[143] Escalas J E, Bettman J R. Self-construal, reference groups, and brand meaning [J]. Journal of Consumer Research, 2005, 32 (3): 378 – 389.

[144] Evans W R, Davis W D, Neely A. The role of organizational cynicism and conscientiousness in the relationship between ethical leadership and deviance [J]. Journal of Managerial Issues, 2021, 33 (1): 49 – 68.

[145] Fehr E, Schmidt K M. A theory of fairness, competition, and cooperation [J]. The Quarterly Journal of Economics, 1999, 114 (3): 817 – 868.

[146] Fehr R, Fulmer A, Keng-Highberger F T. How do employees react to leaders' unethical behavior? The role of moral disengagement [J]. Personnel Psychology, 2020, 73 (1): 73 – 93.

［147］ Fida R, Paciello M, Tramontano C, et al. An integrative approach to understanding counterproductive work behavior: The roles of stressors, negative emotions, and moral disengagement ［J］. Journal of Business Ethics, 2015, 130 (1): 131 – 144.

［148］ Finkel N J, Maloney S T, Valbuena M Z, et al. Recidivism, proportionalism, and individualized punishment ［J］. American Behavioral Scientist, 1996, 39 (4): 474 – 487.

［149］ Fischer P, Krueger J I, Greitemeyer T, et al. The bystander-effect: A meta-analytic review on bystander intervention in dangerous and non-dangerous emergencies ［J］. Psychological Bulletin, 2011, 137 (4): 517 – 537.

［150］ Folger R. Fairness as deonance ［M］//Gilliland S W, Steiner D D, Skarlicki D P. Theoretical and Cultural Perspectives on Organizational Justice. Greenwich, CT: Information Age Publishing, 2001.

［151］ Fornell C, Larcker D F. Evaluating structural equation models with unobservable variables and measurement error ［J］. Journal of Marketing Research, 1981, 18 (1): 39 – 50.

［152］ Fox S, Spector P E, Miles D. Counterproductive work behavior (CWB) in response to job stressors and organizational justice: Some mediator and moderator tests for autonomy and emotions ［J］. Journal of Vocational Behavior, 2001, 59 (3): 291 – 309.

［153］ Frey F M, Cobb A T. What matters in social accounts? The roles of account specificity, source expertise, and outcome loss on acceptance ［J］. Journal of Applied Social Psychology, 2010, 40 (5): 1203 – 1234.

［154］ Fuchs S, Edwards M R. Predicting pro-change behaviour: The role of perceived organisational justice and organisational identification ［J］. Human Resource Management Journal, 2012, 22 (1): 39 – 59.

［155］ Gaertner L, Insko C A. Intergroup discrimination in the minimal group paradigm: Categorization, reciprocation, orfear? ［J］. Journal of Personality and Social Psychology, 2000, 79 (1): 77 – 94.

[156] Gau J M, Corsaro N, Stewart E A, et al. Examining macro-level impacts on procedural justice and police legitimacy [J]. Journal of Criminal Justice, 2012, 40 (4): 333 – 343.

[157] Ghayas M M, Jabeen R. Abusive supervision: Dimensions & scale [J]. New Horizons, 2020, 14 (1): 107 – 130.

[158] Gini G, Pozzoli T, Hymel S. Moral disengagement among children and youth: A meta-analytic review of links to aggressive behavior [J]. Aggressive Behavior, 2014, 40 (1): 56 – 68.

[159] Gino F, Schweitzer M E, Mead N L, et al. Unable to resist temptation: How self-control depletion promotes unethical behavior [J]. Organizational Behavior and Human Decision Processes, 2011 (2): 191 – 203.

[160] Gollwitzer M, Bushman B J. Do victims of injustice punish to improve their mood? [J]. Social Psychological and Personality Science, 2012, 3 (5): 572 – 580.

[161] Gonzalez G C, Hoffman V B, Moser D V. Do effort differences between bonus and penalty contracts persist in labormarkets? [J]. The Accounting Review, 2020, 95 (3): 205 – 222.

[162] Gonzalez-Mulé E, DeGeest D S, Kiersch C E, et al. Gender differences in personality predictors of counterproductive behavior [J]. Journal of Managerial Psychology, 2013, 28 (4): 333 – 353.

[163] Goodwin G P, Gromet D M. Punishment [J]. Wiley Interdisciplinary Reviews: Cognitive Science, 2014, 5 (5): 561 – 572.

[164] Gorden W I, Infante D A, Graham E E. Corporate conditions conducive to employee voice: A subordinate perspective [J]. Employee Responsibilities and Rights Journal, 1988, 1 (2): 101 – 111.

[165] Greenbaum R L, Mawritz M B, Piccolo R F. When leaders fail to "walk the talk" supervisor undermining and perceptions of leader hypocrisy [J]. Journal of Management, 2015, 41 (3): 929 – 956.

[166] Greenberg J. Everybody talks about organizational justice, but nobody does

anything about it [J]. Industrial and Organizational Psychology, 2009, 2 (2): 181 – 195.

[167] Greenberg J. Organizational justice: Yesterday, today, and tomorrow [J]. Journal of Management, 1990, 16 (2): 399 – 432.

[168] Greene J D, Paxton J M. Patterns of neural activity associated with honest and dishonest moral decisions [J]. Proceedings of the National Academy of Sciences, 2009, 106 (30): 12506 – 12511.

[169] Haidt J. The emotional dog and its rational tail: A social intuitionist approach to moral judgment [J]. Psychological Review, 2001, 108 (4): 814 – 834.

[170] Haidt J. The new synthesis in moral psychology [J]. Science, 2007, 316 (5827): 998 – 1002.

[171] Hair J F, Anderson R E, Babin B J, et al. Multivariate data analysis (8th ed.) [M]. Hampshire, UK: Cengage Learning, 2019.

[172] Hamner W C, Organ D W. Organizational behavior: An applied psychological approach [M]. Dallas, TX: Business Publications, 1978.

[173] Hardy S A, Carlo G. Identity as a source of moral motivation [J]. Human development, 2005, 48 (4): 232 – 256.

[174] Hershcovis M S, Turner N, Barling J, et al. Predicting workplace aggression: A meta-analysis [J]. Journal of Applied Psychology, 2007, 92 (1): 228 – 238.

[175] Hertz S G, Krettenauer T. Does moral identity effectively predict moral behavior?: A meta-analysis [J]. Review of General Psychology, 2016, 20 (2): 129 – 140.

[176] Hinelo R, Podungge R, Ambo H. The effect of reward and punishment implementation on employee performance at the Gorontalo food and drug supervisory office [J]. Jurnal Ekonomi, 2023, 12 (1): 833 – 839.

[177] Hinkin T R, Schriesheim C A. Leader reinforcement, behavioral integrity, and subordinate outcomes: A social exchange approach [J]. The Leader-

ship Quarterly, 2015, 26 (6): 991 – 1004.

[178] Hobfoll S E. Conservation of resources: A new attempt at conceptualizing stress [J]. American Psychologist, 1989, 44 (3): 513 – 524.

[179] Hobfoll S E, Freedy J, Lane C, et al. Conservation of social resources: Social support resource theory [J]. Journal of Social and Personal Relationships, 1990, 7 (4): 465 – 478.

[180] Hobfoll S E, Jackson A P. Conservation of resources in community intervention [J]. American Journal of Community Psychology, 1991, 19 (1): 111 – 121.

[181] Hoel H, Glasø L, Hetland J, et al. Leadership styles as predictors of self-reported and observed workplace bullying [J]. British Journal of Management, 2010, 21 (2): 453 – 468.

[182] Huang G, Wellman N, Ashford S J, et al. Deviance and exit: The organizational costs of job insecurity and moral disengagement [J]. Journal of Applied Psychology, 2017, 102 (1): 26 – 42.

[183] Hu L, Bentler P M. Fit indices in covariance structure modeling: Sensitivity to underparameterized model misspecification [J]. Psychological Methods, 1998, 3 (4): 424 – 453.

[184] Iriqat R A M. Gender leadership styles in enhancing workforce performance in Palestinian public institutions: The role of mediating organizational citizenship behavior [J]. International Review of Management and Business Research, 2017, 6 (1): 93 – 104.

[185] Jacobson R P, Marchiondo L A, Jacobson K J L, et al. The synergistic effect of descriptive and injunctive norm perceptions on counterproductive work behaviors [J]. Journal of Business Ethics, 2020, 162 (1): 191 – 209.

[186] Jennings P L, Mitchell M S, Hannah S T. The moral self: A review and integration of the literature [J]. Journal of Organizational Behavior, 2015, 36 (S1): S104 – S168.

[187] Jensen M C, Meckling W H. Theory of the firm: Managerial behaviour, agency costs and ownership structure [J]. Journal of Financial Economics, 1976, 3 (4): 305 – 360.

[188] Jiang J Y, Law K S. Two parallel mechanisms of the relationship between justice perceptions and employees' citizenship behaviour: A comparison of the organizational identification and social exchange perspective [J]. European Journal of Work and Organizational Psychology, 2013, 22 (4): 423 – 435.

[189] Johnson R E, King D D, Lin S H J, et al. Regulatory focus trickle-down: How leader regulatory focus and behavior shape follower regulatory focus [J]. Organizational Behavior and Human Decision Processes, 2017, 140: 29 – 45.

[190] Johnson R E, Lord R G. Implicit effects of justice on self-identity [J]. Journal of Applied Psychology, 2010, 95 (4): 681 – 695.

[191] Judge T A, Erez A, Bono J E, et al. The core self-evaluations scale: Development of a measure [J]. Personnel Psychology, 2003, 56 (2): 303 – 331.

[192] Jusmita J, Frinaldi A. The influence of leadership style, awards, and punishment on Praja discipline at the institute of domestic government (IPDN) campus in west Sumatra [J]. Jurnal Ilmiah Ilmu Administrasi Publik, 2021, 11 (2): 453 – 474.

[193] Kahneman D. Thinking fast and slow [M]. Farrar: NY, Straus and Giroux, 2011.

[194] Kahneman D, Tversky A. Prospect theory: An analysis of decision under risk [J]. Econometrica, 1979, 47 (2): 263 – 292.

[195] Kavussanu M, Stanger N, Ring C. The effects of moral identity on moral emotion and antisocial behavior in sport [J]. Sport, Exercise, and Performance Psychology, 2015, 4 (4): 268 – 279.

[196] Kazdin, A E. Behavior modification in applied settings [M]. Homewood,

Ill. : Dorsey Press, 1975.

[197] Keller L B, Oswald M E, Stucki I, et al. A closer look at an eye for an eye: Laypersons' punishment decisions are primarily driven by retributive motives [J]. Social Justice Research, 2010, 23 (2 – 3): 99 – 116.

[198] Kelly C M, Rofcanin Y, Las Heras M, et al. Seeking an "i-deal" balance: Schedule-flexibility i-deals as mediating mechanisms between supervisor emotional support and employee work and home performance [J]. Journal of Vocational Behavior, 2020, 118: 103369.

[199] Kim M, Beehr T A. Job crafting mediates how empowering leadership and employees' core self-evaluations predict favourable and unfavourable outcomes [J]. European Journal of Work and Organizational Psychology, 2020, 29 (1): 126 – 139.

[200] Kish-Gephart J, Detert J, Treviño L K, et al. Situational moral disengagement: Can the effects of self-interest bemitigated? [J]. Journal of Business Ethics, 2014, 125 (2): 267 – 285.

[201] Kish-Gephart J J, Harrison D A, Treviño L K. Bad apples, bad cases, and bad barrels: Meta-analytic evidence about sources of unethical decisions at work [J]. Journal of Applied Psychology, 2010, 95 (1): 1 – 31.

[202] Klaussner S. Engulfed in the abyss: The Emergence of abusive supervision as an escalating process of supervisor-subordinate interaction [J]. Human Relations, 2014, 67 (3): 311 – 332.

[203] Konovsky M A. Understanding procedural justice and its impact on business organizations [J]. Journal of Management, 2000, 26 (3): 489 – 511.

[204] Koopman J, Lin S H, Lennard A C, et al. My coworkers are treated more fairly than me! A self-regulatory perspective on justice social comparisons [J]. Academy of Management Journal, 2020, 63 (3): 857 – 880.

[205] Kosfeld M. The role of leaders in inducing and maintaining cooperation: The CC strategy [J]. The Leadership Quarterly, 2020, 31 (3): 101292.

[206] Kouchaki M, Wareham J. Excluded and behaving unethically: Social exclusion, physiological responses, and unethical behavior [J]. Journal of Applied Psychology, 2015, 100 (2): 547 – 556.

[207] Lee K Y, Kim E, Bhave D P, et al. Why victims of undermining at work become perpetrators of undermining: An integrative model [J]. Journal of Applied Psychology, 2016, 101 (6): 915 – 924.

[208] Leventhal G S. What should be done with equitytheory? [M]//Gergen K J, Greenberg M S, Willis R H. Social Exchange. Boston, MA: Springer, 1980.

[209] Liang J, Ma H. Interpersonal injustice and perceived legitimacy of authority: Therole of institutional trust and informational justice [J]. Journal of Community & Applied Social Psychology, 2021, 31 (2): 184 – 197.

[210] Liden R C, Wayne S J, Judge T A, et al. Management of poor performance: A Comparison of manager, group member, and group disciplinary decisions [J]. Journal of Applied Psychology, 1999, 84 (6): 835 – 850.

[211] Li L, McMurray A. Corporate fraud trends [M]//Corporate Fraud Across the Globe. Singapore: Springer Nature Singapore, 2022.

[212] Lim V K G. The IT way of loafing on the job: Cyberloafing, neutralizing and organizational justice [J]. Journal of organizational behavior, 2002, 23 (5): 675 – 694.

[213] Lind E A. Fairness heuristic theory: Justice judgments as pivotal cognitions in organizational relations [M]//Greenberg J, Cropanzano R. Advances in Organizational Justice. Stanford, CA: Stanford University Press, 2001.

[214] Lind E A, Kulik C T, Ambrose M L, et al. Individual and corporate dispute resolution: Using procedural fairness as a decision heuristic [J]. Administrative Science Quarterly, 1993, 38 (2): 224 – 251.

[215] Lind E A, Tyler T R. The social psychology of procedural justice [M].

Springer: US, 1988.

[216] Lindell M K, Whitney D J. Accounting for common method variance in cross-sectional research designs [J]. Journal of Applied Psychology, 2001, 86 (1): 114 –121.

[217] Lin Y. Constructing service sabotage management grid: An effective tool to reduce service sabotage behavior in service industry [J]. Journal of Service Science Research, 2017, 9 (1): 73 –90.

[218] Lipman-Blumen J. The allure of toxic leaders: Why we follow destructive bosses and corrupt politicians-and how we can survive them [M]. Oxford University Press, USA, 2006.

[219] Liu F, Liang J, Chen M. The danger of blindly following: Examining the relationship between authoritarian leadership and unethical pro-organizational behaviors [J]. Management and Organization Review, 2021, 17 (3): 1 –27.

[220] Liu L, Mei Q, Skogstad A, et al. Linking safety-specific leader reward and punishment omission to safety compliance behavior: The role of distributive justice and role ambiguity [J]. Frontiers in Public Health, 2022, 10: 841345.

[221] Loewenstein G F, Thompson L, Bazerman M H. Social utility and decision making in interpersonal contexts [J]. Journal of Personality and Social psychology, 1989, 57 (3): 426 –441.

[222] Lyu Y, Wu L Z, Ye Y, et al. Rebellion under exploitation: How and when exploitative leadership evokes employees' workplace deviance [J]. Journal of Business Ethics, 2023, 185 (3): 483 –498.

[223] MacKenzie S B, Podsakoff P M, Rich G A. Transformational and transactional leadership and salesperson performance [J]. Journal of the Academy of Marketing Science, 2001, 29 (2): 115 –134.

[224] Mael F, Ashforth B E. Alumni and their alma mater: A partial test of the reformulated model of organizational identification [J]. Journal of Organiza-

tional Behavior, 1992, 13 (2): 103 – 123.

[225] Malhotra N, Sahadev S, Sharom N Q. Organisational justice, organisational identification and job involvement: The mediating role of psychological need satisfaction and the moderating role of person-organisation fit [J]. The International Journal of Human Resource Management, 2022, 33 (8): 1526 – 1561.

[226] Malik A, Sinha S, Goel S. A qualitative review of 18 years of research on workplace deviance: New vectors and future research directions [J]. Human Performance, 2021, 34 (4): 271 – 297.

[227] Marcus B, Taylor O A, Hastings S E, et al. The structure of counterproductive work behavior: A review, a structural meta-analysis, and a primary study [J]. Journal of Management, 2016, 42 (1): 203 – 233.

[228] Markowich M M. A positive approach to discipline [J]. Personnel, 1989, 66 (8): 60 – 63.

[229] Martin K D, Cullen J B. Continuities and extensions of ethical climate theory: A meta-analytic review [J]. Journal of Business Ethics, 2006, 69 (2): 175 – 194.

[230] Mawritz M B, Greenbaum R L, Butts M M, et al. I just can't control myself: A self-regulation perspective on the abuse of deviant employees [J]. Academy of Management Journal, 2017, 60 (4): 1482 – 1503.

[231] Mayer D M, Aquino K, Greenbaum R L, et al. Who displays ethical leadership, and why does it matter? An examination of antecedents and consequences of ethical leadership [J]. Academy of Management Journal, 2012, 55 (1): 151 – 171.

[232] Mayer D M, Kuenzi M, Greenbaum R L. Examining the link between ethical leadership and employee misconduct: The mediating role of ethical climate [J]. Journal of Business Ethics, 2010, 95 (1): 7 – 16.

[233] Mazerolle L, Antrobus E, Bennett S, et al. Shaping citizen perceptions of police legitimacy: A randomized field trial of procedural justice [J]. Crim-

inology, 2013, 51 (1): 33 – 63.

[234] McAlister A L, Bandura A, Owen S V. Mechanisms of moral disengagement in support of military force: The impact of Sept. 11 [J]. Journal of Social and Clinical Psychology, 2006, 25 (2): 141 – 165.

[235] McCleskey J A. Situational, transformational, and transactional leadership and leadership development [J]. Journal of Business Studies Quarterly, 2014, 5 (4): 117 – 130.

[236] McFerran B, Aquino K, Duffy M. How personality and moral identity relate to individuals' ethical ideology [J]. Business Ethics Quarterly, 2010, 20 (1): 35 – 56.

[237] McLean K. Revisiting the role of distributive justice in Tyler's legitimacy theory [J]. Journal of Experimental Criminology, 2020, 16 (2): 335 – 346.

[238] McLean K, Wolfe S E. A sense of injustice loosens the moral bind of law: Specifying the links between procedural injustice, neutralizations, and offending [J]. Criminal Justice and Behavior, 2016, 43 (1): 27 – 44.

[239] McNamara T, Meloso D, Michelotti M, et al. 'You are free to choose... are you?' Organisational punishment as a productivity incentive in the social science literature [J]. Human Relations, 2022, 75 (2): 322 – 348.

[240] Mehra A, Kilduff M, Brass D J. The social networks of high and low self-monitors: Implications for workplace performance [J]. Administrative Science Quarterly, 2001, 46 (1): 121 – 146.

[241] Mertens W, Recker J. Can constructive deviance be empowered? A multi-level field study in Australian supermarkets [J]. Journal of Retailing and Consumer Services, 2020, 54: 102036.

[242] Messick DM, Bazerman M H. Ethical leadership and the psychology of decision making [J]. Sloan Management Review, 1996, 37 (2): 9 – 22.

[243] Milgram S. Behavioral study of obedience [J]. The Journal of Abnormal and Social Psychology, 1963, 67 (4): 371 – 378.

[244] Mooijman M, Graham J. Unjust punishment in organizations [J]. Research in Organizational Behavior, 2018, 38: 95 – 106.

[245] Mooijman M, Van Dijk W W, Ellemers N, et al. Why leaders punish: A power perspective [J]. Journal of Personality and Social Psychology, 2015, 109 (1): 75 – 89.

[246] Moore C, Detert J R, Klebe Treviño L, et al. Why employees do bad things: Moral disengagement and unethical organizational behavior [J]. Personnel Psychology, 2012, 65 (1): 1 – 48.

[247] Moore C. Moral disengagement in processes of organizational corruption [J]. Journal of Business Ethics, 2008, 80 (1): 129 – 139.

[248] Moore C. Moral disengagement [J]. Current Opinion in Psychology, 2015, 6: 199 – 204.

[249] Mostafa A M S, Shen J. Ethical leadership, internal CSR, organisational engagement and organisational workplace deviance [M]//Evidence-based HRM: A Global Forum for Empirical Scholarship. Emerald Publishing Limited, 2020, 8 (1): 113 – 127.

[250] Mulki J P, Jaramillo J F, Locander W B. Critical role of leadership on ethical climate and salesperson behaviors [J]. Journal of Business Ethics, 2009, 86 (2): 125 – 141.

[251] Mussweiler T. Comparison processes in social judgment: mechanisms and consequences [J]. Psychological Review, 2003, 110 (3): 472 – 489.

[252] Nadeem Q, Saeed I, Gul H. Effect of destructive leadership on workplace deviance and interpersonal deviance: Mediating role of emotional exhaustion [J]. International Journal of Business and Economic Affairs, 2020, 5 (5): 256 – 271.

[253] Nagin D. Deterrence and incapacitation [M]//Tonry M. The Handbook of Crime and Punishment. New York: Oxford University Press, 1998: 345 – 368.

[254] Narayanan K, Moon C. A multigroup SEM analysis of the antecedents and

moderating influence of culture on workplace deviance behavior [J]. Cross Cultural & Strategic Management, 2023, 30 (2): 169 – 196.

[255] Neale N R, Butterfield K D, Goodstein J, et al. Managers' restorative versus punitive responses to employee wrongdoing: A qualitative investigation [J]. Journal of Business Ethics, 2020, 161 (3): 603 – 625.

[256] Newman A, Le H, North-Samardzic A, et al. Moral disengagement at work: A review and research agenda [J]. Journal of Business Ethics, 2019, 167: 535 – 570.

[257] Newman A, Round H, Bhattacharya S, et al. Ethical climates in organizations: A review and research agenda [J]. Business Ethics Quarterly, 2017, 27 (4): 475 – 512.

[258] Olcina G, Calabuig V. Trust and punishment [J]. European Journal of Political Economy, 2021, 70: 102032.

[259] Olkkonen M E, Lipponen J. Relationships between organizational justice, identification with organization and work unit, and group-related outcomes [J]. Organizational Behavior and Human Decision Processes, 2006, 100 (2): 202 – 215.

[260] Opotow S. Moral exclusion and injustice: An introduction [J]. Journal of Social Issues, 1990, 46 (1): 1 – 20.

[261] O'Reillys III C A, Puffer S M. The impact of rewards and punishments in a social context: A laboratory and field experiment [J]. Journal of Occupational Psychology, 1989, 62 (1): 41 – 53.

[262] Padilla A, Hogan R, Kaiser R B. The toxic triangle: Destructive leaders, susceptible followers, and conducive environments [J]. The leadership Quarterly, 2007, 18 (3): 176 – 194.

[263] Parker S K, Johnson A, Collins C, et al. Making the most of structural support: Moderating influence of employees' clarity and negative affect [J]. Academy of Management Journal, 2013, 56 (3): 867 – 892.

[264] Patrick J, Scrase G, Ahmed A, et al. Effectiveness of instructor behav-

iours and their relationship to leadership [J]. Journal of Occupational and Organizational Psychology, 2009, 82 (3): 491 –509.

[265] Pearce C L, Jr H, Cox J F, et al. Transactors, transformers and beyond: A multi-method development of a theoretical typology of leadership [J]. Journal of Management Development, 2003, 22 (4): 273 –307.

[266] Perry L, Gavrilets S. Foresight in a game of leadership [J]. Scientific reports, 2020, 10 (1): 2251.

[267] Peterson J G. The effects of punishment on observers: A model and empirical demonstration [D]. Seattle: University of Washington, 2012.

[268] Podsakoff P M, Bommer W H, Podsakoff N P, et al. Relationships between leader reward and punishment behavior and subordinate attitudes, perceptions, and behaviors: A meta-analytic review of existing and new research [J]. Organizational Behavior and Human Decision Processes, 2006, 99 (2): 113 –142.

[269] Podsakoff P M, Todor W D, Grover R A, et al. Situational moderators of leader reward and punishment behaviors: Fact or fiction? [J]. Organizational Behavior and Human Performance, 1984, 34 (1): 21 –63.

[270] Podsakoff P M, Todor W D. Relationships between leader reward and punishment behavior and group processes and productivity [J]. Journal of Management, 1985, 11 (1): 55 –73.

[271] Podsakoff P M, Todor W M, Skov R. Effects of leader contingent and noncontingent reward and punishment behaviors on subordinate performance and satisfaction [J]. Academy of Management Journal, 1982, 25 (4): 810 –821.

[272] Preacher K J, Hayes A F. SPSS and SAS procedures for estimating indirect effectsin simple mediation models [J]. Behavior Research Methods, Instruments, & Computers, 2004, 36 (4): 717 –731.

[273] Presson P K, Benassi V A. Llusion of control: A meta-analytic review [J]. Journal of Social Behavior and Personality, 1996, 11 (3): 493 –510.

[274] Prihandono D, Wijayanto A. The influence of spiritual leadership on spirituality, conscientiousness and job satisfaction and its impacts on the reduction of workplace deviant behavior [J]. Journal of Economic and Administrative Sciences, 2021, 37 (1): 90 – 113.

[275] Qin X, Chen C, Yam K C, et al. The double-edged sword of leader humility: Investigating when and why leader humility promotes versus inhibits subordinate deviance [J]. Journal of Applied Psychology, 2020, 105 (7): 693 – 713.

[276] Rabin M, Incorporating fairness into game theory and economics [J]. American Economic Review, 1993, 83: 1281 – 1302.

[277] Raines-Eudy R. Using structural. equation modeling to test for differential reliability and validity: An empirical demonstration [J]. Structural Equation Modeling, 2000, 7 (1): 124 – 141.

[278] Raza B, Ahmed A. Linking managerial coaching and workplace deviance: The mediating role of thriving at work [J]. Iranian Journal of Management Studies (IJMS), 2020, 13 (3): 467 – 494.

[279] Reed II A, Aquino K F. Moral identity and the expanding circle of moral regard toward out-groups [J]. Journal of Personality and Social Psychology, 2003, 84 (6): 1270 – 1286.

[280] Rest J R, Thoma S J. Relation of moral judgment development to formal education [J]. Developmental Psychology, 1985, 21 (4): 709 – 714.

[281] Reynolds Kueny C A, Francka E, Shoss M K, et al. Ripple effects of supervisor counterproductive work behavior directed at the organization: Using affective events theory to predict subordinates' decisions to enact CWB [J]. Human Performance, 2020, 33 (5): 355 – 377.

[282] Reynolds S J, Ceranic T L. The effects of moral judgment and moral identity on moral behavior: An empirical examination of the moral individual [J]. Journal of Applied Psychology, 2007, 92 (6): 1610 – 1624.

[283] Rimm D C, Masters J C. Behavior therapy: Techniques and empirical find-

ings [M]. New York: Academic Press, 1974.

[284] Robbins S P, Judge T A. Organizational behavior (18th ed.) [M]. New Jersey: Pearson Education, 2018.

[285] Robinson S L, Bennett R J. A typology of deviant workplace behaviors: A multidimensional scaling study [J]. Academy of Management Journal, 1995, 38 (2): 555 –572.

[286] Robinson S L, O'Leary-Kelly A M. Monkey see, monkey do: The influence of work groups on the antisocial behavior of employees [J]. Academy of Management Journal, 1998, 41 (6): 658 –672.

[287] Roll J M, McPherson S M, McDonell M G. Contingency Management as a Behavioral Approach in Addiction Treatment [M]//El-Guebaly N, Carrà G, Galanter M, et al. Textbook of Addiction Treatment. Cham, Switzerland: Springer, 2020.

[288] Rubin R S, Bommer W H, Bachrach D G. Operant leadership and employee citizenship: A question of trust? [J]. The Leadership Quarterly, 2010, 21 (3): 400 –408.

[289] Rupp D E, Shapiro D L, Folger R, et al. A critical analysis of the conceptualization and measurement of organizational justice: Is it time forreassessment? [J]. Academy of Management Annals, 2017, 11 (2): 919 –959.

[290] Saito K, Tomaka J. The effects of non-contingent punishment on subsequent task performance, psychological response, and physiological activity [J]. Health and Behavior Sciences, 2009, 8 (1): 1 –8.

[291] Salamon M. Industrial relations: Theory and practice [M]. 4th ed. New York: Prentice Hall. , 2000.

[292] Salancik G R, Pfeffer J. A social information processing approach to job attitudes and task design [J]. Administrative Science Quarterly, 1978, 23 (2): 224 –253.

[293] Salin D, Hoel H. Organizational risk factors of workplace bullying [M]// Einarsen S, Hoel H, Zapf D, et al. Bullying and Harassment in the Work-

place: Developments in Theory, Research, and Practice. Boca Raton, FL: CRC Press, 2020.

[294] Samnani A K, Salamon S D, Singh P. Negative affect and counterproductive workplace behavior: The moderating role of moral disengagement and gender [J]. Journal of Business Ethics, 2014 (2): 235 – 244.

[295] Schwepker Jr C H. Ethical climate's relationship to job satisfaction, organizational commitment, and turnover intention in the salesforce [J]. Journal of Business Research, 2001, 54 (1): 39 – 52.

[296] Schwepker Jr C H, Hartline M D. Managing the ethical climate of customer-contact service employees [J]. Journal of Service Research, 2005, 7 (4): 377 – 397.

[297] Schwepker Jr C H. Improving sales performance through commitment to superiorcustomer value: The role of psychological ethical climate [J]. Journal of Personal Selling & Sales Management, 2013, 33 (4): 389 – 402.

[298] Schyns B, Schilling J. How bad are the effects of bad leaders? A meta-analysis of destructive leadership and its outcomes [J]. The Leadership Quarterly, 2013, 24 (1): 138 – 158.

[299] Shaw J B, Erickson A, Harvey M. A method for measuring destructive leadership and identifying types of destructive leaders in organizations [J]. The Leadership Quarterly, 2011, 22 (4): 575 – 590.

[300] Shaw J C, Wild E, Colquitt J A. To justify orexcuse?: A meta-analytic review of the effects of explanations [J]. Journal of Applied Psychology, 2003, 88 (3): 444 – 458.

[301] Shepherd D A, Patzelt H, Baron R A. "I care about nature, but…": Disengaging values in assessing opportunities that cause harm [J]. Academy of Management Journal, 2013, 56 (5): 1251 – 1273.

[302] Shields D L, Funk C D, Bredemeier B L. Predictors of moral disengagement in sport [J]. Journal of Sport and Exercise Psychology, 2015, 37 (6): 646 – 658.

[303] Shkoler O, Rabenu E, Tabak F, et al. Leader-and Team-Member exchanges and their relationships with organizational and interpersonal counterproductive work behaviors: Moderation by envy and group size in Israel and USA [J]. Journal of Work and Organizational Psychology, 2019, 35 (3): 145 – 156.

[304] Sims Jr H P. Further thoughts on punishment in organizations [J]. Academy of Management Review, 1980, 5 (1): 133 – 138.

[305] Skarlicki D P, van Jaarsveld D D, Shao R, et al. Extending the multifoci perspective: The role of supervisor justice and moral identity in the relationship between customer justice and customer-directed sabotage [J]. Journal of Applied Psychology, 2016, 101 (1): 108 – 121.

[306] Skinner B F. The behavior of organisms: An experimental analysis [M]. BF Skinner Foundation, 2019.

[307] Stallen M, Rossi F, Heijne A, et al. Neurobiological mechanisms of responding to injustice [J]. Journal of Neuroscience, 2018, 38 (12): 2944 – 2954.

[308] Starratt A, Grandy G. Young workers' experiences of abusive leadership [J]. Leadership & Organization Development Journal, 2010, 31 (2): 136 – 158.

[309] Steiger J H. Structural model evaluation and modification: An interval estimation approach [J]. Multivariate Behavioral Research, 1990, 25 (2): 173 – 180.

[310] Stewart R, Volpone S D, Avery D R, et al. You support diversity, but are you ethical? Examining the interactive effects of diversity and ethical climate perceptions on turnover intentions [J]. Journal of Business Ethics, 2011, 100 (4): 581 – 593.

[311] Stewart S M, Bing M N, Davison H K, et al. In the eyes of the beholder: A non-self-report measure of workplace deviance [J]. Journal of Applied Psychology, 2009, 94 (1): 207 – 215.

[312] Stone J, Cooper J. A self-standards model of cognitive dissonance [J]. Journal of Experimental Social Psychology, 2001, 37 (3): 228 – 243.

[313] Sungu L J, Hu E, Weng Q. Goal commitment buffers the negative effects of perceived abusive supervision [J]. The Journal of Psychology, 2020, 154 (4): 273 – 291.

[314] Sunshine J, Tyler T R. The role of procedural justice and legitimacy in shaping public support for policing [J]. Law & Society Review, 2003, 37 (3): 513 – 548.

[315] Sun Y, Gergen E, Avila M, et al. Leadership and job satisfaction: Implications for leaders of accountants [J]. American Journal of Industrial and Business Management, 2016, 6 (3): 268 – 275.

[316] Sykes G M, Matza D. Techniques of neutralization: A theory of delinquency [J]. American Sociological Review, 1957, 22 (6): 664 – 670.

[317] Tabachnick B G, Fidell L S, Ullman J B. Using multivariate statistics (4th ed.) [M]. Boston, MA: Pearson, 2007.

[318] Tenbrunsel A E, Smith-Crowe K, Umphress E E. Building houses on rocks: The role of the ethical infrastructure in organizations [J]. Social Justice Research, 2003, 16 (3): 285 – 307.

[319] Tepper B J. Consequences of abusive supervision [J]. Academy of Management Journal, 2000, 43 (2): 178 – 190.

[320] Thau S, Aquino K, Bommer W H. How employee race moderates the relationship between non-contingent punishment and organizational citizenship behaviors: A test of the negative adaptation hypothesis [J]. Social Justice Research, 2008, 21 (3): 297 – 312.

[321] Thau S, Aquino K, Wittek R. An extension of uncertainty management theory to the self: The relationship between justice, social comparison orientation, and antisocial work behaviors [J]. Journal of Applied Psychology, 2007, 92 (1): 250 – 258.

[322] Thibaut J, Walker L. Procedural justice: A psychological analysis [M].

Hillsdale, NJ: Erlbaum, 1975.

[323] Tremblay M, Vandenberghe C, Doucet O. Relationships between leader-contingent and non-contingent reward and punishment behaviors and subordinates' perceptions of justice and satisfaction, and evaluation of the moderating influence of trust propensity, pay level, and role ambiguity [J]. Journal of Business and Psychology, 2013, 28 (2): 233 – 249.

[324] Trevino L K, Ball G A. The social implications of punishing unethical behavior: Observers' cognitive and affective reactions [J]. Journal of Management, 1992, 18 (4): 751 – 768.

[325] Trevino L K. The social effects of punishment in organizations: A justice perspective [J]. Academy of Management Review, 1992, 17 (4): 647 – 676.

[326] Treviño L K, Nelson K A. Managing business ethics: Straight talk about how to do it right [M]. 6th ed. New York: John Wiley & Sons, 2013.

[327] Tyler T R, Blader S L. The group engagement model: Procedural justice, social identity, and cooperative behavior [J]. Personality and Social Psychology Review, 2003, 7 (4): 349 – 361.

[328] Tyler T R, Lind E A. A relational model of authority in groups [J]. Advances in Experimental Social Psychology, 1992, 25: 115 – 519.

[329] Tyler T R. Psychological perspectives on legitimacy and legitimation [J]. Annual Review of Psychology, 2006, 57: 375 – 400.

[330] Tyler T R, Wakslak C J. Profiling and police legitimacy: Procedural justice, attributions of motive, and acceptance of police authority [J]. Criminology, 2004, 42 (2): 253 – 282.

[331] Tyler T R. Why people cooperate: The role of social motivations [M]. Princeton University Press, 2013.

[332] Umphress E E, Bingham J B, Mitchell M S. Unethical behavior in the name of the company: The moderating effect of organizational identification and positive reciprocity beliefs on unethical pro-organizational behavior [J].

Journal of Applied Psychology, 2010, 95 (4): 769 – 780.

[333] Van den Bos K, Lind E A. Fairness heuristic theory is an empirical frame-work: A reply to Árnadóttir [J]. Scandinavian Journal of Psychology, 2004, 45 (3): 265 – 268.

[334] Vardi Y, Wiener Y. Misbehavior in organizations: A motivational frame-work [J]. Organization Science, 1996, 7 (2): 151 – 165.

[335] Victor B, Cullen J B. The organizational bases of ethical work climates [J]. Administrative Science Quarterly, 1988, 33 (1): 101 – 125.

[336] Walumbwa F O, Cropanzano R, Hartnell C A. Organizational justice, vol-untary learning behavior, and job performance: A test of the mediating effects of identification and leader-member exchange [J]. Journal of Organi-zational Behavior, 2009, 30 (8): 1103 – 1126.

[337] Wang C S, Galinsky A D, Murnighan J K. Bad drives psychological reac-tions, but good propels behavior: Responses to honesty and deception [J]. Psychological Science, 2009, 20 (5): 634 – 644.

[338] Wang G, Oh I S, Courtright S H, et al. Transformational leadership and performance across criteria and levels: A meta-analytic review of 25 years of research [J]. Group & Organization Management, 2011, 36 (2): 223 – 270.

[339] Wang L, Murnighan J K. The dynamics of punishment and trust [J]. Jour-nal of Applied Psychology, 2017, 102 (10): 1385 – 1402.

[340] Wells W. Type of contact and evaluations of police officers: The effects of procedural justice across three types of police-citizen contacts [J]. Journal of Criminal Justice, 2007, 35 (6): 612 – 621.

[341] Willison R, Warkentin M, Johnston A C. Examining employee computer abuse intentions: Insights from justice, deterrence and neutralization per-spectives [J]. Information Systems Journal, 2018, 28 (2): 266 – 293.

[342] Winterich K P, Aquino K, Mittal V, et al. When moral identity symboli-zation motivates prosocial behavior: The role of recognition and moral iden-

tity internalization [J]. Journal of Applied Psychology, 2013, 98 (5):
759 – 770.

[343] Wu M, Sun X, Fu X, et al. Moral identity as a moderator of the effects of
organizational injustice on counterproductive work behavior among Chinese
public servants [J]. Public Personnel Management, 2014, 43 (3):
314 – 324.

[344] Wu M, Wang R, He P, et al. Examining how ambidextrous leadership re-
lates to affective commitment and workplace deviance behavior of employ-
ees: The moderating role of supervisor-subordinate exchange guanxi [J].
International Journal of Environmental Research and Public Health, 2020,
17 (15): 5500.

[345] Yam K C, Christian M S, Wei W, et al. The mixed blessing of leader
sense of humor: Examining costs and benefits [J]. Academy of Manage-
ment Journal, 2018, 61 (1): 348 – 369.

[346] Yang Z, Jaramillo F, Liu Y, et al. Abusive supervision in retailing: The
mediating role of customer orientation and the moderating roles of contingent
reward and contingent punishment [J]. European Journal of Marketing,
2021, 55 (2): 543 – 564.

[347] Yan H, Hu X, Wu C H. When and how can organizational punishment
stop unethical pro-organizational behaviors in hospitality? [J]. International
Journal of Hospitality Management, 2021, 94: 102811.

[348] Youngblood S A, Trevino L K, Favia M. Reactions to unjust dismissal and
third-party dispute resolution: A justice framework [J]. Employee Respon-
sibilities and Rights Journal, 1992, 5 (4): 283 – 307.

[349] Yukl G. Effective leadership behavior: What we know and what questions
need more attention [J]. Academy of Management Perspectives, 2012, 26
(4): 66 – 85.

[350] Zhao X, Lynch Jr J G, Chen Q. Reconsidering Baron and Kenny: Myths
and truths about mediation analysis [J]. Journal of Consumer Research,

2010, 37（2）: 197 –206.

[351] Zheng X, Qin X, Liu X, et al. Will creative employees always make trouble? Investigating the roles of moral identity and moral disengagement [J]. Journal of Business Ethics, 2019, 157（3）: 653 –672.

[352] Zheng Y, Huang X, Graham L, et al. Deterrence effects: The role of authoritarian leadership in controlling employee workplace deviance [J]. Management and Organization Review, 2020, 16（2）: 377 –404.

[353] Zhou X, Ma J, Dong X. Empowering supervision and service sabotage: A moderated mediation model based on conservation of resources theory [J]. Tourism Management, 2018, 64: 170 –187.

[354] Zitek E M, Jordan A H, Monin B, et al. Victim entitlement to behave selfishly [J]. Journal of Personality and Social Psychology, 2010, 98（2）: 245 –255.

[355] Zoghbi-Manrique-de-Lara P. Do unfair procedures predict employees' ethical behavior by deactivating formal regulations? [J]. Journal of Business Ethics, 2010, 94（3）: 411 –425.

[356] Zoghbi-Manrique-de-Lara P, Olivares-Mesa A. Bringing cyber loafers back on the right track [J]. Industrial Management & Data Systems, 2010, 110（7）: 1038 –1053.